Kohlhammer

Inhaltsverzeichnis

Vorwort

Rund 2.800 frischgebackene Diplom-Psychologen verlassen Jahr für Jahr die deutschen Universitäten. Auf dem Arbeitsmarkt treffen sie auf 40.000 bis 45.000 Fachkollegen, die dort als Angestellte und Beamte in der Klinischen Psychologie (= ca. 35 % in den alten Ländern; vgl. zum folgenden Bundesanstalt für Arbeit, 2001), als selbständige Klinische Psychologen (= 20 %), in Lehre und Forschung (= 15 %), in der Arbeits-, Betriebs- und Organisationspsychologie (= 12 %), der Marktforschung und Werbung (= 7 %), im schulpsychologischen Dienst (= 4 %), in der Forensischen Psychologie (= 5 %) sowie der Verkehrs-, Umwelt-, Freizeit-, Sport- und Medienpsychologie tätig sind. Hier müssen sie, ihren Begabungen und Neigungen entsprechend, einen für sie passenden Arbeitsplatz finden.

Nehmen wir uns aus dieser Gruppe – es sind im übrigen fast drei Viertel Frauen – per Zufall eine junge Frau und einen jungen Mann heraus, um an ihrem beruflichen Werdegang die wichtigsten organisationspsychologischen Theorien und Befunde – von der ersten Organisationswahl bis zum Ausscheiden aus dem Berufsleben – zu veranschaulichen: Er heißt Sven H., ist 28 Jahre alt und interessiert sich für eine Tätigkeit in Lehre und Forschung, am liebsten wäre ihm die Karriere als Hochschullehrer an einer Universität. Sie heißt Julia M., ist eben 27 geworden und strebt eine Karriere in der Wirtschaft, am besten in einem international tätigen Konzern, an. Aber schon stoßen wir auf einige Probleme: Eine Universität und ein international aktives Unternehmen haben wenig gemeinsam; erstere ist eine sog. Nonprofit-, letzteres eine Profit-Organisation. Können Karriereverläufe in beiden Organisationstypen mit denselben organisationspsychologischen Theorien und Befunden beschrieben werden? Beide Berufsanfänger treffen ihre Organisationswahl zudem in einer unruhigen Zeit, die mit Stichworten wie „Globalisierung", „Informationsgesellschaft" und „Individualisierung" grob beschrieben werden kann. Was bedeutet das eigentlich für sie und für die jeweiligen organisationspsychologischen Arbeitsfelder?

Mit diesen Fragen ist zugleich die *Struktur des vorliegenden Buches* angesprochen: Auf der Basis ökonomischer und soziologischer Überlegungen werden im *ersten Kapitel* allgemeine und aktuelle Entwicklungslinien westlicher Industrienationen skizziert, die Definition und Beschreibung von Profit- und Nonprofit-Organisationen schließt sich im *zweiten Kapitel* an. Mit diesem allgemeinen theoretischen Rüstzeug wird dann im *dritten Kapitel* am Beispiel von Julia M. und Sven H. der Prozeß der Organisationswahl durch das Individuum erläutert, Ausführungen zur Personalauswahl durch die Organisation folgen im *vierten Kapitel*. Nachdem die Mitarbeiter eingestellt worden sind, müssen sie sich als Mitglieder von Arbeitsgruppen mit Kommunikation, Konflikten und Arbeitsmotivation, aber auch mit pathologischen Aspekten wie Mobbing, Streß und Burnout beschäftigen, dies wird in den *Kapiteln fünf bis neun* behandelt. Schließlich werden beide zur Führungskraft befördert, was zu den Führungstheorien in *Kapitel zehn und elf* und zum interkulturellen Management in der globalen Organisation im *zwölften Kapitel* führt. Amerikanische Berufsanfänger mit mindestens zweijährigem Studium müssen sich schon heute darauf einstellen, in vierzig Berufsjahren wenigstens elfmal die Stelle zu wechseln (Sennett, 1989, S. 25), insofern muß wohl auch ein Kapitel – es ist ausgerechnet das *dreizehnte* – zum Thema „Verlassen der Organisation" angefügt werden.

Eine andere, grundsätzliche Frage ist zuvor wohl auch noch zu beantworten: Es gibt doch eigentlich hinreichend viele, gute und aktuelle deutsch- und englischsprachige Bücher zur Organisationspsychologie (vgl. u.a. Furnham, 1997; Gebert & Rosenstiel, 1996; Gibson, Ivancevich & Donnelly, 1997; Greif, Nolling & Nicholson, 1997; Hoyos & Frey, 1999; McKenna, 2000; Rosenstiel, 2000; Rosenstiel, Molt & Rüttinger, 1995; Spieß & Winterstein, 1999; Weinert, 1998), warum also nun noch dieses? Ein wenig ergibt sich die Antwort darauf bereits aus den voranstehenden Zeilen: Vom theoretischen Ansatz her wird die aktuelle Organisationspsychologie im Kontext ökonomischer und soziologischer Rahmenbedingungen und – soweit nötig – vor dem Hintergrund (auch: psychologie-) historischer Entwicklungslinien dargestellt. Ferner soll in diesem Text deutlich werden, daß nicht nur die Profit-Organisationen Gegenstand der Organisationspsychologie sind, sondern auch die Non-Profit-Organisationen ein (noch viel zu wenig bearbeitetes) Feld der Organisationspsychologie in Forschung und Praxis darstellen. Ferner sollen auch die dunklen Seiten des Themas – Burnout, Mobbing, Outplacement usw. – als essentielle Stichworte der Organisationspsychologie behandelt werden. Einige regionale Farbtupfer sollen dem Text in Zeiten der Globalisierung ein wenig Bodenhaftung geben.

Insgesamt ist das Buch als (hoffentlich) leicht lesbare Einführung für Studenten der Psychologie, der Soziologie und der Wirtschaftswissenschaften konzipiert und müßte eigentlich heißen: „Organisationspsychologie: Eine leicht lesbare, historisch, ökonomisch und soziologisch orientierte Einführung in die dunklen und hellen Seiten des menschlichen Erlebens und Verhaltens in Profit- und Non-Profit-Organisationen für Psychologen, Soziologen und Wirtschaftswissenschaftler" – aber das würde ja keiner mehr kaufen.

1. Globalisierung und Individualisierung

1.1 Der flexible Mensch – Arbeiten im globalen Kapitalismus

„Die Verlierer schlagen zurück" – unter dieser Überschrift war in der *SÜD-DEUTSCHEN ZEITUNG* vom 31.7./01.08.99 folgendes zu lesen:

„Als Konsumenten wie als Arbeitskräfte und Investoren leben wir heute unter rasend sich verändernden Bedingungen. Wir tragen das Risiko unserer Entscheidungen, und der Spielraum ... wird ... stetig größer. Aus jeder Hinterhofklitsche kann morgen ein Weltkonzern werden, umgekehrt sind die größten Unternehmen vor dem Untergang nicht gefeit. Ob der Arbeitnehmer am nächsten Morgen ein Arbeitsloser ist oder auf dem Weg zu Reichtum und Anerkennung, scheint allein in seinen Händen zu liegen. Das aber ist nur die eine Seite.

Neben der Freiheit wächst die Abhängigkeit. Jeder von uns ist zugleich abhängiger und unabhängiger geworden, und es fehlen mehr und mehr die intellektuellen wie die moralischen Maßstäbe für die Orientierung in der Vielfalt der Optionen. Intellektuell ist es nur mehr schwer zu durchschauen, welche Strategien zum Erfolg führen. Moralisch lösen sich zusehends die Grenzen zwischen dem Erlaubten und dem Verbotenen auf.

Das aktuell bizarrste Beispiel für die Folgen dieser Entwicklung bietet Mark O. Barton, ein 44jähriger Apotheker, der jetzt in Atlanta im Bundesstaat Georgia zwölf Menschen erschossen hat. Barton marschierte am hellichten Tag in die Büroräume einer Firma, bei der sog. Daytrader Börsentransaktionen ausführen können. Daytrading ist eine Art neuer Risikosport für Kleininvestoren, dem auch Barton frönte. Daytrader mieten in eigens darauf spezialisierten Firmen Computerterminals, über die aktuelle Börsenkurse vermittelt werden, und können in Echtzeit unter Einsatz ihres eigenen Geldes am Geschehen der Aktienmärkte teilnehmen, indem sie Aktien kaufen und verkaufen. ‚Der Markt ist nach unten gegangen, und ich hoffe, daß das euren Tag nicht ruiniert.' Nach diesen Worten zog Barton ... zwei Pistolen und feuerte auf die Angestellten der

Firma, bei der er vor einiger Zeit noch als Daytrader spekuliert hatte. Vier
seiner Opfer waren sofort tot. Danach ... erschoß er in einem benachbarten
Bürokomplex, in den Räumen einer anderen Daytradingfirma, weitere fünf
Angestellte. Zuvor hatte er in einem wenige Kilometer entfernten Ort seine
Frau und seine beiden Kinder ermordet. ...

Mark Barton ist die dunkle Seite der Münze. Er ist das Spiegelbild jener
Glücksritter, die auf den erhitzten neuen Märkten des Cyber-Kapitalismus
über Nacht zu Multimillionären werden, er erinnert an die Kosten der Freiheit und der Entfesselung der Kräfte des Marktes. Figuren wie Barton
werden losgelassen, wenn der oft geforderte Ruck durch die Gesellschaft
geht " (Kreissl, 1999, S. 14).

Für ein Buch über Organisationspsychologie – so mag der geneigte Leser
soeben gedacht haben – ist dieses Zitat ein ziemlich ungewöhnlicher Einstieg. Was hat der Fall eines Mark Barton mit – beispielsweise – Personalauswahl, Arbeitszufriedenheit oder Führung zu tun? Der Grund ist die
soziologische und sozialpsychologische Perspektive des Artikels: Mark
Barton wird als die „dunkle Seite der Münze" ökonomischer und
gesellschaftlicher Entwicklungen beschrieben, sein bizarres und
unerklärliches Verhalten als von ihnen beeinflußt interpretiert. Zwar ist das
sog. „rampage killing" glücklicherweise ein sehr seltenes Verhalten, im
Extremen wird aber manches deutlicher, was sich alltäglich nur
schemenhaft zeigt. „Wir suchen die Ursachen im Täter, in seiner Vergangenheit, seiner unmittelbaren Umgebung oder neuerdings wieder verstärkt in seinen Genen. ... Aber eine Figur wie Mark Barton läßt sich in
dieses Muster nur schwer einordnen. ... Die Umstände seines Handelns
verweisen so offensichtlich auf einen weiteren Zusammenhang, daß es
eines großen Aufwands an kriminologischen-pathologisierendem Sach-
verstand bedürfen wird, um Barton als Ausnahmefall darzustellen" (a.a.O.,
S. 14).

Mit dieser Voreinstellung kann man sich nun auch den alltäglicheren Er-
lebens- und Verhaltensweisen von Menschen in Organisationen zuwenden.
Dafür soll ein Buch des amerikanischen Soziologen Richard Sennett (1998)
mit dem Titel „Der flexible Mensch. Die Kultur des neuen Kapitalismus"
als zweiter Einstieg dienen.

„Vor kurzem traf ich jemanden auf dem Flughafen, den ich seit fünfzehn
Jahren nicht gesehen hatte. Ich hatte den Vater von Rico (wie ich ihn im
folgenden nennen werde) vor einem Vierteljahrhundert für mein Buch über

amerikanische Arbeiter ... interviewt. Enrico arbeitete damals als Hausmeister und setzte große Hoffnungen in seinen Sohn, einen aufgeweckten, sportlichen Jungen, der gerade in die Pubertät kam. Als mein Kontakt zu seinem Vater zehn Jahre später abbrach, hatte Rico gerade das Studium abgeschlossen. In der Flughafenlounge sah Rico aus, als habe er die Träume seines Vaters verwirklicht. Er hatte einen Computer in einem eleganten Lederköfferchen dabei, trug einen Anzug, den ich mir nicht hätte leisten können, und an seinem Finger steckte ein dicker Siegelring mit Wappen.

Bei unserer ersten Begegnung hatte Enrico seit zwanzig Jahren in einem innerstädtischen Bürogebäude Toiletten geputzt und Fußböden gewischt. Er tat es ohne Murren, aber er machte sich auch keine Illusionen, den Amerikanischen Traum auszuleben. Seine Arbeit hatte ein einziges und dauerhaftes Ziel, den Dienst an seiner Familie. Er hatte fünfzehn Jahre gebraucht, um das Geld für ein Haus zusammenzusparen, das er in einem Vorort von Boston kaufte, und löste dadurch die Bindung an seine alte italienische Umgebung, denn ein Haus in den Vororten war besser für die Kinder. Dann nahm seine Frau Flavia eine Stelle in einer chemischen Reinigung an; als ich Enrico 1970 begegnete, sparten beide für das Studium ihrer zwei Söhne" (a.a.O., S. 15f.).

Enricos Leben war durch große Stetigkeit und Berechenbarkeit gekennzeichnet: Jahr um Jahr gingen er und seine Frau derselben Arbeit nach, jede Woche konnten sie das Anwachsen ihrer Ersparnisse überprüfen, sie wußten jederzeit genau, wann sie mit welchem Geld in Rente gehen würden. Der Zufall nun führte Richard Sennett mit Enricos Sohn Rico auf einem langen Flug von New York nach Wien zusammen, er nutzte die Zeit zu einem langen Gespräch über Ricos Sicht der Welt.

„Ich erfuhr", schreibt Sennett (1998, S. 19f.), „daß Rico den Wunsch seines Vaters nach sozialem Aufstieg zwar erfüllt, aber sich zugleich von dessen Prinzipien abgewandt hat. Rico verachtet Leute, die 'Dienst nach Vorschrift' machen und den Schutz einer Bürokratie suchen; statt dessen ist er der Überzeugung, man müsse offen für Veränderungen sein und Risiken eingehen. Und er hat Erfolg gehabt. Während Enricos Lohn im unteren Viertel der Einkommensskala lag, kletterte Rico in die oberen fünf Prozent. Dennoch hat diese Geschichte für ihn kein wirkliches Happy-end."

Rico hatte zunächst in Boston Elektrotechnik studiert, sich dann in New York an einer Business School eingeschrieben. Dort heiratete er eine Kommilitonin, eine Protestantin aus einer bessergestellten Familie. Er

begann seine Berufslaufbahn als technischer Berater in einer High-Tech-
Firma im Silicon Valley und arbeitete anschließend erfolgreich in Chicago.
Der nächste Umzug war wegen der Berufstätigkeit seiner Frau erforderlich
und führte ihn in eine weniger attraktive Stelle in einen Büropark nach
Missouri. Dort erlebte er seinen ersten Karriereknick: Die Firma wurde von
einer größeren aufgekauft und er entlassen. Das Paar zog ein viertes Mal
um, wieder in die Nähe von New York, wo Rico seine eigene Consulting-
Firma gründete. Seine Frau leitet in einer Firma ein großes Team von
Buchhaltern. Sennett (1998, S. 21) resümiert: „Trotz ihres relativen
Wohlstands und obwohl sie das Modell eines anpassungsfähigen, einander
unterstützenden Ehepaares zu sein scheinen, leiden beide, Mann und Frau,
unter der Angst, die Kontrolle über ihr Leben zu verlieren. Diese Angst ist
sozusagen in ihre Arbeitsgeschichte eingebaut."

Bei Rico in seiner neuen Firma sind es u.a.

- Angst vor einer fremdbestimmten Zeiteinteilung,
- Angst um jede neue Geschäftsbeziehung,
- Angst vor dem Verlust von Aufträgen,
- Angst vor den Launen seiner Auftraggeber.

Gravierender erscheinen ihm jedoch Veränderungen im privaten Leben: So
beklagt Rico, daß durch die häufigen Umzüge sich viele freundschaftliche
Verbindungen vor Ort aufgelöst hätten. Ihm fehlen Freundschaft, örtliche
Gemeinschaft und Zeit für die Kindererziehung. Insgesamt ist Rico in
vierzehn Arbeitsjahren viermal umgezogen, aus der Sicht der amerikanischen Statistik hat er weitere sieben Umzüge vor sich, denn: „Heute muß
ein junger Amerikaner mit mindestens zweijährigem Studium damit rechnen, in vierzig Arbeitsjahren wenigstens elfmal die Stelle zu wechseln und
dabei seine Kenntnisbasis wenigstens dreimal auszutauschen" (Sennett,
1998, S. 25).

„Nichts Langfristiges" nennt Sennet (1998) diese Dominanz kurzfristiger
und schwacher Bindungen an Menschen, Orte und Institutionen: „Distanz
und oberflächliche Kooperationsbereitschaft sind ein besserer Panzer im
Kampf mit den gegenwärtig herrschenden Bedingungen als ein Verhalten,
das auf Loyalität und Dienstbereitschaft beruht", meint Sennet (1998, S.
29) dazu und fährt an anderer Stelle fort: „Vielleicht ist die Zerstörung des
Charakters eine unvermeidliche Folge. ‚Nichts Langfristiges' desorientiert
auf lange Sicht jedes Handeln, löst die Bindung von Vertrauen und Ver-

pflichtung und untergräbt die wichtigsten Elemente der Selbstachtung"
(a.a.O., S. 38).

Sennett (1998) vertieft seine Beispiele theoretisch mit den drei Stichworten
Flexibilität, Lesbarkeit und *Risiko*:

(i) *Flexibilität:*
Enricos Berufserfahrungen waren noch im hohem Maße von Routinen bestimmt, deren negative Auswirkungen sich in der seelenlosen Arbeit am
Band zeigten. Von Rico hingegen wird ein hohes Maß an Flexibilität verlangt. Dies bedeutet im einzelnen:

- Flexibilität gegenüber dem diskontinuierlichen Umbau von Institutionen; lockere Netzwerke treten an die Stelle pyramidaler Hierarchien.
  Der dafür gebrauchte Begriff heißt „re-engineering" und bedeutet meistens Personalentlassungen – in den USA wurden von 1980 bis 1995
  zwischen 13 und 39 Millionen Arbeitnehmer entlassen. Rund 61 % fanden in den drei folgenden Jahren nur eine Stelle mit einem geringeren
  Einkommen als zuvor.

- Spezialisierung der Produktion, Ablösung des Fließbandes durch Produktionsinseln: Computergestützte Änderungen der Produktion sind
  schnell möglich, die Gruppen entscheiden zudem schneller als die bisher beteiligten Unternehmenshierarchien. „Wichtigster Bestandteil
  dieses neuen Produktionsprozesses ist jedoch die Bereitschaft, das
  Prinzip ‚so haben wir es schon immer gemacht' zu verwerfen, erstarrte
  Unternehmensformen zugunsten der Innovation aufzubrechen und die
  Binnenstruktur von Unternehmen durch die wechselnden Forderungen
  der Außenwelt bestimmen zu lassen: all dies erfordert die Akzeptanz
  entschiedenen, abrupten, irreversiblen Wandels" (Sennett, 1998, S. 65).

- Konzentration ohne Zentralisierung, die Einheiten erhalten Produktions-
  und Gewinnvorgaben und zugleich die operative Freiheit, wie diese zu
  realisieren sind. Allerdings stehen die Einheiten meist unter dem Druck,
  mehr zu produzieren als in ihrer Macht selbst steht. „ Die Überlastung
  kleiner Arbeitsgruppen durch viele unterschiedliche Aufgaben ist
  regelmäßiges Merkmal des Unternehmensumbaus ..." (Sennett, 1998,
  S. 70).

(ii) *Lesbarkeit*
Enricos Tätigkeit und die seiner Zeitgenossen war erkennbar, eine Identifizierung mit dem Produkt oder dem Resultat der Arbeit erzielbar, selbst,
wenn es sich nur um eine Hausmeistertätigkeit handelte. Rico hingegen und
seine Zeitgenossen arbeiten in einer Arbeitswelt, in der viele Mitarbeiter
nicht mehr wissen, was sie eigentlich genau tun. Die Arbeit wird zunehmend von computergesteuerten Maschinen durchgeführt, deren Funktionsweise dem sie bedienenden Arbeitnehmer weitgehend unbekannt ist. Die
Arbeit wird – so nennt es Sennett (1998) – emotional unlesbar.

(iii) *Risiko*
Die skizzierten Veränderungen im Unternehmensbereich zwingen das Individuum dazu, sich selbst immer wieder ,umzutopfen‘, neue Beschäftigungsverhältnisse einzugehen und damit möglichst einen Einkommens-
zuwachs zu erzielen: „Upsizing the Individual in the Downsized Company“
nennen zwei Unternehmensberater (Johansen & Swigart, 1994) diesen
Prozeß. Vornehmer ausgedrückt: Wenn pyramidenförmige Hierarchien
durch lose verknüpfte Netzwerke ersetzt werden, dann vollziehen
Menschen häufiger sog. „mehrdeutige Seitwärtsbewegungen“, bei denen
sie keinen oder nur einen geringen Gewinn haben. Früher bedeutete ein
Firmenwechsel zumeist auch eine Zunahme an Einkommen. Bei diesem
Spiel sind die Chancen allerdings unterschiedlich verteilt: Formal hoch ge-
bildete, jüngere und mobile Arbeitnehmer – sie entsprechen am ehesten der
geforderten Flexibilität – räumen den Spieltisch ab, während die Masse der
Verlierer sich das Wenige teilt, was übrigbleibt.

Diese drei Stichworte – Flexibilität, Lesbarkeit und Risiko – verändern das
Arbeitsethos unserer Zeit: „In einer Ordnung, wo sich Institutionen rasch
verändern, verliert die aufgeschobene Belohnung ihren Wert. Es wird
sinnlos, lange und hart für einen Arbeitgeber zu arbeiten, der nur daran
denkt, schnell wieder zu verkaufen und neu anzufangen“, kommentiert
Sennett (1998, S. 132) die gegenwärtigen Veränderungen. Was die flexible
Organisation erwartet, ist die Fähigkeit zur guten Zusammenarbeit mit
einem ständig wechselnden Ensemble von Personen ebenso wie die Fähigkeit zur notwendigen Distanz, zum Abrücken von Beziehungen und zur
Veränderung.

Die Analyse realer Teamsitzungen zeigt jedoch auch dunkle Seiten: Teamarbeit wird zu einer Art durchgehaltenen Schauspielerei. „Wie interessant.“, „Wie können wir gemeinsam das Problem lösen?“, „Was Sie
sagen, ist sehr wertvoll.“ – wenn man die Theatermetapher des sozialen

Lebens von Goffman (1977) hier anwenden will: „On stage" werden Floskeln gebraucht – Sennett (1998, S. 151) nennt sie die „Masken der Kooperativität" – , „back stage" geht es erheblich ruppiger zu. Tatsächlich verschleiert die Team-Metapher Machtstrukturen, stärkt dadurch die Position derer an der Spitze und verlagert die Mechanismen der Arbeitskontrolle in die Gruppen. „Trotz all des Psycho-Geredes, mit dem sich das moderne Teamwork in Büros und Fabriken umgibt, ist es ein Arbeitsethos, das an der Oberfläche der Erfahrung bleibt. Teamwork ist die Gruppenerfahrung der erniedrigenden Oberflächlichkeit", kommentiert Sennett (1998, S. 133) die andere Seite dieser Münze.

Mit Sennetts (1998) Fallbeispielen haben wir nunmehr einige über den extremen Fall des Massenmörders Mark Barton hinausgehende Argumente für den Einfluß ökonomischer und gesellschaftlicher Rahmenbedingungen auch auf das alltägliche menschliche Verhalten in Organisationen zusammengetragen, die sich mit seiner Formulierung vom „flexiblen Charakter" griffig bündeln lassen. Damit ist auch die Schnittstelle zur Psychologie definiert. Fragen des Charakters und der Persönlichkeit gehören traditionellerweise in ihr Gebiet. Und so finden sich auch hier allgemeine Überlegungen zum Entstehen eines neuen Menschen, einer neuen modalen Persönlichkeit. Der amerikanische Psychologe Lifton (1995) beispielsweise spricht vom „proteischen Menschen"; dieser soll in kürzeren Zeitspannen leben als seine Eltern, soll mobiler und weniger bodenständig sein und eher therapeutisch und in Bildern als analytisch und in Worten denken.

Allerdings: So evident die angeführten Beispiele für die Annahme einer (u. a.) ökonomischen und gesellschaftlichen Bedingtheit menschlichen Verhaltens in Organisationen auch sein mögen, sie sind doch nicht viel mehr als Indizien, allenfalls geeignet als didaktische Mittel zur Einführung in das Problem. Die theoretische Position muß also nachfolgend weiter ausgebaut, ebenso müssen empirische Belege zusammengetragen werden. Auch wenn es für Psychologen womöglich ein hartes Brot ist: Dazu müssen zunächst die aktuellen wirtschaftlichen und sozialen Veränderungen westlicher Industriegesellschaften betrachtet werden, dies erfolgt unter den beiden Stichworten „Globalisierung" und „Individualisierung".

1.2 In der Globalisierungsfalle? – Ökonomische Überlegungen zur gesellschaftlichen Entwicklung

Bei einer Fachtagung in San Francisco von 500 führenden Politikern, Wirtschaftsführern und Wissenschaftlern über die zukünftige Entwicklung der Menschheit macht das Wort vom *„tittytainment"* die Runde: Nach Einschätzung der dort versammelten Fachleute sollen im nächsten Jahrhundert 20 % der arbeitsfähigen Menschen ausreichen, um alle Waren und Dienstleistungen dieser Welt zu produzieren. „Sicher, die unteren 80 Prozent werden gewaltige Probleme bekommen", bemerkt einer der Anwesenden und ein anderer Manager bringt es auf den Punkt: „to have lunch or to be lunch" sei die Frage für die Arbeitnehmer der Zukunft. „Tittytainment" nennt Brzezinski, der ehemalige Sicherheitsberater von US-Präsident Carter, das, was den Arbeitslosen bleibt: Eine Mischung aus Unterhaltung („entertainment") und ausreichender Ernährung („titty" = Brust bzw. Busen). Mit diesem Beispiel beginnen die beiden *SPIEGEL*-Redakteure Hans-Peter Martin und Harald Schumann ihr 1998 erschienenes Buch „Die Globalisierungsfalle. Der Angriff auf Demokratie und Wohlstand". Es soll verdeutlichen, wohin sich die kapitalistischen Gesellschaften als Folge der wirtschaftlichen und politischen *Globalisierung* entwickeln werden. Globalisierung – das Stichwort ist in aller Munde, wird zur Erklärung vieler wirtschaftlicher Veränderungen herangezogen. Was bedeutet es eigentlich genau?

Als Metapher ausgedrückt, beschreibt es ein Ökonom als die „Vereinigung der Pfützen, Teiche, Seen und Meere von dörflichen, provinziellen, regionalen und nationalen Wirtschaften zu einem einzigen globalen Wirtschaftsozean, der die kleinen Bereiche riesigen Wogen wirtschaftlichen Wettbewerbs statt wie früher nur kleinen Wellen und ruhigen Gezeiten aussetzt" (zit. nach Martin & Schumann, 1998, S. 37). „Globalization", so heißt es in einem amerikanischen Lehrbuch (Gibson, Ivancevich & Donnelly, 1997, S. 54) „ ... is defined as this interdependency of transportation, distribution, communication, and economic networks across international borders." Genauer ist damit der Prozeß der Schaffung eines globalen Wirtschaftsraums ohne Hindernisse für Finanz- und Warentransfers gemeint. Dies läßt sich mit den Stichworten
* *Freier Finanzverkehr,*
* *Shareholder-Value-Orientierung* und
* *Freihandel*
skizzieren.

Bis zum Jahr 1973 galt für den *Finanzverkeh*r zwischen den großen Industriestaaten ein System fester Wechselkurse, wie sie in dem Bergdorf Bretton Woods im US-Staat Wisconsin im Juli 1944 festgeschrieben worden waren. Für die Währungen aller beteiligten Länder galt seit damals eine feste Parität zum Dollar, die US-Notenbank wiederum garantierte, ihre Dollar jederzeit gegen Gold einzutauschen. Der Devisenhandel wurde staatlich kontrolliert, der Umtausch bzw. der Transfer großer Beträge war in den meisten Ländern genehmigungspflichtig. Das System war die politische Reaktion auf die Turbulenzen der zwanziger und dreißiger Jahre, die in wilden nationalen Abwehrreaktionen, Protektionen und schließlich Krieg geendet hatten. In den siebziger Jahren empfanden die Industrie und die Banken dieses System als ein Hindernis für die weitere ökonomische Entwicklung, die USA, die BRD, Kanada und die Schweiz gaben folglich die Kapitalverkehrskontrollen auf, das Festkurssystem brach zugunsten eines am Markt sich bildenden Preises der Währungen zusammen. 1973 wurde das Bretton Woods System der festen Wechselkurse aufgegeben, als letzte europäischen Länder gaben Frankreich und Italien im Jahr 1990, Spanien und Portugal 1992 den Geld- und Kapitalverkehr frei (In Europa trat an die Stelle des festen Wechselkurssystems das EWS – das Europäische Währungssystem – welches die europäischen Währungen in einer bestimmten Bandbreite zueinander hielt). Nach und nach folgten dieser Entscheidung der sog. G 7-Länder – also der großen Industrieländer Deutschland, England, Frankreich, Italien, Japan, Kanada und USA (inzwischen ergänzt durch Rußland zu den G 8-Staaten) auch die übrige Welt, wenngleich dies häufig erst auf Druck des IWF – des Internationalen Währungsfonds – geschah. Dieser vergab in den vergangenen zehn Jahren seine Kredite immer mit der Auflage, das jeweilige Land für den freien internationalen Kapitalverkehr zu öffnen. Dies hat zur Folge, daß sich der internationale Devisen- und Wertpapierhandel in den letzten zehn Jahren mehr als verzehnfacht hat. Während eines durchschnittlichen Handelstages wechseln Währungsbestände in Höhe von 1,5 Billionen Dollar – eine Zahl mit zwölf Nullen – den Besitzer (Zahlen nach Martin & Schumann, 1998, S. 74), der Umsatz bei Aktien, Anleihen, staatlichen Schuldpapieren etc. liegt in ungefähr gleicher Höhe. Die Zahl entspricht in etwa der gesamten Jahresleistung der deutschen Wirtschaft.

Nun kann man fragen, was ist denn daran so schlecht, wenn Währungen wie Autos frei auf einem weltweiten Finanzmarkt gehandelt werden können? Ein Beispiel soll das zentrale Problem verdeutlichen: Das genannte EWS – das System relativ fester, von den Notenbanken garantierter Wechselkurse der europäischen Währungen zueinander – wurde durch die

deutsche Wiedervereinigung gestört. Durch die Währungsunion mit dem
Osten schnellte die umlaufende DM-Geldmenge in die Höhe, ohne daß
dem ein Gegenwert in Waren oder Anlagen entsprach. Bei gleicher
Warenmenge und steigender Geldmenge drohen hohe Inflationsraten. Die
Bundesbank begegnete dieser Gefahr durch Zinssteigerungen, alle anderen
EG-Notenbanken mußten mitziehen, wenn sie den relativen Wert ihrer
Währungen (bei freiem Kapitalverkehr) im Vergleich zur Mark stabil
halten wollten. Das führte aber dazu, daß die Kredite für wirtschaftliche
Investitionen teurer wurden. In dieser prekären Situation brachte ein Mann
namens Stanley Druckenmiller, er war Chef des Quantum-Fonds von
George Soros, den EWS beinahe zum Zusammenbruch. Er lieh sich täglich
wachsende Summen britische Pfund, um sie sofort bei britischen Banken in
DM umzutauschen, welche die Geldinstitute ihrerseits bei der National-
bank, der Bank of England, anforderten. Da sich ihm zahlreiche Nach-
ahmer anschlossen, konnte er relativ sicher sein, daß der Bank of England
irgendwann die DM-Reserven ausgehen würden. Spätestens dann wäre sie
gezwungen, den Pfund-Kurs zur Abwertung freizugeben, also das Pfund im
Verhältnis zur DM billiger zu machen. Zu diesem billigeren Kurs konnte
Druckenmiller dann erneut Pfund kaufen, seine aufgenommenen Kredite
begleichen und den Rest als Gewinn einstreichen. Ein Risiko bestand
jedoch in dem Spiel: Wie würde sich die Deutsche Bundesbank verhalten?
Mit ihren praktisch unbegrenzten DM-Reserven hätte sie das Pfund gegen
jeden Angriff verteidigen können. Allerdings hätte sie viele Milliarden DM
auf den Markt werfen müssen, was aus ihrer Sicht die Inflationsgefahr
weiter angeheizt hätte. Bei einer Pressekonferenz am 15. September 1992
ließ der damalige Bundesbankpräsident Helmut Schlesinger die Bemerkung
fallen, das EWS bedürfe einiger Anpassungen. Die wahre Botschaft hieß
für den Markt: Verkauft Pfund – was dieser auch tat. Am nächsten Tag um
vier Uhr nachmittags mußte die Bank of England aufgeben und das Pfund
abwerten. Stanley Druckenmiller hatte für seinen Fonds eine Milliarde
Dollar Gewinn gemacht. Die Folge dieser und weiterer Spekulationen war
eine Vereinbarung im August 1993, die im EWS verbliebenen Währungen
künftig um 15 Prozent gegeneinander schwanken zu lassen. Die rein
spekulativen Angriffe auf das EWS-System hatten die nationalen
Notenbanken – und damit letztlich die Steuerzahler – rund 100 Milliarden
Dollar gekostet.

Eng mit dem freien Finanzverkehr ist der *freie Kapitalverkehr* – d.h. der
nationalstaatlich nicht kontrollierte Erwerb von Aktien – verbunden. Inzwischen befinden sich beispielsweise rund 43 % der Aktien der Deutschen
Bank in den Händen ausländischer Anleger. Bayer, Hoechst, Mannesmann

und andere sind sogar mehrheitlich in ausländischem Besitz. Führend bei solchen Aktienkäufen sind Investment-, Versicherungs- und Pensionsfonds aus den USA und aus Großbritannien. Beispielsweise verfügt der kalifornische Pensionsfonds „California Retirement System" für öffentliche Angestellte über ein Kapital von fast 100 Milliarden Dollar. Weist ein Aktienengagement eines solchen Anlegers weniger als zehn Prozent Rendite auf, werden die Fondsmanager beim Vorstand des Unternehmens vorstellig und fordern eine Verbesserung. So werden auch deutsche Manager, die bisher wenigstens teilweise auch die Interessen ihrer Arbeitnehmer berücksichtigt haben, zu Wirtschaftsführern, die vor allem an kurzfristigen Gewinnen interessiert sind: Schließlich wollen sie ihren hochdotierten Job nicht verlieren.

Ein besonders herausragendes Beispiel ist der Daimler-Chrysler-Chef Jürgen Schrempp. Als er im Mai 1995 die Führung des damals noch Daimler-Benz-Konzerns übernahm, legte er den Flugzeugbauer Fokker sowie den AEG-Konzernteil still und kündigte an, das Unternehmen werde in den nächsten Jahren 56.000 Mitarbeiter „freisetzen". Der Schnitt trieb die Aktienkurse um 20 % in die Höhe und machte die Aktionäre auf einen Schlag um knapp zehn Milliarden DM reicher. Grenzenloser Aktienhandel löst die nationalen, regionalen und lokalen Bindungen von Unternehmen weitgehend auf. Dieser Trend wird durch die Deregulierungspolitik der nationalen Regierungen unterstützt, die bestrebt sind, nach und nach alle nationalen Monopol- oder Oligopolunternehmen wie die Post, die Bahn, die Stromversorger, die Luftfahrtunternehmen etc. zu privatisieren und die nationalen Vorschriften – von der Technik bis zum Arbeitsschutz – zu deregulieren.

Diese, am sog. *„shareholder-value"* orientierte, Unternehmenspolitik hat sich Mitte der achtziger Jahre in den USA entwickelt (vgl. Kennedy, 2001, S. 11ff.). Sie stellt die Interessen der Anteilseigner eines Unternehmens vor die Interessen aller sonstigen *„stakeholder"*, wie etwa der Mitarbeiter, des Staates, der Kommunen, Lieferanten oder Kunden. Diese Idee führte dazu, die materiellen Interessen der Führungskräfte eines Unternehmens und die der Aktionäre stärker als zuvor in Übereinstimmung zu bringen. Optionen für den Kauf von Aktien des von ihnen geführten Unternehmens wurden ebenso zum festen und nach Kräften maximierten Bestandteil der Vergütung von Führungskräften wie die an den Aktienkurs gebundene Höhe des Gehalts. Um ein Beispiel zu nennen: Im Jahr 1994 gewährte die Firma IBM einem neuen Manager, Lou Gerstner, 500.000 Aktienoptionen der Firma im Wert von 10,8 Millionen $ zur unmittelbaren Verknüpfung seiner persönlichen Interessen mit denen der Investoren (vgl. Kennedy, 2001, S. 120). Der Chef des Softwarekonzerns Oracle erhielt im Jahr 2001 anstelle eines Gehalts nur Aktienoptionen seiner Firma. Als er sie einlöste, wurden daraus 706 Millionen Dollar, die die Firma nichts gekostet und ihr sogar noch Steuervorteile eingebracht hatten. 58 % aller Bezahlungen aller amerikanischen Firmenchefs laufen inzwischen über Aktienoptionen (vgl. dazu *SÜDDEUTSCHE ZEITUNG* vom 27./28.04.2002, S. 23). Ein für den einzelnen Manager völlig rationales Verhalten führte in großem Maße zu neuen Unternehmensstrategien: Die Verkleinerung der Produktion („downsizing"), die Reduzierung der Mitarbeiterzahlen, die Auslagerung von Stabsstellen und scheinbar nebensächlicher Abteilungen (="outsourcing") sowie eine Welle von Unternehmensfusionen waren die Folge. „Das Ergebnis dieser Machenschaften waren sensationelle Aktienkurssteigerungen, die Anhäufung eines immer höheren Privatvermögens für die Manager, die diese Maßnahmen begeistert umsetzten und eine massive Ausweitung der Kluft zwischen Reich und Arm in der Gesellschaft", schreibt der amerikanische Unternehmensberater Kennedy (2001, S. 68) dazu.

Der dritte Aspekt ist der *Freihandel*, also vor allem der zollfreie Austausch von Waren. Ebenfalls in der Folge des Zweiten Weltkriegs schlossen die USA und Westeuropa 1948 mit dem GATT-Abkommen – dem „General Agreement on Trade and Tarifs" – ein Zoll- und Handelsabkommen. Seitdem sind in mehreren Verhandlungsrunden die Zölle ständig gesunken. Die GATT-Nachfolgeorganisation ist die 1994 gegründete WTO, die „World Trade Organisation" in Genf. Inzwischen geht es hier kaum noch um Zölle, sondern vielmehr um den Abbau anderer Handelsbarrieren wie staatliche Monopole und technische Vorschriften. Diese Öffnung der nationalen Märkte hat zwar den internationalen Handelsaustausch enorm gefördert, er führte aber auch dazu, daß arbeitsintensive Branchen mit der Konkurrenz aus Billiglohnländern zu kämpfen hatten und haben: Beispielsweise können Möbel, Textilien, Schuhe, Uhren oder Spielzeuge in Westeuropa oder den USA nur noch dann mit Gewinn hergestellt werden, wenn die Produktion automatisiert oder ins Ausland verlagert wird. Der Sportartikelhersteller Nike etwa betreibt heute gar keine eigenen Fabriken mehr, er vergibt seine Aufträge an wechselnde Unternehmen. Die Schuhe kosten in den USA bis zu 150 Dollar, sie werden u.a. von indonesischen Arbeitern für einen Tageslohn von drei Dollar hergestellt. Inzwischen trifft diese Entwertung der Arbeitskraft auch die „white collar worker" im eigenen Land: Lohnbuchhaltung, Gebäudetechnik, Computerwartung etc. werden aus den Unternehmen ausgegliedert und an Freiberufler oder Sub-Unternehmer vergeben – natürlich zu schlechteren Konditionen. IBM wandelte sogar die Fahrer des konzerneigenen Wagenparks in selbständige Unternehmer um.

Die neuen Informationstechnologien beschleunigen diesen Prozeß, teilweise machen sie ihn überhaupt erst möglich: Beispielsweise verlagern amerikanische und europäische Computerfirmen einen großen Teil ihrer Entwicklungsarbeiten nach Indien, wo die indische Regierung ihnen in zehn wirtschaftlichen Sonderzonen fast die ganze Infrastruktur – vom Großraumlabor bis zur Satellitenverbindung – kostenlos zur Verfügung stellte. Insgesamt werden in der indischen Software-Industrie bereits über 120.000 Informatiker beschäftigt, ironischerweise ist Poona – seinerzeit noch Sammelpunkt westlicher Indien-Pilger – eines der Zentren. Luftfahrtgesellschaften wie die Lufthansa und die Britisch Airways lassen Teile ihrer Buchhaltung in Indien erledigen, die Deutsche Bank die EDV-Systeme ihrer Auslandsfilialen dort warten. „Für den Preis eines Schweizers können wir drei Inder einstellen", hat es der Sprecher der (damaligen) Swissair auf den Punkt gebracht (vgl. Martin & Schumann, 1998, S. 143).

Die sozialen Folgen dieser Veränderungen sind gravierend: Mehr als 85 % der 1000 größten Firmen in den USA haben seit 1987 Angestellte entlassen, das entspricht über fünf Millionen Arbeitsplätzen, und die Zahl der Zeitarbeitsplätze ist in den neunziger Jahren um 240 % gestiegen. Mittlerweile haben auch fast 50 % der befragten Manager Angst um ihren Job (vgl. Neuman & Baron, 1997, S. 51). In den USA spricht man inzwischen sogar vom Verschwinden der Mittelschicht. Und das führt wieder zum Daytrader Mark Barton: Aus Sorge um ihre Zukunft stecken die US-Bürger ihre Ersparnisse in Aktien: 20 Millionen US-Haushalte haben den größeren Teil ihres Vermögens inzwischen auf diese Weise investiert, rund 6000 Spekulationsfonds verwalten ein Kapital von insgesamt sechs Billionen Dollar. Mark Barton, der ehemalige Apotheker, ist nur einen Schritt weiter gegangen und hat konsequent auf die Aktienspekulation gesetzt. Dies erwies sich als die Katastrophe seines Lebens: Der sich abzeichnende Verlust der bürgerlichen Existenz führte ihn in einem Akt der mörderischen Aggression dazu, zunächst seine Familie, dann die seiner Ansicht nach mitschuldigen Verursacher seines Debakels – die Mitarbeiter der Daytrading-Firmen – und schließlich sich selbst zu ermorden. So entsetzlich dies alles ist: Diese Tat ist nicht nur mit klinisch-psychologischen Kategorien zu erklären, sie ist auch als ein verzweifelter Akt der Auflehnung gegen die sozialen Folgen der Globalisierung für das Individuum interpretierbar.

1.3 Individualisierung und Enttraditionalisierung – Soziologische Theoriebildung zum sozialen Verhalten

Nähern wir uns nach dem Exkurs in die Ökonomie nunmehr dem Themenkomplex von der Seite der Soziologie. Wie lassen sich die aktuellen, das individuelle menschliche Verhalten und Erleben formenden, gesellschaftlichen Prozesse zusammenfassend benennen? Das in dem eingangs zitierten Artikel hierzu genannte Stichwort hieß *„Individualisierungstheorie"*. Was ist damit gemeint?

In seinem erstmals 1986 erschienenen Buch „Risikogesellschaft. Auf dem Weg in eine andere Moderne" entwickelt der Professor für Soziologie an der Universität München, Ulrich Beck, die Überlegung, daß „wir Augenzeugen eines Gesellschaftswandels innerhalb der Moderne sind, in dessen Verlauf die Menschen aus den Sozialformen der industriellen Gesellschaft – Klasse, Schicht, Familie, Geschlechtslage von Männern und Frauen – *freigesetzt* werden, ähnlich wie sie im Laufe der Reformation aus der weltlichen Herrschaft der Kirche in die Gesellschaft ‚entlassen' wurden" (Beck, 1986, S. 115). Als Ursache dafür nennt er das enorme Anwachsen des Lebensstandards in den fünfziger Jahren und die Bildungsexpansion in den sechziger und siebziger Jahren. So wurde bis 1950 noch drei Viertel des Budgets einer Arbeiterfamilie für Nahrung, Kleidung und Wohnung ausgegeben, während es gegenwärtig auf sehr viel höherem Niveau nur noch 60 % sind. Gleichzeitig ist eine „Demokratisierung" von Konsumgütern eingetreten: Radio, Fernsehen, Auto und Kühlschrank wurden zum Standard in den Haushalten, das Wohnzimmer löste die proletarische Wohnküche ab. Die früher nur für wohlhabende Bürger erschwingliche Urlaubsreise ist heute für weit mehr als die Hälfte der Arbeiter Standard. Vermögensbildung, Haus- und Wohnungsbesitz wurden auch für Arbeiterhaushalte erreichbar. Hinsichtlich der Bildung finden sich an den Universitäten inzwischen fast 20 % der Studienanfänger, die aus Arbeiterfamilien stammen. Zum Vergleich: 1928 waren es ganze 2,1 %! Weibliche und männliche Studienanfänger halten sich die Waage, in manchen Fächern überwiegen inzwischen sogar (so zum Beispiel in der Psychologie mit zwei Drittel) die Studentinnen.

Beck (1986) faßt diese Gedanken in den folgenden sieben Thesen zusammen:

- These von den *Individualisierungsschüben:* In allen reichen westlichen Industriestaaten hat sich in der wohlfahrtsstaatlichen Modernisierung nach dem Zweiten Weltkrieg eine Lösung der Menschen aus den traditionellen Klassenbedingungen und Versorgungsbezügen der Familie ergeben. Der Mensch – der Arbeiter wie der Bürger – ist zunehmend auf sich selbst und sein individuelles Arbeitsmarktschicksal mit allen Risiken und Chancen verwiesen. Schon 1986 schreibt Beck (a.a.O., S. 116): „Mit dem Eintritt in den Arbeitsmarkt sind für die Menschen immer wieder aufs neue Freisetzungen verbunden – relativ zu Familien-, Nachbarschafts- und Berufsbindungen sowie Bindungen an eine regionale Kultur und Landschaft."

- These von der *Auflösung der sozialen Klassen*: Für Beck (1986) hat die Dynamik des sozialstaatlich abgesicherten Arbeitsmarktes die sozialen Klassen im Selbstverständnis der Betroffenen ausgedünnt bzw. sogar aufgelöst. Es entwickelt sich nach seiner Ansicht ein Kapitalismus ohne Klassen.

- These von der *Individualisierung von Krisen*: Die Tendenz zur Selbstwahrnehmung des Menschen außerhalb von Klassengrenzen führt auch dazu, daß Arbeitslosigkeit – inzwischen nun wirklich keine Randerscheinung mehr – vor allem als individuelles Schicksal wahrgenommen wird.

- These von der *Bedeutung der Geschlechtszugehörigkeit:* Insbesondere bei Frauen zeigt sich, daß nicht fehlende Ausbildung oder soziale Herkunft in die ‚neue Armut' führen, sondern vielmehr die Scheidung. Die Freisetzung aus der Ehe- und Hausarbeitsversorgung führt zu einem weiteren Individualisierungsschub innerhalb der Familie: „Familie wird zu einem dauernden Jonglieren mit auseinanderstrebenden Mehrfachkombinationen zwischen Berufserfordernissen, Bildungszwängen, Kinderverpflichtungen und dem hausarbeitlichen Einerlei" (a.a.O., S. 118).

- These von der *halbierten Moderne:* Individuelle Freiheit und Gleichheit jenseits der Geburt waren in der Industriegesellschaft nach Becks Ansicht schon immer nur dem einen Geschlecht vorenthalten, dem anderen zugewiesen. Die Durchsetzung der Industriegesellschaft fördert die Auflösung dieser ständischen Relikte.

- These von den *institutionenabhängigen Individuallagen*: Wenn an die Stelle der Klasse als Bezugsrahmen nicht die Familie tritt, dann muß der oder die einzelne selbst zum Akteur seiner Existenzsicherung werden. Dies geht mit einer Tendenz zur Institutionalisierung und Standardisierung einher: „Die freigesetzten Individuen werden arbeitsmarktabhängig und *damit* bildungsabhängig, konsumabhängig, abhängig von sozialrechtlichen Regelungen und Versorgungen, von Verkehrsplanungen, Konsumangeboten, Möglichkeiten und Moden in der medizinischen, psychologischen und pädagogischen Beratung und Betreuung" (a.a.O., S. 119).

- These vom Entstehen *neuer sozialkultureller Gemeinsamkeiten:* Die vom Individuum erlebten Gefährdungen führen zur Bildung neuer Suchbewegungen, wie sie sich beispielsweise in der Alternativ- und Jugendkultur zeigen. Sie sind (auch) Versuche der sozialen Identitätsbildung in enttraditionalisierten, individualisierten Lebenswelten.

Damit kein Mißverständnis entsteht: Beck (1986) glaubt nicht daran, daß die sozialen Klassen *tatsächlich* verschwunden sind, vielmehr spricht er von einem sog. *Fahrstuhleffekt:* „Die Ergebnisse der einschlägigen Forschungen lehren uns, daß durch alle technischen und wirtschaftlichen Umwälzungen, durch alle Reformbemühungen der letzten drei Jahrzehnte hindurch die Ungleichheits*relationen* zwischen den großen Gruppen unserer Gesellschaft sich nicht wesentlich verändert haben ... . Die ‚Klassengesellschaft' wird insgesamt eine Etage höher gefahren. Es gibt – bei allen sich neu einpendelnden oder durchgehaltenen Ungleichheiten – ein *kollektives Mehr* an Einkommen, Bildung, Mobilität, Recht, Wissenschaft, Massenkonsum" (Beck, a.a.O., S. 121f.). Diese Einschätzung wird beispielsweise durch eine Analyse der Wohlstandsverteilung in Deutschland (Schüssler, Lang & Buslei, 2000) bestätigt, wonach 1993 die obersten 10 % der Haushalte ca. 46 % des gesamten Grundvermögens und 48 % des gesamten Geldvermögens besaßen; diese Verteilung hatte sich in den Jahren 1978 bis 1993 sogar noch leicht zugunsten der oberen Vermögensgruppen verschoben. Der „World Wealth Report 2001" von Merill Lynch, Cap Gemini Ernst & Young macht darauf aufmerksam, daß der Anteil der „high net-worth individuals" (= HNWIs) in Europa um 7,5 %, in den USA um 9 % und weltweit um 6,5 % gestiegen sei.

Vielleicht noch einen Gedanken aus diesem Ansatz, der besonders für Psychologen interessant ist: Auch Beck (1986) diskutiert, wie die Menschen unter dem Eindruck der Individualisierungsprozesse auf die gesellschaftlichen Veränderungen reagieren: „Die Konsequenz ist, daß die Menschen immer nachdrücklicher in das Labyrinth der Selbstverunsicherung, Selbstbefragung und Selbstvergewisserung hineingeraten. Der (unendliche) Regreß der Fragen: ‚Bin ich wirklich glücklich?‘, ‚Bin ich wirklich selbsterfüllt?‘, ‚Wer ist das eigentlich, der hier ‚ich‘ sagt und fragt?‘, führt in immer neue Antwort-Moden, die in vielfältiger Weise in Märkte für Experten, Industrien und Religionsbewegungen umgemünzt werden. In der Suche nach Selbsterfüllung reisen die Menschen nach Tourismuskatalog in alle Winkel der Erde. Sie zerbrechen die besten Ehen und gehen in rascher Folge immer neue Bindungen ein. Sie lassen sich umschulen. Sie fasten. Sie joggen. Sie wechseln von einer Therapiegruppe zur anderen. Besessen von dem Ziel der Selbstverwirklichung reißen sie sich selbst aus der Erde heraus, um nachzusehen, ob ihre Wurzeln auch wirklich gesund sind" (a.a.O, S. 156).

Allgemein charakterisiert der Arbeitshistoriker Harry Bravermann (1985) dies so: „So ist die Bevölkerung nicht länger auf soziale Organisation in Form von Familie, Freunden, Nachbarn, der Gemeinschaft, Älteren oder Kindern angewiesen, sondern muß mit wenigen Ausnahmen auf den Markt gehen, und nur auf den Markt, nicht nur wegen Nahrung, Kleidung und Wohnung, sondern auch zur Erholung, zum Amüsement, für die Sicherheit, für die Betreuung von Kindern, Alten, Kranken, Behinderten. Mit der Zeit werden nicht nur materielle und Dienstleistungsbedürfnisse, sondern auch die emotionalen Strukturen des Lebens durch den Markt kanalisiert" (Bravermann, 1986, S. 248).

Allerdings geht dies nur so lange gut, wie die Einkommensverhältnisse stimmen. Droht die Arbeitslosigkeit – und sie droht inzwischen für nahezu alle sozialen Gruppen dann schleicht sich die Angst ein: „ ... das Bohren der Angst ... ist der zukunftsbestimmende politische Faktor im (Ex-) Wirtschaftswunderland Bundesrepublik" (Beck, a.a.O., S. 154). Es überrascht nicht, daß der in Europa durchgängig festzustellende Anstieg der Gewalttaten junger Menschen vor allem durch Täter mit niedriger Schulbildung, in relativer Armut und sozialer Ausgrenzung und mit schlechten Integrationsperspektiven ausgelöst ist (Pfeiffer, 1998).

So liefert uns Ulrich Beck nach allem eine überzeugende theoretische Erklärung für viele irritierende Veränderungen in den Industriegesellschaften. Entwickelt hat er diese Thesen schon zu einer Zeit, als das Stichwort ‚Globalisierung‘ noch nicht in der öffentlichen Diskussion zu finden war. Gleichwohl ist die Individualisierungsthese auch unter den nunmehr eingetretenen Bedingungen einer wie oben beschriebenen wirtschaftlichen

Globalisierung gültig: Die aktuellen wirtschaftlichen Prozesse fördern und erfordern – wie gesehen – vom Individuum geradezu eine Herauslösung aus seinen traditionellen Bindungen. Zur wirtschaftlichen Flexibilität kommt die Forderung nach sozialer und psychischer Flexibilität: Elf Orts- und Stellenwechsel – so hatten wir eingangs erfahren – muß ein gut ausgebildeter US-Amerikaner im Verlaufe von vierzig Arbeitsjahren bewältigen. Da kann er keine tiefen Bindungen mehr an Orte, Regionen, Vereine, Freunde, Kollegen und möglicherweise auch Lebenspartner eingehen.

Der amerikanische Politikwissenschaftler Robert Putnam (2001) hat derartige Tendenzen für die USA in einem Buch mit dem einprägsamen Titel „Bowling alone" zusammengefaßt, danach nimmt das traditionelle Engagement der jungen Amerikaner in Parteien, Gewerkschaften, Kirchen, Nachbarschaftsaktivitäten und dgl. rapide ab. Aber nicht genug damit: Inzwischen will der amerikanische Systemkritiker Jeremy Rifkin (2000) sogar eine weitere Beschleunigung dieser Entwicklungen wahrgenommen haben, zumindest für die hochentwickelten Industriestaaten. Nach seiner Ansicht wird eine weitere Basis bisheriger gesellschaftlicher und individueller Stabilität wegfallen, nämlich der persönliche Besitz. Zukünftig tritt an die Stelle von Besitz ein zeitlich begrenztes *Nutzungsrecht*. So verwandeln sich Güter in Dienstleistungen und Dienstleistungen in erwerbbare Erfahrungen. Konkret sieht das dann so aus: „Ein Freund hat sich vor wenigen Wochen in Berlin ein Haus gekauft. Ein hübsches Haus in einer ruhigen Vorortstraße, in dem genug Platz ist für das Designstudio seiner erfolgreichen Frau und die Spielzimmer seiner zwei Söhne. Dieser Erwerb einer Immobilie wäre noch vor einer Generation ein wichtiges Ereignis gewesen im Leben eines erfolgreichen Mannes, der noch keine 40 Jahre alt ist. Doch dies ist schon das dritte Haus, das sich dieser Freund gekauft hat. Die anderen standen in Hamburg und London, und er hat sie längst schon wieder abgestoßen. Wenn er länger in einer weiteren Stadt zu tun hat, mietet ihm die Firma dort ein möbliertes Apartment. Außerdem sind seine beiden Autos geleast, genauso wie sein Computer und die diversen Mobiltelefone" (*SÜDDEUTSCHE ZEITUNG* vom 23.08.2000, S. 18).

Auch wenn diese Idee – die allgemeine und umfassende Verwandlung von Eigentum in Zugangsrecht – insgesamt ein wenig übertrieben erscheint, unterstreicht sie doch eine sicherlich vorhandene Tendenz: Besitz an Gebrauchsgütern und persönlich genutzten Immobilien hat nicht mehr die Bedeutung, die er früher einmal gehabt hat. Auch dies verschärft die Individualisierungstendenzen der Industriegesellschaft. Insgesamt erscheinen diese Entwicklungsperspektiven als ziemlich deprimierend. Selbst wenn für manche Sozialwissenschaftler (vgl. etwa Fukuyama, 1999) der exzessive Individualismus seinen Höhepunkt bereits überschritten hat, so lassen sich gleichwohl noch hinreichend viele und beeindruckende empirische Belege für die skizzierten ökonomischen und gesellschaftlichen Tendenzen finden.

Ein Beleg für die von Sennett (1998) unterstellte Angst findet sich in Untersuchungen des International Labour Office (ILO) in Genf, einer Unterorganisation der Vereinten Nationen (vgl. dazu Gabriel & Liimatainen, 2000; Wilken & Breucker, 2000). Auf der Basis von Sekundäranalysen und Experteninterviews untersuchten sie die *mentale Gesundheit* von Arbeitnehmern in Deutschland, England, Finnland, Polen und den USA. Sie bilanzieren: „In all five countries the incidence of mental health problems and the costs related to them have risen during the past decade. The increase in the incidence of in depression particular, is alarming. ... It is estimated that approximately 20 % of the adult population have a mental health problem" (Gabriel & Liimatainen, 2000, S.4).

Insbesondere die Analysen aus Deutschland, Finnland und Polen zeigen den Einfluß der ökonomischen und sozialen Veränderungen in den neunziger Jahren auf diese Zahlen. Für Deutschland wird beispielsweise festgestellt: „In Germany, since the mid 1980s, employees have experienced an increase in stress related to both physical and mental working conditions. This is due mainly to rationalisation and the rapid introduction of technology, which took place in the industrial and service sector" (Wilken & Breucker, 2000, S. 1). Traditionelle Belastungen wie Maschinenunfälle, Lärm, körperliche Anstrengungen, Hitze oder Kälte werden geringer, psychische Stressoren wie Zeitdruck, häufige Versetzungen oder mentale Überbeanspruchungen werden häufiger. Auch in einer Metaanalyse von 103 Mitarbeiterbefragungen mit über 20.000 Befragten (Redmann & Rehbein, 2000) findet sich, daß sich jeweils über 30 % der Befragten durch große Arbeitsmengen, hohes Arbeitstempo, hohe Anforderungen an die Genauigkeit und ständigen Zwang zur Aufmerksamkeit stark belastet fühlen. Vor allem ältere Arbeitnehmer kommen mit diesen Veränderungen nicht mehr gut zurecht, Burnout und Depressionen sind die Folgen. Eine Untersuchung der Auftretenshäufigkeit psychischer Störungen in der bundesdeutschen Gesamtbevölkerung ergab beispielsweise, daß die 46- bis 65jährigen Befragten vergleichsweise häufiger (= 13,9 % gegenüber 11,7 % in der Gesamtstichprobe aller Männer) an affektiven, an somatoformen oder an Angststörungen litten (Wittchen, Müller, Pfister, Winter & Schmidtkunz, 1999). Allgemein zeigt sich bei der Analyse von Daten zur Arbeitsunfähigkeit aus dem Jahr 1997, daß die Häufigkeiten bei allen

Krankheiten zurückgingen, nur bei den psychischen Erkrankungen stiegen sie weiter an. Allein die stationäre Behandlung von Depressionen erfordert zwei Milliarden DM jährlich (Statistisches Bundesamt 1998, S.34), rechnet man die Produktionsausfälle u. dgl. hinzu, so entstehen Kosten von (geschätzt) zwei Billionen allein durch Depressionen, für alle mentalen Erkrankungen von fünf Billionen DM jährlich (Gabriel & Liimatainen, 2000; Wilken & Breucker, 2000). Schließlich zeigen Metaanalysen zur Arbeitslosigkeit (Paul & Moser, 2001), daß der Übergang von einer Erwerbstätigkeit in die Arbeitslosigkeit allgemeine psychische Symptome, Depressionen, Angst, das Gefühl der Unkontrollierbarkeit der Lebens-situation, geringe Lebenszufriedenheit, verringertes Wohlbefinden und ein geringeres Selbstwertgefühl zur Folge hat.

Auch Manager selber geben inzwischen an, daß sie unter den Folgen der Globalisierung zu leiden haben: „If you ask managers what creates pressure for them, the most frequent answer is ‚globalization'" resümieren Steger und Lochmann (2000) die Ergebnisse einer Befragung von 103 Managern: Die meisten haben eine 50- bis 65-Stunden-Woche und zahlreiche dienst-liche Verpflichtungen am Wochenende wahrzunehmen, so daß bei mehr als der Hälfte der Befragten das Privatleben deutlich zu kurz kommt. Daß dies auf Dauer nicht folgenlos bleibt, weisen auch Forschungsergebnisse über Risikofaktoren für Ehescheidungen nach: Danach haben Paare mit einem hohen Ausmaß an erlebtem Alltagsstreß, resultierend aus Termindruck und unbefriedigender Freizeitgestaltung, ein signifikant höheres Scheidungs-risiko (Bodenmann, 2001).

So finden sich nach allem schon hier einige nachdenklich stimmende empi-rische Belege für die oben skizzierten ökonomischen und gesellschaftlichen Entwicklungstendenzen, die auch für unsere beiden eingangs vorgestellten Berufsanfänger Julia M. und Sven H. Konsequenzen haben. Woran müssen sich beide orientieren? Wir fassen diesen Punkt wie folgt zusammen:

(1) Wirtschaftliche *Globalisierung* bedeutet für den Einzelnen u.a. große Flexibilität gegenüber dem Umbau von Institutionen, lockere Netzwerke treten zunehmend an die Stelle pyramidaler Hierarchien. Die Produktion wird spezialisiert, das Fließband durch weitgehend eigenverantwortliche und unter hohem Leistungsdruck stehende Produktionsinseln abgelöst. Die Arbeit wird zunehmend von computergesteuerten Maschinen durchgeführt, deren Funktionsweise dem sie bedienenden Arbeitnehmer weitgehend unbekannt ist. Die Veränderungen im Unternehmensbereich zwingen das Individuum dazu, immer wieder neue Beschäftigungs-

verhältnisse einzugehen und damit möglichst einen Einkommens-
zuwachs zu erzielen. Dies gelingt formal hoch gebildeten, jüngeren und
mobilen Arbeitnehmern besser als anderen Gruppen.

(2) Die für das Individuum bedeutsamen Veränderungen können mit dem
soziologischen Stichwort der *Individualisierung* zusammengefaßt
werden, womit eine weitgehende Lösung der Menschen aus den traditionellen Klassenbedingungen und Versorgungsbezügen gemeint ist; das
Individuum muß selbst zum Akteur seiner Existenzsicherung werden.
Arbeitswissenschaftliche Untersuchungen zum Gesundheitsstand von
Arbeitnehmern zeigen indes, daß diese Veränderungen von vielen
Menschen als außerordentlich belastend erlebt werden, psychosomatische und psychische Krankheiten sind insbesondere bei den
älteren Arbeitnehmern die Folge.

(3) Für Julia M. und Sven H. ergeben sich daraus die folgenden *Probleme*:
Zum einen müssen sie die in der Organisationspsychologie entwickelten
Theorien und Techniken daraufhin überprüfen, ob sie in Zeiten der
Globalisierung und Individualisierung überhaupt noch Gültigkeit haben.
Ferner verlangen die neuen Organisationsformen der globalen Organisationen vermutlich auch von ihnen spezifische Fertigkeiten, Elemente
eines flexiblen Charakters. Aber vor allem müssen sie sich entscheiden,
ob die Organisationspsychologie unter diesen Rahmenbedingungen für
sie als Beruf überhaupt in Frage kommt.

2.   Organisationen

2.1   Was ist eine Organisation? – Definitorische Festlegungen

Wir fabulieren weiter: Julia M. und Sven H. haben an der Universität des Saarlandes Organisationspsychologie studiert, von daher war die Frage „Was ist eine Organisation?" ihre erste Aufgabe in der mündlichen Diplomprüfung. Die meisten Studenten wählten als Antwort auf diese Frage die sog. Arbeitsdefinition von Weinert (1987, S. 41):

„Eine Organisation ist ein kollektives Ganzes mit relativ festgelegten und identifizierbaren Grenzen, einer normativen Ordnung, hierarchischem Autoritätssystem, Kommunikationssystem und einem koordinativen Mitgliedssystem; dieses kollektive Ganze besteht aus einer relativ kontinuierlichen Basis, innerhalb einer sie umgebenden Umwelt und beschäftigt sich mit Handlungen und Aktivitäten, die sich gewöhnlich auf ein Endziel oder Objektiv hin beziehen, oder auf eine Menge von Endzielen oder Objektiven."

Konkretisieren wir das am Beispiel einer Firma: Das *kollektive Ganze* ist die gesamte Belegschaft der Firma einschl. der Führungskräfte und – dies darf nicht vergessen werden – der Besitzer, also der Aktionäre. Die *festgelegten Grenzen* sind entsprechend entweder der Besitz von Aktien oder ein gültiger Arbeitsvertrag. Die *normative Ordnung* besteht aus einer Vielzahl von Regelungen – von der Besoldungsregelung bis zur Parkplatzordnung – die mit den Mitarbeitern auf der Basis der geltenden Tarifverträge abgeschlossen werden. Das *hierarchische Autoritätssystem* besteht aus den verschiedenen Gruppen, die vom Vorsitzenden des Aufsichtsrates als dem Sprecher der Besitzer über die Geschäftsführung bis zum Azubi im ersten Lehrjahr reichen. Das *Kommunikationssystem* besteht aus den technischen Mitteln wie Telefon, Fax, E-mail etc. und den sozialen Regeln, wer wann mit wem kommunizieren darf. Das *koordinative Mitgliedssystem* meint das Gesamtnetz der arbeitsteiligen Beziehungen zwischen den einzelnen Mitgliedern und Untergliederungen der Organisation. Die *relativ kontinuierliche Basis* ist dadurch gegeben, daß die Firma schon eine ordentliche Zeit existiert und dies auch weiterhin vorhat. Die *umgebende Umwelt* ist sowohl die natürliche Umwelt, also der unmittelbare Produktionsstandort, zugleich aber auch die soziale und politische Umwelt, mit der das Unternehmen interagiert. Das *Endziel* der Organisation ist die Erzielung von Profit für die Besitzer der Firma, welches über die Herstellung und den Verkauf von Produkten und/oder Dienstleistungen realisiert wird.

Nehmen wir noch ein zweites Beispiel, die Universität. Auch sie ist ein kollektives Ganzes, dessen Grenzen in den jeweiligen Universitätsgesetzen definiert sind. Darin ist beispielsweise geregelt, wer zur Universität gehört: *Mitglieder* der Universität sind u.a. die Professoren, der Mittelbau, das nichtwissenschaftliche Personal und die Studenten. *Angehörige* der Universität sind u.a. die entpflichteten Professoren, die Lehrbeauftragten, die Privatdozenten, die außerplanmäßigen Professoren, die Hilfskräfte, die Gasthörer und die Ehrenbürger, sie unterscheiden sich von den Mitgliedern u.a. dadurch, daß sie kein Wahlrecht für die Gremien der Universität haben. Die Zugehörigkeit zur Alma mater wird entweder durch einen Studentenausweis, einen gültigen Arbeitsvertrag oder – bei den Angehörigen – durch entsprechende Ernennungsurkunden dokumentiert. Die normative Ordnung besteht aus dem jeweiligen Universitätsgesetz und zahlreichen Unterordnungen, von (beispielsweise) der Prüfungsordnung im Fach Psychologie bis zur Parkplatzordnung auf dem Campus. Das hierarchische Autoritätssystem hingegen ist schon etwas schwerer zu durchschauen: Studenten haben ebensowenig einen Vorgesetzten innerhalb der Universität wie die Professoren und Hochschuldozenten. Das sonstige wissenschaftliche wie das nichtwissenschaftliche Personal hingegen hat Vorgesetzte, es ist in ein hierarchisches Autoritätssystem eingebaut. Ferner gibt es an der Universität ein offizielles Kommunikationssystem – Anträge auf Gewährung eines Forschungsfreisemesters beispielsweise gehen über den Dekan der jeweiligen Fakultät und den Universitätspräsidenten an den für die Universität zuständigen Minister. Andere Stellungnahmen, Beschlüsse oder Anträge gehen wieder andere Kommunikationswege, alle zusammen bilden sie ein Kommunikationssystem. Das koordinative Mitgliedssystem besteht darin, daß die genannten Gruppen der Universität in geordneter und systematischer Weise einander zuarbeiten: Die Verwaltung organisiert den administrativen und technischen Betrieb, der Mittelbau arbeitet in Lehre und Forschung den Professoren zu, die Professoren produzieren Arbeitskräfte, Forschungsergebnisse und gelegentlich auch heiße Luft. Die relativ kontinuierliche Basis wurde beispielsweise in Saarbrücken 1999 besonders deutlich, als die Universität ihr 50jähriges Bestehen feierte. Sie wurde am 09. April 1948 in Paris gegründet und nahm am 15. November 1948 offiziell ihre Arbeit auf. Die umgebende Umwelt ist auch hier wieder der Ort, auf dem die Universität liegt, sowie die vielfältigen politischen und sozialen Beziehungen, in die sie eingebunden ist. Die wesentlichen Endziele sind die Ausbildung von Studenten zu wissenschaftlichen Fachkräften sowie die Produktion und Weitergabe von Forschungsergebnissen.

Wir stellen also fest: Die Universität ist genauso eine Organisation im Sinne der Definition von Weinert (1987) wie eine Firma. Trotzdem bleibt ein Unbehagen. Sind die beiden irgendwie nicht doch ziemlich verschieden? Die Antwort auf diese Frage findet sich im *Organisationsziel*. Man kann Organisationen auch danach gruppieren, ob sie der Erwirtschaftung von privaten Profiten dienen oder nicht. Entsprechend heißen sie *Profit-* oder *Non-Profit-Organisationen*. Außer den Universitäten sind auch Krankenhäuser, Heime, Erziehungsberatungen, Stadtverwaltungen, Kirchen, Schulen, Kulturorganisationen, Stiftungen, Gewerkschaften, Parteien und anderes mehr als Nonprofit-Organisationen zu bezeichnen, in denen Menschen arbeiten und die von Organisationspsychologen mitgestaltet werden. Wer nicht unmittelbar den Gesetzen der Profitmaximierung unterworfen sein möchte, kann sich deswegen trotzdem für die Organisationspsychologie interessieren. Sie beansprucht alle Arten von Organisationen – Profit- wie Non-Profit-Organisationen – als ihr Tätigkeitsfeld.

2.2   Gutes tun – Non-Profit-Organisationen

Das wesentliche Merkmal der *Non-Profit-Organisationen (kurz: NPO)* ist – wie erwähnt – daß sie keine Gewinne bzw. Überschüsse an Eigentümer oder Mitglieder ausschütten; gleichwohl dürfen sie zur Erfüllung ihrer Aufgaben Gewinne erwirtschaften.

Einer von Schwarz (1985) stammenden Einteilung folgend, lassen sich NPO wie folgt gruppieren:

Trägerschaft/Zieldominanz		Leistungsart und Finanzierungsart	
		A. Individualgüter mit Preisfinanzierung	B. Öffentliche, kollektive und/oder meritorische Güter mit Finanzierung über Steuern, Spenden, Beiträge
Profit-Organisationen		Unternehmung: Landwirtschaft, Investitionsgüter, Konsumgüter Dienstleistungen	(Subventionierte Erwerbswirtschaft)
Non-Profit-Organisationen	Staatswirtschaftlich-Gemeinwirtschaftlich	Öffentlicher Betrieb: Transport, Energie, Post, Kreditwirtschaft	Öffentliche Verwaltung, Öffentlicher ‚Regiebetrieb', Sozialbetrieb: Spital, Heim, Anstalt, Erziehungsbetrieb: Schule, Universität, Kulturbetrieb: Museum, Theater, Bibliothek
	Privat-wirt-schaft-lich–Bedarfs-wirt-schaft-lich / Ko-operations-wirtschaft	Genossenschaft Funktionsgemeinschaft Vertikale Kooperation Gewerkschaftsbetrieb	Wirtschaftliche Organisation: Kartell, Verband Soziokulturelle Organisation: Freizeitverein, Kirche, Politische Organisation: Partei
	Kurativ-wirtschaft	Stiftungsunternehmen	Stiftungswirtschaft Spenden-Hilfswerk

Abb. 1:   Organisationstypen nach Schwarz (1985)

NPO finden sich vor allem in den Tätigkeitsfeldern Dienstleistungen, Kultur, Erholung und Sport, Bildung und Erziehung, Gesundheits- und Sozialwesen sowie Parteien und Verbänden. In den USA beispielsweise wird ihre Anzahl auf ca. 250.000 geschätzt (vgl. Berman, 1998, S. 23). Hinsichtlich der Beschäftigungszahlen finden sich die meisten Beschäftigten im Bereich Bildung und Forschung, es folgen Soziale Dienste und Gesundheitswesen, schließlich Kultur und Freizeit (vgl. dazu Badelt, 1997a). Hier finden sich auch die stärksten Zuwachsraten beim Personal: Im Gesundheitswesen und bei den Sozialen Diensten stieg der Anteil der Beschäftigten von 1961 bis 1990 um das 3,8fache, in der Bildung und der Forschung um das 2,7fache und in den Bereichen Kultur und Freizeit um das 1,8fache (Badelt, 1997, S. 28).

Neben der Globalisierungs-Frage wird die Organisationspsychologie nun also durch ein weiteres Problem noch komplizierter: Gelten die organisationspsychologischen Theorien auch im Bereich der NPO, können die Methoden der Organisationspsychologie hier einfach übernommen werden?

Zur vorläufigen Beantwortung dieser Frage kann noch einmal die eingangs vorgetragene Definition herangezogen werden: Auch eine Non-Profit-Organisation „... ist ein kollektives Ganzes mit relativ festgelegten und identifizierbaren Grenzen, einer normativen Ordnung, hierarchischem Autoritätssystem, Kommunikationssystem und einem koordinativem Mitgliedssystem; dieses kollektive Ganze besteht aus einer relativ kontinuierlichen Basis, innerhalb einer sie umgebenden Umwelt und beschäftigt sich mit Handlungen und Aktivitäten, die sich gewöhnlich auf ein Endziel oder Objektiv hin beziehen, oder eine Menge von Endzielen oder Objektiven" (Weinert, 1987, S. 41).

Beide – profitorientierte Organisationen wie Non-Profit-Organisationen – sind als kollektives Ganzes anzusehen, allerdings sind bei den NPO die identifizierbaren Grenzen vor allem wegen der vielfältigen Formen ehrenamtlicher Mitarbeit fließender. Ebenso sollten beide Organisationstypen normative Ordnungen haben, wenngleich sie möglicherweise bei den NPO gelegentlich weniger verbindlich formuliert sind. Dies gilt gleichermaßen für das hierarchische Autoritätssystem, das bei den NPO gelegentlich komplizierter (z. B. bei Vereinen) und weniger explizit ist. Das Kommunikationssystem und das koordinative Mitgliedssystem sind desgleichen nötig und vorhanden, allerdings ist die kontinuierliche Basis bei den NPO möglicherweise nicht so stabil – in den USA waren in zwei empirischen Unter-

suchungen 65 % aller NPO in zwei Gemeinden jünger als 20 Jahre alt (vgl.
Badelt, 1997c, S. 427; = (+) in der nachfolgenden Abbildung). Deutliche
Unterschiede finden wir hingegen in den Beziehungen zur Umwelt und den
Organisationszielen, die bei den NPO im allgemeinen vielfältiger und
komplizierter sind (= ++ in der nachfolgenden Abbildung).

	PO	NPO
Kollektives Ganzes	+	+
Identifizierbare Grenzen	+	(+)
Normative Ordnung	+	+
Hierarchisches Autoritätssystem	+	(+)
Kommunikationssystem	+	+
Koordinatives Mitgliedssystem	+	+
Kontinuierliche Basis	+	(+)
Umwelt	+	++
Ziele	+	++

Abb. 2:   (Unterschiede PO zu NPO)
          Profit-Organisationen (PO) vs. Nonprofit-Organisationen (NPO)

Trotz einiger Unterschiede können wir also festhalten, daß sich die allgemeine Definition von Organisation auch für den Bereich der NPO aufrecht-
erhalten läßt. Wir stellen auch fest, daß die Tätigkeit eines Organisationspsychologen in einer NPO vermutlich schwieriger als in einer PO ist: Etwa
bei der Frage der Personalauswahl mögen sowohl bei den hauptamtlichen
wie bei den ehrenamtlichen Mitarbeitern entsprechend zu den
unterschiedlichen Zielen der Organisation auch unterschiedliche Fähigkeiten gefragt sein. Aber kann es sich eine NPO überhaupt leisten, einen
ehrenamtlichen Mitarbeiter zurückzuweisen? Ein anderes Beispiel wäre die
Personalführung: Welcher Führungsstil ist bei einer solchen Mitarbeiter-
struktur angemessen? Schließlich das Konfliktmanagement: Vermutlich
muß der Organisationspsychologe in einer NPO schlicht wegen der hetero-
genen Ziel- und Motivationsstruktur der Mitglieder der NPO mit einer
größeren Zahl von Konflikten rechnen und hierfür geeignete Analyse- und
Schlichtungsverfahren bereithalten. Andere Beispiele – Burnout, Streß,
Mobbing, Entlohnungssysteme – ließen sich leicht finden. Aber andererseits müssen auch in der NPO Menschen ausgewählt, motiviert, geführt,
gefördert und ggf. auch entlassen werden. Welche organisationspsychologische Theorie oder Methode hier jeweils zur Anwendung
kommen kann und ob ggf. spezifische Instrumente entwickelt werden

müssen, kann nur unter Berücksichtigung des jeweiligen Typs der NPO, also insgesamt situations-, organisations- und problembezogen beantwortet werden. Auch müssen die folgenden allgemeinen Tendenzen berücksichtigt werden (vgl. dazu Horak, 1997, S. 126):

- *Wertewandel:* Der oben dargelegte Wertewandel (Individualisierungstendenz) trifft die NPO besonders deutlich, da sie stark vom ehrenamtlichen Engagement und der Spendenbereitschaft ihres sozialen Umfeldes abhängen.

- *Zunehmender Rechtfertigungsdruck*: NPO sind meist von vielfältiger und unterschiedlicher externer Unterstützung abhängig (= „Stakeholder"). Die unterschiedlichen Gruppen (= „Kunden") müssen in je spezifischer Weise angesprochen werden und über die Effektivität ihrer Förderung informiert werden (= „Public Relations").

- *Schwierige Personalsituation*: Viele NPO sind auch auf die Hilfe ehrenamtlicher Mitarbeiter und Zivildienstleistender angewiesen, die anders motiviert und geführt werden müssen als die Hauptamtlichen. Ehrenamtliche Mitarbeiter – auf zwei bezahlte kommt durchschnittlich ein ehrenamtlicher Mitarbeiter (Badelt, 1997b, S. 364) – sind zunehmend schwerer zu finden (= „Employee Relations").

- *Technologische Entwicklung*: NPO neigen dazu, moderne technologische Hilfsmittel – etwa im Kommunikationsbereich – nur zögerlich anzunehmen oder gar abzulehnen. Hier müssen differenzierte Beurteilungen gefunden und angemessene Einführungsstrategien entwickelt werden.

- *Konkurrenzsituation*: Viele klassische NPO-Dienstleistungen werden zunehmend auch von profitorientierten Organisationen angeboten (z. B. in der Kranken- und Altenpflege, bei medizinischen Dienstleistungen, im Sport). Hier müssen sich die NPO teilweise neu plazieren.

Alles dies erzeugt einen starken Effizienzdruck auf das Management und die Beschäftigten, denen beide teilweise wegen der fehlenden Kompetenzen oft ungeschützt und entsprechend hilflos ausgesetzt sind; organisationspsychologische Expertise ist hier sicherlich nötig (vgl. dazu auch Berman, 1998). Auch wird der NPO-Sektor als eine „Wachstumsbranche" (Badelt, 1997c, S. 426) eingeschätzt, bei dem etwa die Zunahme der Beschäftigten stärker ist als in anderen Teilbereichen der

Wirtschaft. Dies alles macht deutlich, daß in vielen Fällen gerade in den NPO organisationspsychologisches Wissen nötig und hilfreich wäre. Es wird aber auch Zeit, daß organisationspsychologisch interessierte Studenten den Bereich der NPO als ein Tätigkeitsfeld für sich entdecken.

2.3 Die globale Organisation – Globalisierungsprozesse und Organisationspsychologie

„Was ist eine Organisation?" – die Frage muß nun noch einmal vor dem Hintergrund der Globalisierungsfrage gestellt werden: Kann die o.a. Definition von Organisation vor dem Hintergrund wirtschaftlicher Globalisierungsprozesse weiterhin gelten oder muß sie ggf. verändert oder ergänzt werden?

Ersichtlich ist die Definition zunächst einmal vor allem für nationale Organisationen entwickelt worden. Im Vergleich der nationalen mit der *globalen Organisation* findet sich schnell ein gravierender Unterschied: Die nationale Organisation ist meist zentralisiert, die globale ist in Netzwerken organisiert (Parker, 1998, S.292). Unabhängig davon sind aber nationale wie globale Organisationen sicherlich als kollektives Ganzes zu bezeichnen, allerdings sind bei den globalen Organisationen die Grenzen nicht mehr so leicht zu identifizieren. Die nationale Organisation wird leichter eine normative Ordnung erstellen können als die globale, hier werden es eher verschiedene Ordnungen sein. Anstelle von Hierarchien treten bei den globalen Organisationen Netzwerke und gegenseitige Abhängigkeiten. Andererseits wird die Verfügbarkeit technischer und sozialer Kommunikationssysteme erheblich wichtiger. Das koordinative Mitgliedssystem muß zwar vorhanden sein, es ist jedoch weniger starr. Die kontinuierliche Basis der Organisation wird bei den globalen Organisationen möglicherweise weniger stabil sein als bei den nationalen, die vergleichsweise homogene Umwelt der nationalen Organisation wird in mehrere Umwelten gegliedert sein.

	Nationale Organisationen	Globale Organisationen
Kollektives Ganzes	+	+
Identifizierbare Grenzen	+	(-)
Normative Ordnung	+	(+)
Hierarchisches Autoritätssystem	+	(-)
Kommunikationssystem	+	++
Koordinatives Mitgliedssystem	+	+
Kontinuierliche Basis	+	(+)
Umwelt	+	(+)
Ziele	+	+

Abb. 3:   Nationale vs. globale Organisationen

Die deutlichsten Unterschiede finden sich somit bei den Grenzen und der inneren Ordnung der globalen Organisation, so daß wir unsere Definition für diesen Organisationstyp wohl doch besser wie folgt verändern:

Eine globale Organisation ist eine dynamische Gemeinschaft mit normativen Ordnungen, flachen Hierarchien, modernen technischen und sozialen Kommunikationssystemen und vernetzten koordinativen Mitgliedssystemen. Sie agiert innerhalb unterschiedlicher kultureller, sozialer und ökologischer Umwelten und beschäftigt sich mit Handlungen und Aktivitäten, die sich auf ein Endziel oder Objektiv oder auf eine Menge von Endzielen oder Objektiven beziehen.

Die Angelegenheit ließe sich noch weiter verkomplizieren, schließlich gelten die Globalisierungsprozesse auch für NPO: Es gibt bekanntlich eine ganze Reihe von global agierenden Organisationen im Non-Profit-Bereich (Parker, 1998, S. 426). Von „Amnesty International" bis zu den „Physicians for Human Rights" reichen die sog. „nongovernmental organizations", zu denen die globalen regierungsähnlichen, aber gleichfalls nicht profitorientierten Organisationen wie die UN und ihre Unterorganisationen noch hinzukommen. Aber auch für sie mag die soeben entwickelte Definition vorerst Gültigkeit beanspruchen, gilt doch allgemein für Definitionen, daß sie nicht richtig oder falsch, sondern sinnvoll oder nicht sinnvoll, selten völlig randscharf und wie die ihnen zugrundeliegenden Sachverhalte historischen Veränderungen unterworfen sind.

Was bedeutet dies alles nun für Sven H. und Julia M.? Wie sollen sie sich als Berufseinsteiger in einer im rasanten Wandel befindlichen Arbeitsumwelt orientieren? Eine solche Möglichkeit nennt das amerikanische Magazin *FORTUNE* in der Ausgabe vom 25. Januar 1993 (zit. nach Stewart, 1997, S. 8):

„1. Take responsibility for your career.
2. Say goodbye to moves up the hierarchy and to those ambitions to be a general manager.
3. Develop your knowledge and adaptability because that's what companies will increasingly reward for you.
4. Take advantage from the new manager-employee contract emerging in many companies: greater employability for solid, hard and committed work."

Zum ersten Punkt wird empfohlen, angesichts der Unberechenbarkeit von Kündigungen seine Fertigkeiten ständig weiter zu entwickeln. „Always be ready to answer the question: If you were let go tomorrow, what would you do?" (Stewart, 1997, S. 8). Zum zweiten wird darauf hingewiesen, daß die Verschlankung von Organisationen in den letzten Jahren die Anzahl der Führungspositionen radikal verringert hat. Bei General Electric beispielsweise wurden sie um 65 % reduziert, heute kommt dort ein „general manager" auf 5.500 Mitarbeiter: „Better to focus on a functional position and an enriched one at that" (a.a.O., S. 8). Zum dritten wird auf die zunehmende Bedeutung von Flexibilität und Teamfähigkeit für die Firmen hingewiesen, in der der einzelne Mitarbeiter sich trainieren und wozu er viertens die Angebote seiner momentanen Firma nützen möge.

Das also erwartet Julia M. und Sven H., wenn sie sich auf den Arbeitsmarkt begeben werden. Sie rekapitulieren die Lage noch einmal wie folgt:

(1) Eine *Organisation* läßt sich mit Weinert (1987, S. 41) als ein kollektives Ganzes definieren, das relativ festgelegte und identifizierbare Grenzen, eine normative Ordnung, ein hierarchisches Autoritätssystem, ein Kommunikationssystem und ein koordinatives Mitgliedssystem hat. Sie besteht aus einer relativ kontinuierlichen Basis, innerhalb einer sie umgebenden Umwelt und beschäftigt sich mit Handlungen und Aktivitäten, die sich gewöhnlich auf ein Endziel oder auf mehrere Endziele beziehen.

(2) Das wesentliche Merkmal der sog. *Non-Profit-Organisationen* ist, daß sie keine Gewinne bzw. Überschüsse an Eigentümer oder Mitglieder ausschütten; gleichwohl dürfen sie zur Erfüllung ihrer Aufgaben Gewinne erwirtschaften. Sie finden sich vor allem in den Tätigkeitsfeldern Dienstleistungen, Kultur, Erholung und Sport, Bildung und Erziehung, Gesundheits- und Sozialwesen sowie Parteien und Verbände.

(3) Eine *globale Organisation* schließlich ist eine dynamische Gemeinschaft mit normativen Ordnungen, flachen Hierarchien, modernen technischen und sozialen Kommunikationssystemen und vernetzten koordinativen Mitgliedssystemen. Sie agiert innerhalb unterschiedlicher kultureller und ökologischer Umwelten und beschäftigt sich mit Handlungen und Aktivitäten, die sich auf ein Endziel oder auf eine Menge von Endzielen beziehen.

3. Organisationswahl durch das Individuum

3.1 Der Praxis-Schock – Berufswunsch und Berufseinstieg

Wo soll man denn nun seine Brötchen verdienen? Ist eine nationale oder eine internationale Organisation zu bevorzugen? Soll es eine Profit- oder eine Non-Profit-Organisation sein? Die Frage des Berufseinstiegs und der damit verbundenen Organisationswahl ist nicht nur für Sven H. und Julia M. eine gravierende Entscheidung, stellt sie doch im allgemeinen eine Wahl für eine längere Zeit oder zumindest eine gewisse Weichenstellung für die zukünftige Berufslaufbahn dar. Wie viele andere suchen sie Hilfe in der entsprechenden Ratgeberliteratur und kaufen ein Buch, das der Marketing- und Kommunikationschef der österreichischen Industriellenvereinigung, Werner Lanthaler, und die Journalistin Johanna Zugmann mit dem Titel „Die ICH-Aktie. Mit neuem Karrieredenken auf Erfolgskurs" geschrieben haben (Lanthaler & Zugmann, 2000).

Darin heißt es u.a.: „Karriere muß neu gedacht werden. Denn das Zeitalter der traditionellen Karrieren geht zu Ende. ... Mit der ICH-Aktie setzen wir dem linearen ‚Aufsteiger'-Denken ein marktnahes Karriere-Konzept entgegen: Ihre Karriere-Stationen heißen nicht Schule, Universität, Bewerbung und verschiedene Jobs, sondern:

- die ICH-Marktvorbereitung: In dieser Phase kümmern Sie sich um Ihr marktfähiges Basiswissen – an der Schule, an der Uni, der Fachhochschule und überall dort, wo relevantes Wissen erwerbbar ist.
- die ICH-Markteinführung: Das ist die Phase, in der Sie sich am Markt plazieren – optimal vorbereitet und mit einem klaren strategischen Konzept ... .
- die ICH-Marktentwicklung: Hier bauen Sie Ihre Position am Markt gezielt aus und entwickeln sich in die von Ihnen gewünschte Richtung – Weiterbildung und Jobs sind dafür die notwendigen Vehikel.
- die ICH-Marktreife: Das ist der Knackpunkt Ihrer Karriere – ist es Ihnen gelungen, sich zur hoch gehandelten ICH-Aktie zu entwickeln,

deren going public für den gewünschten ‚Kaufrausch' sorgt, oder nicht? Sind Sie Marktführer – oder bloß einer von vielen?" (Lanthaler & Zugmann, 2000, S.15f.).

So anscheinend bestens munitioniert beginnen sie den Prozeß der Organisationswahl, der nachfolgend wissenschaftlich beschrieben werden soll.

Den Gesamtprozess dieser Wahl unterteilt Soelberg (1967) in die folgenden vier Phasen (vgl. auch Super, 1957):

- Entwicklung von Idealvorstellungen über einen Beruf,
- Planung der entsprechenden Arbeitsplatzsuche,
- Suche und Wahl eines Arbeitsplatzes und
- Bestätigung der Entscheidung und Bindung an die Organisation.

In diesen vier Punkten sind zwei unterschiedliche Auswahlvorgänge enthalten: Die Berufs- und (nachfolgend) die Organisationswahl. Uns interessiert in diesem Kontext vor allem die Organisationswahl, die gelegentlich auch als Spezialfall der Berufswahl interpretiert wird (vgl. dazu Weinert, 1997, S. 259). Allgemein gilt, daß dieses Teilgebiet der Organisationspsychologie von zahlreichen psychologischen Gebieten profitiert hat: Die Kognitionspsychologie mit entscheidungstheoretischen Modellen, die Entwicklungspsychologie mit Untersuchungen zur lebenslangen Entwicklung, die Allgemeine Psychologie mit Arbeiten zur Leistungsmotivation, die Differentielle Psychologie mit ihren bedürfnistheoretischen Konzepten u.a.m. sind hier zu nennen.

Nach Behling und Gainer (1988) wird der Prozeß der *Organisationswahl* idealtypisch von drei Faktorengruppen beeinflußt (vgl. zum folgenden auch Barber, 1998; Weinert, 1997, S. 256ff.):

- *Objektive* Faktoren,
- *subjektive Faktoren* und
- Faktoren des *kritischen Kontakts*.

Die *objektiven Faktoren* sind meßbare Merkmale der angestrebten Organisation, wie etwa Bezahlung, Örtlichkeit, geographische Lage, Aufstiegsmöglichkeiten, Art der Arbeit, Fortbildungsmöglichkeiten u.a.m. Diese werden zu den Zielen des Individuums in Verbindung gesetzt, wie etwa seinem Wunsch nach Prestige und sozialem Status, nach stabiler und sicherer Zukunft, nach dem Einnehmen einer Führungsposition, nach Anwendung spezieller Begabungen und Fähigkeiten, nach beruflichem Aufstieg, der Aneignung neuer Fähigkeiten, der Freiheit von Aufsicht und Kontrolle und der Möglichkeit zu selbständigem Handeln. Die Organisationsauswahl nach den objektiven Faktoren ist ein rationales Auswählen, Vergleichen, Gewichten und Bewerten der o.a. Charakteristika des Beschäftigungsverhältnisses vor dem Hintergrund der individuellen Arbeitsziele.

Der Ansatz der *subjektiven Faktoren* hingegen geht davon aus, daß Bewerber allgemeine Merkmale ihrer Persönlichkeit, ihre emotionalen und sonstigen psychologischen Bedürfnisse, mit den von ihnen angestrebten Tätigkeiten und der von ihnen ausgewählten Organisationen zur Deckung bringen wollen (= „matching-or fit-model of job choice"; vgl. Barber, 1998, S. 103ff.).

Die Organisationswahl nach den *kritischen Kontakten* wiederum besagt, daß im Regelfall der Bewerber gar nicht alle Informationen über die Organisation für eine Entscheidung auf rationaler Basis zur Verfügung hat und er zudem in der Entscheidung vergleichsweise unerfahren ist. Somit wird die Organisationswahl häufig auf der Basis peripherer Merkmale – Empfehlungen von Bekannten, Firmenprospekte, zufällige Verfügbarkeit – getroffen.

Nach welchem Prinzip auch immer, es gibt ferner unterschiedliche Strategien des Suchverhaltens, die ein amerikanischer Autor mit dem passenden Namen Glueck (1974) so klassifiziert:

- *Maximierer* bewerben sich innerhalb eines gesteckten Zeitrahmens bei möglichst vielen Organisationen und wählen diejenige aus, die ihnen am meisten bietet.
- *Validierer* bewerben sich solange, bis sie zwei annehmbare Angebote haben, an denen sie ihre ursprünglichen Ziele validieren.
- *Zufriedengestellte* akzeptieren das erste zufriedenstellende Angebot.

Alle diese Ansätze sind aber mehr behavioristische, d.h. auf den schlichten Zusammenhang von äußeren und inneren Stimuli und nachfolgendem Verhalten (= Organisationswahl) gerichtete Konzepte. Uns muß auch interessieren, welche inneren kognitiven und emotionalen Vorgänge hier ablaufen.

3.2 „Person-job-fit" – Theorien zur Organisationswahl

Zur theoretischen Beschreibung dieser Prozesse, also des eigentlichen Auswahlvorgangs, lassen sich zwei große Ansätze unterscheiden (vgl. zum folgenden auch Barber, 1998, S. 111ff.; Furnham, 1997, S.96):

- *Entscheidungstheoretische Konzepte* konzentrieren sich auf die Art und Weise, wie das Individuum seine Entscheidungen findet.

- *Bedürfnistheoretische Ansätze* suchen die spezifischen Bedürfnisse von Individuen, die zu entsprechenden Berufswahlen führen.

Neben diesen Erklärungsansätzen gibt es weitere, wenngleich in der Organisationspsychologie nicht so verankerte Herangehensweisen wie etwa entwicklungspsychologische, psychoanalytische und soziologische Konzepte.

Bei den Entscheidungstheorien werden vor allem die *Erwartungs-Wert-Theorien* angewandt: Sie interpretieren Entscheidungen als abhängig davon, was sich der Berufstätige von einer Beschäftigung wünscht (z. B. Geld, sozialen Status, Gestaltungsmöglichkeiten etc.) und der Erwartung, daß die Entscheidung für eine bestimmte Organisation diesen Wünschen dient. Das ist mit der Bezeichnung „Erwartungs-Wert-Theorie" gemeint. Die Tendenz zu einer bestimmten Entscheidung hängt von der Erwartung ab, die Entscheidung würde zu einem bestimmten Ergebnis führen, und dem Wert oder der Attraktivität, die dieses Ergebnis für den Entscheider hat (Vroom, 1964). Man könnte also auch statt von „Erwartungs-Wert-Theorie" von einer „Erwartungs-Attraktivitätstheorie" sprechen. Diese beiden Zuschreibungen – denn mehr als subjektive Zuschreibungen durch das Individuum sind es ja nicht – werden meistens multiplikativ verknüpft. Diese Idee wurde inzwischen in vielen Bereichen der Psychologie angewendet: Lerntheorie, allgemeine Entscheidungsforschung, Einstellungsbildung, Motivation und sogar die Programmauswahl beim TV wurden so theoretisch rekonstruiert. Entsprechend wurde auch die Organisationswahl – als ein Spezialfall einer allgemeinen Entscheidung – als eine Funktion des Wertes bzw. der Attraktivität multiplikativ verknüpft mit der Erwartung der Instrumentalität der Entscheidung für das Individuum definiert. Jedoch ist noch ein Gesichtspunkt zu ergänzen: Die Organisationswahl dient in aller Regel nicht nur einem Ziel, in ihr verbinden sich mehrere Teilziele, wir hatten oben Geld, soziale Sicherheit, Gestaltungsmöglichkeiten etc. erwähnt. Nach dieser Theorie wird die genannte multiplikative Verknüpfung nun für jedes Teilziel durchgeführt, die erhaltenen Werte werden anschließend über alle Teilziele summiert.

Die Gesamtanziehungskraft, die nach diesem Ansatz eine Organisation auf einen Bewerber ausübt, ist also um so stärker, je stärker die Überzeugung des Bewerbers ist, daß seine Mitgliedschaft in der Organisation dem Erreichen seiner div. Arbeitsziele dient. Beispielsweise könnte der Bewerber meinen, daß ihm die Bezahlung besonders wichtig sei. Er kalkuliert, welche Instrumentalität hinsichtlich der Bezahlung sein Eintritt in die Organisation haben wird: Zahlen sie gut oder nicht? Dann könnte der sichere Arbeitsplatz folgen: Auch hier kalkuliert der Bewerber, welche Instrumentalität für dieses Ziel sein Eintritt in die Organisation haben wird, ebenso verfährt er mit den anderen, oben genannten Zielen. Schließlich summiert er innerlich alle diese Überlegungen zu einem Gesamtwert auf, der die Gesamtanziehungskraft der Organisation abbildet. Entsprechend verfährt er mit den anderen Möglichkeiten und am Schluß entscheidet er, welche Organisation für seine Ziele die höchste Anziehungskraft hat.

Eine Variante des Modells erklärt die Organisationswahl als eine Folge der multiplikativen Verknüpfung von „attainment" und „valence": Die Anziehungskraft einer Organisation ist eine Folge der multiplikativen Verknüpfung (a) der Attraktivität der Organisation und (b) der Erwartung des Bewerbers, daß er die Beschäftigung auch tatsächlich erreichen kann. Das ist die mathematische Formulierung der Fabel vom Fuchs und den Trauben: Er konnte bekanntlich die außerordentlich attraktiven, aber für ihn zu hoch hängenden Trauben nicht erreichen. Demzufolge setzte er innerlich den Wert E auf Null und gelangte – bei multiplikativer Verknüpfung – zu einer Antriebskraft („force") von ebenfalls Null und – schließlich handelt es sich ja um einen Fuchs – hatte seinen Seelenfrieden wieder.

Empirische Überprüfungen dieses Modells führen – wie könnte es anders sein – zu unterschiedlichen Ergebnissen (vgl. dazu Furnham, 1997, S. 108): Zwischen 12 % und 63 % Varianz werden durch diesen Ansatz erklärt. Daß die Zusammenhänge nicht höher sind, kann z. B. auch daran liegen, daß sowohl Erwartungen wie Werte systematisch mit bestimmten Persönlichkeitsmerkmalen kovariieren wie z. B. Kontrollüberzeugungen, protestantischer Ethik und Leistungsmotivation. So mag ein Mensch mit externalen Kontrollüberzeugungen an eine Organisation durchaus bestimmte gewichtete Erwartungen herantragen. Wenn er aber zugleich meint, die Realisierung dieser Erwartungen sei ja doch nicht von ihm und seiner Organisationswahl abhängig, so wird er möglicherweise nach ganz anderen Gesichtspunkten – nämlich nach den kritischen Kontakten – seine Wahl treffen. Eine andere Frage ist, ob die Variablen der Formel richtig – einmal multiplikativ, einmal additiv – verknüpft sind. Schließlich werden solche Daten oft erst nach der Organisationswahl erhoben, zu diesem Zeitpunkt haben aber bereits postevaluative Prozesse der Dissonanzreduktion stattgefunden.

Die zweite Familie von Ansätzen zur Berufs- und Organisationsswahl – *die bedürfnistheoretischen Konzepte* („need-drive"-Ansätze) – nehmen demgegenüber an, daß der Mensch über vielfältige Bedürfnisse verfügt, die als Triebkräfte seines Handelns dienen. Ziel des Handelns sind diejenigen Objekte, Personen oder Aktivitäten, die zu einer möglichst dauerhaften Befriedigung der Bedürfnisse führen. Auch der Beruf wird in diesem Kontext als Ausdruck der Suche nach einer möglichst dauerhaften Bedürfnisbefriedigung gesehen. Entsprechend kann man natürlich auch die Organisationswahl interpretieren.

Ein besonders bekanntes Beispiel dafür ist die Anwendung der Maslowschen Bedürfnistheorie – Maslow (1954) postuliert bekanntlich fünf hierarchisch angeordnete Bedürfnisse:

- physiologische Bedürfnisse (Essen, Trinken Wohnen),
- Sicherheitsbedürfnisse (Freiheit von Bedrohung),
- Bedürfnis nach Zugehörigkeit (Freundschaft, Liebe, Zugehörigkeit),
- Bedürfnis nach Achtung und Wertschätzung und
- Selbstaktualisierungsbedürfnisse.

Bedürfnisse höherer Ordnung sollen nach dieser Theorie erst dann handlungsrelevant werden, wenn die davorliegenden Bedürfnisse befriedigt sind. Aus der Theorie läßt sich die Annahme ableiten, daß die Organisationswahl (auch) vom Stand der jeweiligen Bedürfnisbefriedigung abhängt: Wer also seine physiologischen Bedürfnisse, die Sicherheitsbedürfnisse und die Bedürfnisse der Zugehörigkeit befriedigt sieht, wird sich nach einer Organisation umsehen, die seine Bedürfnisse der Achtung und Wertschätzung bedient.

In dieser psychologischen Denktradition liegt es näher als in der kognitiven, entscheidungstheoretischen Denkweise, auch nach den emotionalen und unbewußten Antrieben der Berufs- und Organisationswahl zu fragen, wie es Forer (1953, S. 361) formuliert hat: „Choice of a vocation is not primarily rational or logical but is a somewhat blind, impulsive, emotional, and automatic process and is not always subject to practical and reasonable considerations." Entsprechend meint Super (1953), daß die Berufs- und Organisationswahl ein Anpassungsprozeß von individuellem Selbstkonzept und Image der Organisation sei. Das Selbstkonzept setzt sich zusammen aus der Wahrnehmung der eigenen Persönlichkeitsmerkmale und Fähigkeiten, der Beziehungen zur sozialen und physikalischen Umwelt sowie den Werten, Zielen und Idealen des Individuums. Dazu soll das Image der Organisation passen: Es besteht aus den Meinungen, Überzeugungen und Gefühlen des Individuums gegenüber der Organisation. Je besser das Image der Organisation zum Selbstkonzept und insbesondere zu den erhofften Entwicklungsmöglichkeiten des Individuums paßt, um so größer ist die Anziehungskraft der Organisation.

Auch psychoanalytische Erklärungsansätze können hier angeführt werden: In diesen Ansätzen spielen vor allem die drei theoretischen Konzepte *Sublimierung, Identifikation* und *Fixierung* eine Rolle (vgl. Scheller, 1976). Die Berufswahl kann demnach auf der Sublimierung verbotener Es-Impulse beruhen, Beispiele dafür wären etwa der Berufswunsch „Chirurg" zur Sublimierung sado-masochistischer Impulse, der Berufswunsch „Photograph" zur Sublimierung voyeuristischer Wünsche und der Berufswunsch „Schauspieler" zur Sublimierung exhibitionistischer Antriebe. Ferner kann das Individuum per Identifikation Motive von Personen aus seiner Umgebung übernehmen und sie später zur unbewußten Basis der Berufswahl machen: Die Professorentochter wird selbst Professorin, der Arztsohn wiederum Arzt usf. Die Fixierung ist bekanntlich ein Abwehrmechanismus, der durch zu langes oder zu kurzes Verweilen des Individuums auf einer Stufe der libidinösen Entwicklung definiert ist. Die Berufswahl wird nun – so die Vermutung – wesentlich durch jenes Stadium determiniert, in dem die Fixierung stattgefunden hat. Psychische Dimensionen von Berufen sind etwa pflegerisch/erzieherische, orale, manipulatorische, anale, genitale etc. Bedürfnisse (vgl. Bordin, Nachmann & Segal, 1963). Anal fixierte Menschen suchen sich danach beispielsweise Berufe mit analen Merkmalen, wie etwa Buchhalter, Finanzbeamte oder Revisoren. Kritisch wird hier anzumerken sein, daß diese Erklärungsansätze zu stark auf neurotische Fehlentwicklungen und die damit verbundenen Abwehrmechanismen ausgerichtet sind. Es ist fraglich, wie sehr von solchen, in Einzelfällen durchaus zutreffenden Interpretationen, auf größere Gruppen verallgemeinert werden kann. Unter Berücksichtigung dieses Arguments und bei einer nicht nur an neurotischen Fehlentwicklungen ansetzenden Interpretation erscheint der psychoanalytische Ansatz

auch auf dem Gebiet der Organisationswahl nach wie vor als ebenso interessant wie entwicklungsfähig (vgl. dazu auch Gabriel, 1999).

Einen Schritt über eine rein mikroanalytische, nur auf das Individuum
bezogene Sichtweise hinaus ist ein Ansatz, in welchem *Merkmale der
Person* und *Merkmale der Arbeitsumwelt* zusammengeführt werden. Ziel
des sog. *„person-job-fit"-Ansatzes* ist es, Kongruenz zwischen den
Menschen und ihrer Arbeitsumgebung herzustellen, da dies – so die Annahme – zur Optimierung von Zufriedenheit und Leistung beitrage.

Ein Beispiel: In einer empirischen Untersuchung in einer Firma untersuchte
Morse (1975) die Wirkungen von Kongruenz zwischen fünf Persönlichkeitsmerkmalen und zwei Merkmalen der Arbeitsumgebung. Die Persönlichkeitsmerkmale waren Ambiguitätstoleranz, Einstellungen gegenüber
Autoritäten, Einstellungen zum Individualismus, kognitive Komplexität
und „arousal seeking tendency". Die Merkmale der Arbeitswelt bestanden
in der Routinisiertheit der Arbeit und in der Vorhersagbarkeit der Aufgaben. Bewerber, die auf allen fünf Persönlichkeitsmerkmalen hohe Werte
aufwiesen, wurden in die Positionen mit geringem Grad von Routinetätig-
keiten, Personen mit niedrigen Werten auf allen Variablen wurden in hoch
vorhersagbare Tätigkeiten eingewiesen. Der dazwischen liegende Rest
wurde nach den Routineprozeduren der Firma in diverse Positionen verteilt. Es zeigte sich: Unmittelbar nach der Einweisung sowie acht Monate
später stuften sich die beiden hochkongruenten Gruppen als kompetenter
ein als die nach den üblichen Prozeduren zugewiesenen.

Eine der historischen Wurzeln des „person-job-fit"-Ansatzes ist die Theorie
der Berufswahl von Holland (1976). Er postuliert, daß Menschen vor allem
solchen Berufen zustreben, die eine zu ihren dominanten Persönlichkeitsmerkmalen kongruente Arbeitsumwelt bieten. Zu diesem Zweck hat er
sechs Persönlichkeitstypen unterschieden (Holland, 1985):

- Realistischer Typ (= R): Bevorzugt geordnetes und systematisches Umgehen mit Dingen und Tieren (Klempner, Maschinist, Tierarzt),
- Forschertyp (= I): Bevorzugt beobachtende, systematische, symbolische
  und kreative Aktivitäten (Wissenschaftler, Kulturschaffender, Labor-
  assistent, Physiker),
- künstlerischer Typ (= A): Bevorzugt freie und unsystematische Tätigkeiten mit Wörtern, Bildern oder Musik (Künstler, Designer, Schrift-
  steller),

- sozialer Typ (= S): Bevorzugt ausbildende, heilende, helfende oder belehrende Tätigkeiten im Umgang mit anderen Menschen (Pfarrer, Lehrer),
- unternehmerischer Typ (= E): Bevorzugt Aktivitäten, die sich mit der Beeinflussung anderer zur Erreichung von Organisationszielen oder von wirtschaftlichem Gewinn befassen (Rechtsanwalt, Vertreter, Unternehmer) und
- konventioneller Typ (= C): Bevorzugt geordnete und systematische Tätigkeiten im Umgang mit Daten, Akten und anderen Materialien (= Buchhalter, Sekretär, Sachbearbeiter).

Parallel dazu können entsprechende Arbeitsumwelten definiert werden, was zur gegenseitigen Attraktion von Persönlichkeitstypen und passenden Arbeitsumwelten führt. Auf lange Sicht wird so jede Arbeitsumwelt von bestimmten Persönlichkeitstypen dominiert. Je geringer die Distanz zwischen Job und Person ist, um so größer ist die Kongruenz und um so zufriedener und effektiver wird die Person arbeiten.

Erweiterungen dieser Theorie beziehen sich auf Differenzierungen des Kongruenzbegriffs: Kongruenz soll bestehen aus Berufskongruenz, aus Kongruenz zwischen Persönlichkeit und außerberuflichen Aktivitäten und auf die Kongruenz zwischen vorhandenen Fähigkeiten und den Erfordernissen der Arbeit. Offenbar addieren sich diese Effekte zu einer Gesamtkongruenz. Ferner wurde vorgeschlagen (Caplan, 1983) nach retrospektivem, nicht-retrospektivem und antizipiertem „person-job-fit" zu differenzieren.

Diese Theorie ist inzwischen in zahlreichen empirischen Studien für unterschiedliche Berufe, Länder und Altersgruppen überprüft und bestätigt worden (vgl. dazu Furnham, 1997, S. 102f.). Beispielsweise finden Furnham und Schaeffer (1984), daß der „person-job-fit" positiv mit Arbeitszufriedenheit und negativ mit mentaler Gesundheit zusammenhing. Henry (1989) findet entsprechende Zusammenhänge bei den akademischen Leistungen von Medizinstudenten. Insgesamt finden sich die deutlichsten korrelativen Zusammenhänge zur Arbeitszufriedenheit mit Korrelationen zwischen r = .28 und r = .57 (vgl. Furnham, 1997, S. 106) und bei den Typen S, C und R.

Ersichtlich ist dieser Ansatz zu den Theorien der Berufs- und nicht der Organisationswahl zu zählen, aber ebenso ersichtlich läßt er sich auf die Frage der Organisationswahl übertragen, wenn man an die Stelle der

Arbeitsumwelten die Organisationen setzt. Auch Organisationen lassen sich (vermutlich) nach den o.a. Typen R, I, A, S, E und C beschreiben.

Allerdings drängt sich eine Frage auf: Was können diese schönen Theorien wirklich erklären, wenn nicht genügend Organisationen mit hinreichend vielen Arbeitsplätzen zur Verfügung stehen? Psychologische Theorien konzentrieren sich – das liegt in der Natur des Faches – auf die im Individuum ablaufenden Prozesse. Sie vernachlässigen häufig soziologische und ökonomische Faktoren. So ist man mit genug Geld im Rücken schon deswegen leichter ein Maximierer, weil man mehr Zeit bis zur endgültigen Organisationswahl hat. Wer nur wenig Geld auf der hohen Kante oder vielleicht schon eine Familie zu versorgen hat, der ist notgedrungen eher ein sog. Zufriedengestellter. Mit anderen Worten: Bei den Theorien zur Organisationswahl fehlen also weitgehend Aussagen zu folgenden Variablenkomplexen (vgl. dazu Scheller, 1967): Die allgemeine Wirtschaftsstruktur, die konjunkturelle Lage, die zukünftige wirtschaftliche Entwicklung und Bedeutung von Berufen und Organisationen, der zukünftige Nachwuchsbedarf von Berufen und Organisationen, die vorhandenen Maßnahmen zur Berufsnachwuchslenkung und -förderung (z. B. Trainee-Programme). Auch soziologische und soziodemographische Determinanten der Organisationswahl wie Moden und Trends, die soziale Schicht und Herkunftsfamilie, der Freundeskreis, das Geschlecht, die Religionszugehörigkeit, die formale Bildung, die Größe der Herkunftsgemeinde und regionale Bindungen müssen berücksichtigt werden. Wer beispielsweise aus einer evangelischen Professorenfamilie kommt, ältester Sohn ist, in Salem zur Schule geht und in Heidelberg sein Elternhaus hat, der wird entweder ein Terrorist oder auch wieder Professor. Streng genommen gelten also die vorgestellten Theorien zur Organisationswahl nur für den Fall der tatsächlichen Wahlfreiheit, die nicht für alle Menschen in gleicher Weise und noch weniger in ökonomischen Krisen- oder Umbruchzeiten für alle Segmente des Arbeitsmarktes gleichermaßen unterstellt werden kann.

3.3 Globalisierung und Individualisierung – Einflüsse auf die Organisationswahl

Nach diesen kritischen Anmerkungen soll sogleich der Versuch einer entsprechenden Erweiterung der Perspektive erfolgen: Wie muß man sich

einen Zusammenhang von Organisationswahl mit soziologischen Indivi-
dualisierungs- und ökonomischen Globalisierungstendenzen vorstellen?
Unter dieser Perspektive wird die Wahl einer Organisation viel kühler,
rationaler und als eine insgesamt weniger verbindliche Entscheidung angesehen. Emotionale Bindungen zu Firmen – der Vater war schon
Kruppianer, der Sohn soll es auch wieder sein – werden keine große Rolle
mehr spielen, Imagefaktoren unter der Perspektive der Nützlichkeit für die
eigene Karriere gewertet werden. Von den Typen Maximierer und Zufriedengestellte werden die Maximierer zunehmen, möglicherweise andere
(Misch-) Typen hinzutreten. Aus der Sicht des „person-job-fit"-Ansatzes
werden möglicherweise ganz neue Persönlichkeitstypen und Mischungen
auftreten.

Ein empirischer Beleg für diese Vermutung findet sich in den Untersuchungen von Rosenstiel und Stengel (1987, S. 78f.), die knapp 600
Studenten und Studentinnen vor allem der Wirtschaftswissenschaften –
also den zukünftigen Führungskräften – folgende Aussagen vorgelegt
haben:

„Es unterhalten sich drei Angestellte über ihre berufliche Zukunft.

Der erste sagt: ‚Ich möchte später einmal in einer großen Organisation der
Wirtschaft oder Verwaltung in verantwortlicher Position tätig sein. Dort
habe ich die Möglichkeit, Einfluß auf wichtige Geschehnisse zu nehmen,
und werde außerdem gut bezahlt. Dafür bin ich gerne bereit, mehr Zeit als
vierzig Stunden in der Woche zu investieren und auf Freizeit zu verzichten.'

Der zweite sagt: ‚Ich bin nicht so ehrgeizig. Wenn ich eine sichere Position
mit geregelter Arbeitszeit habe und mit netten Kollegen zusammenarbeiten
kann, bin ich zufrieden. Die mir wichtigen Dinge liegen nicht in der
Arbeitszeit, sondern in der Freizeit – und dafür brauche ich auch nicht sehr
viel Geld.'

Der dritte sagt: ‚Ich bin durchaus bereit, viel Arbeitskraft zu investieren,
aber nicht in einer großen Organisation der Wirtschaft oder Verwaltung,
durch die unsere Gesellschaft immer unmenschlicher wird. Ich möchte
einmal in einer anderen, konkreteren Arbeitswelt tätig sein, in der
menschenwürdigere Lebensformen erprobt werden. Dafür bin ich auch
bereit, auf hohe Bezahlung oder auf Geltung außerhalb meines Freundes-
kreises zu verzichten'".

Die erste Antwort wird als *Karriereorientierung*, die zweite als *Freizeit-orientierung* und die dritte als *Alternatives Engagement* bezeichnet. 1985 fanden Rosenstiel und Stengel, daß die Zahl der Befragten mit einer Karrie-reorientierung (knapp 20 %) geringer ist als die der Befragten mit einer Freizeitorientierung (etwas über 20 %) bzw. einem sog. Alternativem Engagement (knapp 60 %; vgl. dazu auch Stengel, 1995, S. 797; Rosenstiel & Nerdinger, 2000).

Ganz sicher haben auch die Prozesse der wirtschaftlichen Globalisierung einen Einfluß auf die Organisationswahl von Individuen. Beispielsweise müssen unsere beiden Berufseinsteiger Julia M. und Sven H. davon aus-gehen, daß sie zunächst nur schwer eine Stelle ihrer Wahl finden werden und daß die Organisation sie nicht mehr sogleich lebenslang anstellt. „Seit Beginn der neunziger Jahre ist ... der Einstieg in das Erwerbsleben ... gekennzeichnet durch eine rasante Zunahme ungesicherter Rahmen-bedingungen im Sinne von Honorarbeschäftigungen, Werkverträgen oder Praktika oder zeitlich befristeten Beschäftigungsverhältnissen", beschreibt die Bundesanstalt für Arbeit die Lage für Psychologen (Bundesanstalt für Arbeit, 1999, S. 28). Selbst Perioden der Arbeitslosigkeit oder der Unter-beschäftigung werden zukünftig ein normaler Bestandteil von beruflichen Lebensläufen sein. Diese Veränderungen werden sich ganz sicher auch in den individuellen Werten und in entsprechenden Organisationswahlen zeigen. Prestige und sozialer Status, eine stabile und sichere Zukunft, das Einnehmen einer Führungsposition und ein planbarer beruflicher Aufstieg werden wohl oder übel an Bedeutung verlieren, da viele Organisationen dies nicht mehr bieten können. Hingegen werden beispielsweise die Mög-lichkeit zur Anwendung spezieller Begabungen und Fähigkeiten, zur An-eignung neuer Fähigkeiten, die Freiheit von Aufsicht und Kontrolle und die Möglichkeit zu selbständigem Handeln an Bedeutung zunehmen. „Take responsibility for your career", „Say goodbye to moves up the hierarchy ...", „Develop your knowledge .." – die o.a. Ratschläge des US-Magazin *FORTUNE* fassen – wie nun deutlich geworden ist – diese Entwicklungen prägnant zusammen.

Was wissen Julia M. und Sven H. nun über die bei ihnen ablaufenden Pro-zesse der Organisationswahl? So einfach, wie in dem zuvor studierten Rat-geber stellen sich die Dinge nach allem nicht mehr dar.

(1) Die *Berufs- und Organisationswahl* gliedert sich im allgemeinen in die *vier Phasen* Entwicklung von Idealvorstellungen über einen Beruf, Planung der entsprechenden Arbeitsplatzsuche, Suche und Wahl eines

Arbeitsplatzes und Bestätigung der Entscheidung und Bindung an die Organisation. Die *Organisationswahl* wird auf der Basis *objektiver Faktoren* (= meßbare Merkmale der Organisation), *subjektiver Faktoren* (= Persönlichkeitsmerkmale der Bewerber) und oder von *Faktoren des kritischen Kontakts* (= periphere Merkmale) getroffen. Beim Auswahlverhalten lassen sich die drei Typen *Maximierer* (bewerben sich innerhalb eines gesteckten Zeitrahmens bei möglichst vielen Organisationen und wählen diejenige aus, die ihnen am meisten bietet), *Validierer* (bewerben sich solange, bis sie zwei annehmbare Angebote haben, an denen sie ihre ursprünglichen Ziele validieren) und *Zufriedengestellte* (akzeptieren das erste zufriedenstellende Angebot) unterscheiden.

(2) Die *Organisationswahl* wird hauptsächlich mit *entscheidungstheoretischen* oder *bedürfnistheoretischen* Theorien erklärt. Erstere erklären die Tendenz zu einer bestimmten Entscheidung mit der Erwartung des Entscheiders, die Entscheidung werde zu einem bestimmten Ergebnis führen, und dem Wert oder der Attraktivität, die dieses Ergebnis für ihn hat. Sie konzentrieren sich also auf die Art und Weise, wie das Individuum seine Entscheidungen findet. Letztere suchen die spezifischen Bedürfnisse von Individuen, die zu entsprechenden Berufswahlen führen. Der *„person-job-fit"-Ansatz* hat zum Ziel, Kongruenz zwischen den Persönlichkeitsmerkmalen von Menschen und ihrer Arbeitsumgebung herzustellen.

(3) Diese Theorien gelten jedoch nur bei Annahme völliger Wahlfreiheit. Insbesondere seit Beginn der neunziger Jahre ist jedoch der *Einstieg in das Erwerbsleben* durch eine erhebliche Zunahme *ungesicherter Rahmenbedingungen* im Sinne von Honorarbeschäftigungen, Werkverträgen oder Praktika oder zeitlich befristeten Beschäftigungsverhältnissen gekennzeichnet, so daß zukünftig Perioden der Arbeitslosigkeit oder der Unterbeschäftigung ein normaler Bestandteil von beruflichen Lebensläufen sein werden.

4. Personalauswahl durch die Organisation

4.1 Von der Psychotechnik zum Assessment-Center – Personalauswahlverfahren

Julia M. und Sven H. bleiben bei ihren Entscheidungen: Sie wollen trotz aller Veränderungen, trotz der daraus resultierenden Skepsis und trotz aller guten Ratschläge auch weiterhin zu einem globalen Unternehmen bzw. an eine Universität – und bewerben sich entsprechend. Zur Erläuterung der damit verbundenen organisationspsychologischen Fragen ist daher ein Perspektivenwechsel nötig. Nach der Organisations(vor)wahl durch das Individuum ist nun die Organisation gefragt: Wie findet sie aus vielen Bewerbungen die richtigen Mitarbeiter?

Das Problem ist nicht ganz neu für die Psychologie, wie es das folgende Zitat aus dem Jahr 1911 verdeutlicht: „Der Telefonverkehr, der, wie die Statistik zeigt, in bezug auf Verbreitung und Benutzung in Amerika weit über alles in Europa übliche hinausgeht, ist dort zwar unter staatlicher Aufsicht, nicht aber, wie in Deutschland in der Hand des Staates, sondern unter der Leitung von Privatgesellschaften. Der Dienst spielt sich ... meistens unter hygienisch vorzüglichen Bedingungen ab, dagegen stellt er an die Psyche und Nerven der Angestellten außerordentliche Anforderungen" (Münsterberg, 1911, S. 63). Die Telefonistinnen fackelten denn auch nicht lange und kündigten trotz eines opulenten Gehalts von umgerechnet 70,- Mark bereits während der Probezeit. Dies veranlaßte die Telefongesellschaften, sich an die Universität Harvard und den dort tätigen (deutschen) Psychologen Hugo Münsterberg zu wenden und ihn um die Entwicklung von Tests zu bitten, mit denen die guten von den schlechten Telefonistinnen getrennt werden konnten. Die beschriebene Aufgabe löste er dadurch, daß er die Tätigkeiten der Damen in verschiedene Faktoren aufschlüsselte: Gedächtnis, Aufmerksamkeit, Genauigkeit, Schnelligkeit u.a.m. Die Ergebnisse – der durchschnittliche ungewichtete Rangwert bei allen Tests – wurden mit den praktischen Arbeitsergebnissen nach dreimonatiger Tätigkeit bei der Telefongesellschaft verglichen. So konnte belegt werden, ob bzw. wie gut die Tests die spätere Arbeitsleistung vorhersagten.

Münsterberg hat auch andere Berufe wie etwa Straßenbahnfahrer und Schiffsoffiziere untersucht. Eine der größten Schiffahrtsgesellschaften wandte sich an ihn mit der Frage, ob er psychologische Verfahren entwickeln könne, mit denen sich gute Schiffsoffiziere identifizieren ließen. Zur Ermittlung von Menschen, die schnell richtige Entscheidungen treffen können, ließ Münsterberg spielkartengroße Papptafeln mit verschiedenen Buchstabenkombinationen nach vorgegebenen Kriterien in verschiedene Häufchen teilen, worauf es insbesondere auf die Schnelligkeit der Zuordnung ankam. Das Ergebnis setzte er zur Selbst- und Fremdeinschätzung dieser Personen zu deren Verhalten in Entscheidungssituationen in Beziehung.

Mit solchen und anderen Verfahren wurde er zum Begründer der sog. *Psychotechnik* als der „Wissenschaft von der praktischen Anwendung der Psychologie im Dienste der Kulturaufgaben" (Münsterberg, 1920, S. 1). Er beschreibt sie als eine neue Wissenschaft, „die zwischen der Volkswirtschaft und der Laboratoriumspsychologie vermitteln soll. Das psychologische Experiment soll planmäßig in den Dienst des Wirtschaftslebens gestellt werden" (a.a.O., S. 1). Später wird sie (vgl. dazu Giese, 1925) in die beiden Bereiche *Objektpsychotechnik* (Arbeitsstudien, psychotechnische Eichungen, Lichtwirtschaft, Unfallverhütung, Betriebsorganisation) und *Subjektpsychotechnik* (Berufskunde, Arbeiterauslese, Anleitung und Schulung, Menschenbehandlung) gegliedert werden, bis sich schließlich die Bezeichnungen Arbeits- und Betriebspsychologie dafür durchsetzen.

Münsterberg war außerordentlich geschickt darin, seinem Fach in den USA zur Bedeutung und sich zu entsprechenden Honoraren zu verhelfen: Beispielsweise schrieb er 200 größere Betriebe in den USA mit der Bitte an, ihm doch einmal mitzuteilen, wo im Bereich der Produktion die Psychologie eine Hilfe darstellen könne. Das Ergebnis dieser Umfrage war, daß zwar fast alle Betriebe auf allgemeine Eigenschaften wie Fleiß, Ehrlichkeit etc. geachtet hatten, nicht jedoch auf die besonderen, zur jeweiligen Tätigkeit notwendigen psychischen Eigenschaften ihrer Angestellten. Fast alle Befragten bekundeten nach der Umfrage großes Interesse an diesbezüglichen Untersuchungen.

„Die angewandte Wirtschaftspsychologie ist also vollkommen von der Vorstellung der wirtschaftlichen Ziele beherrscht. Solche Feststellung aber verlangt zur Erklärung sofort ein weiteres; wir müssen nämlich betonen, daß die wirtschaftliche Psychotechnik selbst es nicht mit der Untersuchung der Ziele, denen sie dient, zu tun hat. ... Welches Ziel das richtige ist, ob beispielsweise die Heranziehung tüchtiger und arbeitsfreudiger Arbeitskräfte oder die Gewinnung billiger Arbeiter geht den wirtschaftstechnischen Psychologen nichts an. Mit vollkommener objektiver Unparteilichkeit beschreibt er lediglich einen bestimmten Kausalzusammenhang" (a.a.O., S. 19). In Europa ist die Psychotechnik vor allem durch den Ersten Weltkrieg entwickelt worden. Neue Waffen – Flugzeuge, Funkgeräte, Kraftfahrzeuge – forderten spezielles Personal und damit ebenso entsprechende Ausleseverfahren wie die Wiedereingliederung von Verwundeten in das Wirtschaftsleben.

So entstanden an den Technischen Hochschulen psychotechnische Institute und Laboratorien, die psychologischen Institute führten Eignungsuntersuchungen durch und gründeten Abteilungen für Angewandte und Praktische Psychologie, die Deutsche Reichsbahngesellschaft richtete in Berlin, Dresden und München psychotechnische Versuchsstellen ein, in denen über 18.000 Eignungsprüfungen pro Jahr durchgeführt wurden, die Reichspost folgte mit einer entsprechenden Zentralstelle, in der rund 3.100 solcher Tests jährlich vorgenommen wurden, auch die Reichswehr richtete eine zentrale Prüfstelle sowie weitere Prüfstellen bei den Reichswehrkommandos ein (1929: ca. 3.000 Untersuchungen), Polizei, Feuerwehr, Statistisches Reichsamt, Deutsche Verkehrsfliegerschule folgten ebenso wie die AEG, Borsig, Krupp, Loewe, MAN, Osram, Siemens, Zeiß Jena usf. (vgl. dazu Dorsch, 1963).

Heute sind die Verfahren der Personalauswahl theoretisch und methodisch erheblich verbessert: Optimale Personalauswahl durch das Unternehmen beginnt mit einer Analyse der Position, für die das Unternehmen einen oder mehrere geeignete Mitarbeiter sucht. Dies wird idealerweise mit Instrumenten zur Arbeitsanalyse erfolgen (vgl. im Detail Weinert, 1998, S. 685ff.): Beobachtung am Arbeitsplatz, Interviews, Fragebögen, eigenständige Arbeitsausführung durch den Analytiker, Beschreibung der Arbeit durch den ausführenden Mitarbeiter und sonstige Informationsquellen stehen zur Verfügung. Bei den Fragebogenverfahren wird häufig der PAQ („Position Analysis Questionnaire") von McCormick, Jeanneret und Mecham (1972) verwendet, der auch in Deutsch als „Fragebogen zur Arbeitsanalyse" mit 66 Fragen zur Informationsaufnahme und -verarbeitung, 51 Items zur Arbeitsausführung, 50 Items zu arbeitsrelevanten Beziehungen und 54 Items über Umgebungseinflüsse und besondere Arbeitsbedingungen vorliegt (vgl. Frieling & Hoyos, 1978).

Auf der Basis solcher Analysen erfolgt die Beschreibung des idealen Bewerbers und die Definition der Grundgesamtheit der möglichen Bewerber (= „applicant population" vgl. Barber, 1998, S. 13). Schon auf dieser Stufe macht es sich bezahlt, genaue psychologische und geographische Grenzen der für die Organisation interessanten Bewerber und die geeigneten Medien der Personalauswahl („Headhunter", Nachwuchsbörsen, Massenmedien, Internetansprache etc.) zu definieren, legen diese Rahmenbedingungen doch fest, ob und wieviele gut geeignete Bewerber sich überhaupt bewerben.

Erst nach diesen beiden Schritten kann die Organisation auf den Eingang von Bewerbungen (= „applicant-pool"; Barber, 1998, S. 17f.) warten, erst danach setzt die Personalauswahl im engeren Sinne ein. Hinsichtlich der nun nötigen Festlegung der Auswahlverfahren und der statistischen Selektionsmodelle ist zwar die Zeit der (o.a.) handgestrickten Testverfahren nach Münsterberg lange vorbei, die Grundidee jedoch ist noch immer die gleiche: Die auswählende Organisation nimmt eine Stichprobe des sie interessierenden Verhaltens des Bewerbers, von der sie auf dessen Persönlichkeit und dessen Leistungsverhalten verallgemeinert. Bei mehreren Bewerbern wählt sie denjenigen aus, dessen Verhaltensstichprobe ihr als die beste erscheint. Es ergibt sich folglich, daß Personalauswahl immer aus mindestens zwei Schritten besteht:

• Gewinnung von Daten mit Hilfe optimal angepaßter Methoden und
• Kombination der Daten nach einem geeigneten statistischen Modell zur Auswahl der besten Bewerber.

Konkretisieren wir dies am Beispiel von Sven H., also der Auswahl eines geeigneten wissenschaftlichen Mitarbeiters an einem psychologischen Lehrstuhl. Für den ersten Schritt – die Datengewinnung bei den Bewerbern – werden nach der Durchsicht der Bewerbungsunterlagen vor allem die folgenden Verfahren eingesetzt (vgl. dazu Schuler, 2000):

• Personalfragebogen,
• Vorstellungsgespräch,
• Referenzen,
• formale Tests,
• Assessment-Center und
• biographischer Fragebogen.

Der *Personalfragebogen* ist das vermutlich wohl am häufigsten eingesetzte Instrument. Hier werden Informationen über das Lebensalter, den Familienstand, das Geschlecht, die Schulausbildung usf. erhoben.

Das *Vorstellungsgespräch* schließt meistens an die Personalfragebogen an. Diejenigen Bewerber, die sich im Fragebogen als besonders interessant dargestellt haben, werden anschließend zu einem Vorstellungsgespräch eingeladen. Forschungsergebnisse über die Brauchbarkeit dieses Verfahrens haben u.a. ergeben,

- daß negativen Informationen mehr Gewicht als positiven beigemessen wird,
- daß die Brauchbarkeit vom Grad der Strukturiertheit des Gesprächs abhängt,
- daß verschiedene Bewerter die Gesprächsergebnisse unterschiedlich gewichten und bewerten,
- daß im Verlaufe des Gesprächs relativ früh ein Gesamturteil gebildet wird,
- daß der vorangegangene Bewerber die Beurteilung des nachfolgenden beeinflußt,
- daß insbesondere das nonverbale Verhalten – Blickkontakt, Lächeln, Reagibilität – die Bewertung in starkem Maße beeinflußt.

Entsprechend kann die Effizienz des Verfahrens u.a. durch den Einsatz mehrerer ausgebildeter Bewerter im Gespräch, durch die Verwendung halbstrukturierter Interviews, insbesondere zu den arbeitsrelevanten Dimensionen und durch die Verwendung des sog. *Situativen Interviews* (Erkundung von Themen, die einen direkten Bezug zum zukünftigen Arbeitsplatz haben und mit deren Antworten sich gute von schlechten Bewerbern differenzieren lassen = kritische Ereignisse) erheblich verbessert werden (vgl. dazu Hough & Oswald, 2000).

Nahezu mit gleicher Häufigkeit wie Personalfragebögen und Vorstellungsgespräche werden *Referenzen* aus bisherigen Tätigkeiten angefordert. Dabei ist allerdings zu berücksichtigen, daß Bewerber kaum negative Beurteilungen erhalten und ihrer Bewerbung anfügen werden, daß die Qualität des Urteils nicht bekannt ist und schließlich daß der Verfasser einer Referenz die neue Tätigkeit nicht kennt.

Vergleichsweise seltener werden *formale Tests* verwendet, obwohl sie gegenüber den bisher genannten Verfahren folgende Vorteile aufweisen:

Sie sind zur Messung spezifischer Fertigkeiten oder Persönlichkeitsmerkmale entwickelt und vergleichsweise wenig subjektiven Einflüssen zugänglich. Wenn sie gut sind, sind die Kennwerte – Objektivität, Reliabilität und Validität – bekannt, was für die bisher genannten Instrumente nicht gilt. Schließlich sind sie kostengünstiger als das Einstellungsgespräch. Verwendet werden Leistungstests, Intelligenztests, Eignungs- und Begabungstests, Interessentests und Persönlichkeitstests (vgl. Sarges & Wottawa, 2001).

Da alle bisher genannten Verfahren deutliche Schwächen aufweisen, wurde mit dem *Assessment-Center* (= AC) ein sog. „multitrait-multirater"-Verfahren entwickelt, bei dem mehrere Beurteiler jeweils mehrere Merkmale von Bewerbern begutachten. Das Verfahren wird sowohl bei Neueinstellungen als auch bei internen Auswahlverfahren eingesetzt. Die Grundidee besteht darin, daß zehn bis fünfzehn Bewerber für eine Position für einen Zeitraum von ein bis vier Tagen zusammengezogen und verschiedenen Aufgaben unterzogen werden: Bewertungs- und Einstufungsgespräche, Persönlichkeits-, Interessen- und Intelligenztests, Arbeitsproben, führerlose Gruppendiskussionen u.a.m. Jeder Teilnehmer wird in allen Situationen von mehreren unabhängigen Bewertern beobachtet. Das Besondere dabei ist nun, daß die Zusammenstellung der Testaufgaben unter Einbeziehung der zukünftigen Vorgesetzten der Bewerber erfolgt, da diese (vermutlich) am besten wissen, welche Qualifikationen in der ausgeschriebenen Position gefragt sind. Ferner werden auch die Beobachter zuvor für ihre Aufgabe geschult, so daß subjektive Einflüsse zumindest teilweise reduziert werden. Am Schluß des AC erhalten alle Teilnehmer eine ausführliche Beurteilung ihrer Resultate, auch dann, wenn sie nicht für die ausgeschriebene Position in Frage kommen.

Eine Variante der AC sind die sog. *Career Counseling Workshops*, in denen die Teilnehmer in ähnlicher Art wie im AC, hier vor allem von den nächsten und übernächsten Vorgesetzten bewertet werden. Sie dienen aber in erster Linie der Standortbestimmung und der weiteren Karriereplanung von Führungskräften. Auch neuerdings häufiger in Rede gekommene *Simulationen* können als eine Sonderform des Assessment Centers bezeichnet werden. Auch das Ziel von (häufig: computergestützten) Unternehmensplanspielen ist es, Potentiale und Defizite von Mitarbeitern zu ermitteln (vgl. dazu Geilhart & Mühlbradt, 1995).

Das *biographische Inventar* ist in besonderer Weise dem Prinzip der Verhaltenskonsistenz verpflichtet, nach dem sich zukünftiges (Arbeits-) Verhalten aus dem bisherigen (Arbeits-) Verhalten vorhersagen lassen soll. Hier werden eigentlich nur die Ansätze aus dem Personalfragebogen und allenfalls noch aus dem Vorstellungsgespräch weiter spezifiziert. Beispielsweise wird danach gefragt, ob man als Schüler oder Student Arbeitsgemeinschaften organisiert oder Projekte geleitet habe, um auf die zukünftige Verwaltungs- und Leitungskapazität schließen zu können. Anfang der neunziger Jahre war dieses Verfahren nur in wenigen Firmen (ca. 7 % bei Schmidt & Ones, 1992, S. 637) bekannt, obwohl es – wie entsprechende Untersuchungen zeigten – durchaus über verschiedene Organisationen, Altersgruppen, Geschlechter, Bildungsniveaus etc. generalisierbar war.

Abschließend stellt sich nun noch die Frage nach der *Validität* der genannten Verfahren, also der Frage, in welchem Umfang sie dasjenige messen, was sie zu messen vorgeben. Nach Schmidt & Ones (1992) finden sich folgende Validitätskoeffizienten in verschiedenen Analysen und zu den verschiedenen Verfahren: Bei Leistungstests ergibt sich eine Korrelation mit der späteren beruflichen Leistung von $r = .30$ bis $.36$, bei Persönlichkeitstests sind es zwischen $(r =) .20$ und $.25$. Assessment Center haben Validitätskoeffizienten von $(r =) .31$ bis $.37$, Biodaten zwischen $(r =) .30$ und $.35$. Das strukturierte Interview korreliert immerhin mit $(r =) .45$ mit der späteren Leistung in der entsprechenden Tätigkeit und das unstrukturierte Interview noch mit $(r =) .40$.

Interessant ist in diesem Zusammenhang übrigens der Stellenwert *graphologischer Gutachten*, die nach dem (o.a.) Übersichtsaufsatz von Schmidt und Ones (1992, S. 643) in 85 % aller europäischen Firmen und in mindestens 3.000 US-Firmen zum Einsatz kommen – mit steigender Tendenz: Trotz seiner Beliebtheit ist das damit ausgegebene Geld so gut wie verbrannt, denn das Verfahren hat eine prognostische Validität für den späteren Berufserfolg von Null (vgl. dazu auch Hough & Oswald, 2000).

Zurück zu Sven H.: Bei der Auswahl wissenschaftlicher Mitarbeiter werden meistens nur die Verfahren (1) bis (3), also Personalfragebogen, Vorstellungsgespräch und Referenzen, eingesetzt. Tests sind auch bei der Auswahl von Psychologen völlig unüblich, Assessment-Center und Biodaten-Fragebogen in der Wissenschaft oft noch nicht einmal bekannt. Mit Hilfe der skizzierten Selektionsinstrumente liegen nun die Daten von Sven H. und von vielen Bewerbern für die genannte Assistentenstelle auf dem Tisch. Wie kann daraus der beste Bewerber ermittelt werden?

Dazu wurden verschiedene Modelle und Verfahren entwickelt, die gebräuchlichsten sind:

- Das traditionelle Selektionsmodell,
- die multiple Korrelation und Regression,
- das multiple Cut-off-Modell,
- das Profilvergleichssystem und
- Dunnettes Selektionsmodell.

Das *traditionelle Selektionsmodell* ist ein lineares Modell der Beziehung
von einem Prädiktor und einem Kriterium: Sollte ein Hochschullehrer also
denjenigen für den besten zukünftigen wissenschaftlichen Mitarbeiter
halten, der die höchste Intelligenz hat, dann würde er ausschließlich einen
Intelligenztest durchführen und den Bewerber mit der höchsten Punktzahl
einstellen.

Natürlich macht nicht allein die Intelligenz einen guten Assistenten aus,
andere Eigenschaften – soziale Intelligenz, Sekundärtugenden, Freundlichkeit etc. – kommen sicher hinzu. Also muß das einfache Modell entsprechend erweitert werden. Bekanntlich erfolgt die Vorhersage zwischen
mehreren Prädiktoren und einem Kriterium (= Eignung für die Tätigkeit)
mit Hilfe der *multiplen Korrelation bzw. Regression*. Allerdings ist dieses
Auswahlmodell nur dann eine Verbesserung gegenüber der einfachen
linearen Korrelation, wenn die Prädiktoren weitgehend unabhängig voneinander sind. Auch dieses Modell ist ein lineares Modell, zudem können die
Werte einander kompensieren. Um im Beispiel zu bleiben: Ein schlechter
Wert auf der Dimension „Freundlichkeit" kann also beispielsweise durch
überdurchschnittliche Intelligenz kompensiert werden, so daß theoretisch
ein hochintelligenter Soziopath wissenschaftlicher Mitarbeiter werden
könnte.

Zur Vermeidung des Kompensationseffekts muß ein anderes Modell gewählt werden, wie etwa das *multiple Cut-Off-Modell*. Es fordert auf allen
Prädiktoren wenigstens einen vorher festgelegten Minimalwert. Bewerber,
die diesen Wert nicht aufweisen, werden nicht weiter berücksichtigt,
mögen sie auf anderen Prädiktoren auch noch so hohe Werte haben. Der
genannte Soziopath – es ist nicht Sven H. – könnte also die Intelligenz
eines Einstein haben, wenn er nicht wenigstens einen minimalen Freund-
lichkeitswert hätte, würde er die Stelle nicht bekommen.

Das *Modell des Profilvergleichs* geht von einem Vergleich der Idealwerte bei einer Liste von Prädiktoren (= Idealprofil) mit den Werten der Bewerber aus. Der beste Bewerber wird durch die Summe der quadrierten Abweichungen ermittelt: Die niedrigste Summe zeigt die geringsten Abweichungen und somit die größte Nähe zum Idealprofil. Dieses Modell umfaßt ersichtlich mehrere Prädiktoren, vermeidet den Kompensationseffekt und erlaubt – z. B. anhand der Werte eines besonders guten Mitarbeiters – die Festlegung eines optimalen Profils.

Das *Selektionsmodell von Dunnette* (1966) ist kein statistisches Modell zur Personalauswahl, sondern eigentlich nur eine Beschreibung der komplexen Zusammenhänge aller am Personalauswahlprozeß beteiligten Variablen. Danach stehen zwischen den Prädiktoren und den Konsequenzen die Individuen mit je unterschiedlichem Arbeitsverhalten in je spezifischen Situationen. Zur Erlangung einer optimalen Entscheidung sind also nicht nur gute Prädiktoren nötig, sondern auch die Berücksichtigung von Suppressor- (z. B. Schreibfähigkeit) und Moderatorvariablen (z. B. Geschlecht) bei den Individuen, die Einbeziehung von Situationsmerkmalen und die Definition spezifischen Arbeitsverhaltens für spezifische Situationen.

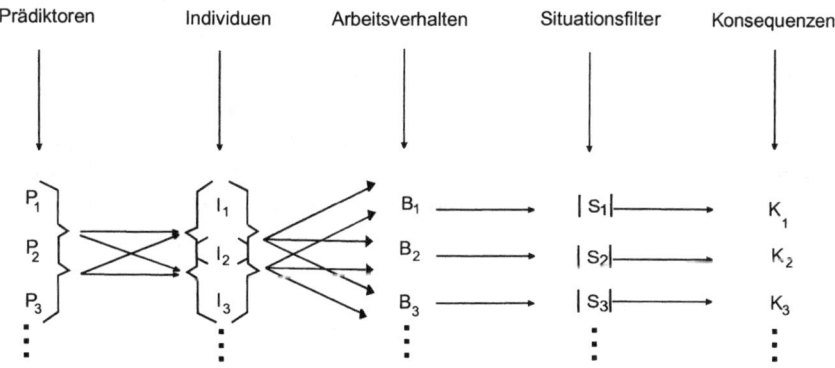

Abb. 4: Personalauswahl nach Dunnette (1966)

Die beschriebenen Modelle gehen alle von der Messung von Prädiktorvariablen zu einem einzigen Zeitpunkt aus. Davon unterscheidet sich das *multiple Hürdensystem des sequentiellen Entscheidungfällens*, weil es die Auswahlentscheidung nicht zu einem vorgegebenen Zeitpunkt trifft, sondern sich über mehrere Zeitpunkte hin erstreckt. Zu jedem einzelnen Zeitpunkt oder zu jeder einzelnen Hürde muß allerdings auch eines der genannten Modelle zur Anwendung kommen. Beispiele dafür sind Trainee-Programme, in denen eine größere Gruppe von Bewerbern für einen längeren Zeitraum angestellt wird und von denen nur einige in die Zielpositionen übernommen werden. Das Verfahren ist ersichtlich ziemlich aufwendig, teuer und für die Bewerber mit lang anhaltendem Streß verbunden. Wollte man es noch einmal auf die wissenschaftlichen Mitarbeiter beziehen, so müßte man für eine Stelle eine Gruppe von zehn Bewerbern einstellen und diese nach und nach – also sequentiell – durch entsprechende Hürden aus dem Verfahren ausschließen, bis nur noch der beste Kandidat übrigbleibt.

4.2   Metamorphosen – Personalauswahl und berufliche Sozialisation

Sven H. hat es geschafft: Personalfragebogen, Vorstellungsgespräch und Referenzen wurden – wie auch immer – zu einem positiven Gesamturteil zusammengefügt. Auch Julia M. hat sich inzwischen erfolgreich einem Assessment-Center mit allen seinen Teilen unterzogen und wurde Mitarbeiterin in einem global tätigen Automobilunternehmen. Sie sind beide Mitarbeiter der Organisation geworden und unterliegen vom ersten Tag ihren sozialisierenden Einflüssen, die zusammengefaßt als *Organisationskultur* bezeichnet werden können. „Organisationskultur umfaßt ... die Denk- und Verhaltensmuster, die im Laufe der Zeit in einer Organisation entstanden sind und in ihr gelten", definiert beispielsweise Ebers (1995). Sie besteht aus den Riten, Zeremonien und Mythen der Organisation, ihren spezifischen Kommunikationsweisen, der kulturell bedeutsamen materiellen Umwelt und der gemeinsamen Sprache der Organisation. Auf dieser Basis werden unterschiedliche Organisationskulturen beschrieben (vgl. Übersicht bei McKenna, 2000). Beispielsweise identifizieren Deal und Kennedy (1982) zwei Dimensionen, die Risikobereitschaft der Organisation und die Schnelligkeit, mit der die Mitarbeiter den Erfolg oder Mißerfolg ihrer Bemühungen erleben (= Feedbacktempo); Dies führt zu vier Typen von Organisationskultur:

- Die „tough-guy macho"-Kultur mit hohem Risiko und hoher Feedbackgeschwindigkeit (= Medien, Beratungsfirmen, Konstruktionsfirmen),

- die „work hard, play hard"-Kultur mit geringem Risiko und hoher Feedbackgeschwindigkeit (= Computer, Autoverkäufer, Einzelhandel),
- die „bet your company"-Kultur mit hohem Risiko und geringer Feedbackgeschwindigkeit (Raumfahrt, Öl, Investitionsgüter) und
- die „process"-Kultur mit geringem Risiko und geringer Feedbackgeschwindigkeit (Banken, Gesundheitswesen, Öffentlicher Dienst).

Die Organisationskultur schafft besonders dann eine höhere Selbstverpflichtung und Leistungsbereitschaft des Mitarbeiters gegenüber der Organisation, wenn seine individuellen Werte mit denen der Organisationskultur übereinstimmen. Beim Organisationsnovizen sorgt der Prozeß der *beruflichen Sozialisation* im Unternehmen für eine entsprechende Passung; er wird meist in drei Phasen – allesamt mehr oder weniger Variationen von „getting in", „breaking in" und „settling in" – gegliedert (vgl. Übersicht bei Furnham, 1997, S. 126ff.). In Deutschland unterscheidet beispielsweise Neuberger (1991) die drei Phasen Voreintritts-, Eintritts- und Metamorphosephase (vgl. zum folgenden auch Spieß & Winterstein, 1999):

Die *Voreintrittsphase* wurde im dritten Kapitel („Organisationswahl durch das Individuum") behandelt. Unter dem Gesichtspunkt der betrieblichen Sozialisation ist hier lediglich zu ergänzen, daß eine realistische Vorschau auf die Organisation, die u.a. durch entsprechende Vorabinformationen aus der Organisation vermittelt werden kann, zu größerer Arbeitszufriedenheit führt. Tätigkeitsbeschreibungen sollten also möglichst spezifisch, umfangreich, glaubwürdig und bedeutsam sein. Viel bedeutsamer für die Organisation ist hingegen die *Eintrittsphase,* in der die besonders wichtigen ersten Eindrücke und Erfahrungen vom neuen Mitarbeiter erworben werden. Als Strategien der Organisationen werden häufig genannt:

- „Ins Wasser werfen": Der neue Mitarbeiter muß sich von Beginn an wie ein Normalmitglied verhalten.
- „Grenzen aufzeigen": Der Neuling erhält Aufgaben zugeteilt, die er nicht bewältigen kann. So werden ihm seine Grenzen aufgezeigt und er fügsam gemacht.
- „Arbeitsbegleitendes Training": Der Anfänger wird integriert, erhält aber einen besonderen Betreuer zur Seite gestellt.
- „Trainingsbegleitende Arbeitsübernahme": Der neue Mitarbeiter wird in ein Trainingsprogramm gesteckt und muß ab und zu schon in den Arbeitsprozeß.

- „Vollzeitliches Training": Während der Einführungsphase wird das neue Organisationsmitglied geschult und erst nach Abschluß der Schulung in die Organisation integriert.

Diese Phase kann, wenn sie nicht richtig organisiert wird, zum sog. *Praxis- oder Industrieschock* führen. Entwurzelung, Erniedrigung, Verunsicherung, Destabilisierung führt Neuberger (1991, S. 127) als die entsprechenden psychologischen Reaktionen an. Aus diesem Grund bieten Firmen inzwischen spezielle Einführungsprogramme für neue Mitarbeiter an, für wissenschaftliche Mitarbeiter gibt es so etwas kaum einmal, allenfalls erhalten sie eine Art Paten zugesellt. Besonders drastisch erfolgt die Einführungsphase übrigens bei autoritären Organisationen wie dem Militär.

Ist sie erfolgreich überstanden, so beginnt die *Metamorphose-Phase*. In ihr nimmt der Neue „Stallgeruch" an, d.h. er kennt die Organisation und vertritt die im Unternehmen vorherrschenden Werte und Einstellungen, er hat sich Tricks und Routinen angeeignet und ein (anfänglich grobmaschiges) Netzwerk von Bekanntschaften und Beziehungen aufgebaut. Er fühlt sich nun auch emotional sicher und ggf. wohl in der neuen Organisation (vgl. dazu Neuberger, 1991, S. 136).

Für Hochschulabsolventen haben Rosenstiel, Nerdinger und Spieß (1998) diesen Prozeß in einer (allerdings nicht repräsentativen) Längsschnittstudie mit 2300 Studenten der Betriebs- und Volkswirtschaftslehre, der Chemie und Physik, des Maschinenbaus und der Elektrotechnik untersucht, die von 1991 bis 1994 jährlich nach Werten und Zielen, beruflichen Einstellungen, Stellensuche und -wahl, Merkmalen ihrer Organisation und ggf. nach Stellenwechsel befragt wurden. Es zeigte sich, daß ein halbes Jahr nach Berufsantritt die Entwicklungsziele dominieren, gefolgt von Kooperations- und Aufstiegszielen. Ein Jahr nach Berufseintritt stehen immer noch die Entwicklungsziele an erster Stelle, nun aber gefolgt von Zielen des Organisationswechsels. Einarbeitungshilfen korrelieren dabei signifikant mit der späteren Arbeitszufriedenheit, der Bindung an die Organisation und negativ mit der Kündigungsabsicht. Allerdings verändern sich auch die allgemeinen Berufsorientierungen: Beispielsweise haben von 60 Freizeitorientierten bei der ersten Befragung 1991 nur noch 19 (= 32 %) diese Haltung bei der letzten Befragung im Jahr 1995, die beiden anderen Drittel sind zur Karriereorientierung bzw. zum alternativen Engagement gewechselt.

Daß diese Phase aber nicht immer gelingt, zeigt der folgende Bericht eines Bank-Trainees (zit. nach Neubeger, 1991, S. 127): „An dem Tag, wo ich das erste Mal dann erschien ... , fühlte sich also niemand zuständig. Mein Name war nirgends notiert, der entsprechende Herr war nicht da, sein Stellvertreter wußte von nichts, und man hat also dann irgendwie improvisiert. Irgendwann im Verlaufe des Vormittags ist dann der Name mal aufgetaucht, und dann hat man mich in eine Abteilung gesteckt, so nach dem Motto, na ja, stecken wir ihn mal da hin, da ist er mal für 'ne Zeit lang weg vom Tisch und aufgehoben."

4.3 „The company never cares." – Globalisierungsprozesse und Personalauswahl

Noch einmal zurück zu Sennett (1998): Flexibilität war die wahrscheinliche und von der Zeitschrift *FORTUNE* auch empfohlene Reaktion auf die Arbeitsbedingungen in Zeiten der Globalisierung. Auf Dauer bemerken die Organisationen natürlich auch, daß zumindest einige ihrer Mitarbeiter ihre Tätigkeit zunehmend kühler und instrumentell sehen. Als eine Reaktion darauf sind seit Anfang der neunziger Jahre (Schmidt & Ones, 1992) sog. *Integritätstests* in Mode gekommen. Sie werden entweder als offene Tests vorgegeben, bei denen direkt nach den entsprechenden Einstellungen der Bewerber (wie z. B. Einstellungen zu Diebstählen) gefragt wird. Es ist allerdings ziemlich naiv anzunehmen, ein Bewerber würde die Frage „Haben Sie schon einmal geklaut?" nicht im Sinne der sozialen Erwünschtheit beantworten. Insofern sind entsprechende Persönlichkeits-tests eher angemessen, in denen nach Merkmalen wie der allgemeinen Impulskontrolle, der Gewissenhaftigkeit, der Regelgeleitetheit oder indirekt nach der organisationsbezogenen Delinquenz gefragt wird. Mit offenen Fragen nach sog. „*counter-productive behavior*" wie etwa exzessiver Abwesenheit, Drogenmißbrauch oder Langsamkeit wird man allerdings vermutlich auch nicht gerade übermäßig ehrliche Antworten erzielen, so daß es auch Versuche gibt, diese Kriterien anders – etwa über entdeckte Diebstähle, Abwesenheiten, häufigen Firmenwechsel oder Vorgesetzten-urteile – zu erfassen.

Ein weiteres, in diesem Zusammenhang relevantes Stichwort heißt „*trust*", Vertrauen, das von Kramer (1999, S. 57) wie folgt eingeführt wird:

„Scholary interest in the study of trust and distrust in organizations has grown dramatically over the past five years" (a.a.O, S. 569). Vertrauen wird in der neueren organisationspsychologischen Literatur definiert als „ ... a complex, multidimensional state that includes affective and motivational components ... " (a.a.O., S. 571). Und weiter: „ ... one not only thinks trust, but feels trust" (Fine & Holyfield, 1996, S. 25). So definiertes Vertrauen entwickelt sich aus einer entsprechend allgemein vertrauensvollen Persönlichkeit oder einer vertrauensvollen Zusammenarbeit zwischen Menschen heraus. Es kann ebenso die Folge von Firmenklatsch wie von Rollenzuschreibungen oder formellen wie informellen Regelungen sein. Stabiles Vertrauen trägt – so zeigt es sich in verschiedenen empirischen Untersuchungen – u.a. zur Reduzierung von Transaktionskosten, zur Entwicklung von kooperativen, auch altruistischem Verhalten, zur Kooperation zwischen Vorgesetzten und Untergebenen insbesondere in Krisenzeiten und beruhigenderweise auch zur Gewinnmaximierung bei. Die Forschung zeigt aber auch, daß das Vertrauen von Menschen in Organisationen leichter zu zerstören als aufzubauen ist. Ist es einmal zerstört, so sinken die Leistung, das Engagement und die Verweildauer in der Organisation.

Integritätstests und Forschungen zum Thema „Vertrauen" sind lediglich zwei Beispiele dafür, daß die Prozesse der wirtschaftlichen Globalisierung auch beim Thema „Personalauswahl durch die Organisation" nicht folgenlos bleiben. Organisationen bzw. die in ihnen tätigen Führungskräfte bemerken natürlich auch, daß die Mitarbeiter weniger Loyalität gegenüber der Organisation zeigen, haben sie doch oft schmerzhaft lernen müssen: „The company never cares". Entsprechend werden offenbar auch Persönlichkeitsmerkmale bei der Personalauswahl berücksichtigt, die diesen Mangel beheben sollen. Allerdings entwickelt sich hier ein unauflöslicher Widerspruch: Zwar müssen die Mitarbeiter jederzeit auf Kündigungen gefaßt sein, gleichzeitig sollen sie aber der Organisation gegenüber voller Vertrauen und Integrität sein. Daß dies so nicht funktionieren kann, für diese Erkenntnis braucht man eigentlich keine Organisationspsychologen.

Was sich allgemein aus diesem Dilemma heraus zukünftig ergeben wird, ist eine Verlagerung bei den Methoden der Personalauswahl von den bisher dominierenden Verfahren der Personalfragebogen, Vorstellungsgespräche und Referenzen auf die komplexeren Verfahren der formalen Tests, der Assessment-Center und auf das biographische Inventar. Diese Entwicklung wird nicht nur durch die im allgemeinen höheren Validitätskennwerte, sondern auch durch eine zunehmende Bedeutung der psychologischen

Dimensionen wie Ehrlichkeit, Identifikation, Involviertheit, Loyalität (= „commitment") beschleunigt werden. Hinsichtlich der statistischen Auswahlmodelle werden vermutlich die komplexeren Modelle ohne Kompensationsmöglichkeiten an Boden gewinnen, weil sie den differenzierteren Anforderungen von Organisationen besser gerecht werden. Zudem wird deren Handhabung durch entsprechende Computerprogramme weiter erleichtert werden.

Allerdings wird auch in der Literatur zum Thema Globalisierung schon jetzt deutlich, daß die das internationale Wirtschaftsleben dominierenden Share- und Stockholder-Values mit den Interessen der Mitarbeiter nicht dauerhaft zur Deckung zu bringen sind (vgl. dazu auch Kennedy, 2001). So hat Pfeffer (1994) eine Liste derjenigen Organisationsmerkmale zusammengestellt, die mit einem hohen und dauerhaften Engagement der Mitarbeiter verbunden sind. Dazu zählen:

- Hohe Arbeitsplatzsicherheit,
- sorgfältige Personalauswahl,
- überdurchschnittliche Bezahlung,
- keine zu großen Gehaltsdifferenzen zwischen dem bestbezahlten und dem am schlechtesten bezahlten Mitarbeiter,
- Zahlung von Erfolgsprämien,
- Mitarbeiterbeteiligung am Betriebsvermögen,
- gute Informationspolitik,
- Mitbestimmung am Arbeitsplatz und „Empowerment",
- Einführung von Gruppenarbeit,
- regelmäßige und systematische Weiterbildung der Mitarbeiter.

Diese Merkmale finden sich eher in Familienbetrieben und bei Firmen, die nicht im Besitz von anonymen Aktionären sind. Pfeffer (1994) glaubt, daß solide Verbesserungen in den Organisationen auf Dauer eher durch Investitionen bei den Mitarbeitern zu erzielen sind als durch technische Innovationen. Es gibt also sehr wohl Hinweise darauf, daß die globalen Organisationen durchaus einmal an ihren inneren Widersprüchen zugrunde gehen könnten.

Julia M. und Sven H. hatten Glück: Sie fand ein Unternehmen, daß sorgfältig geplante und gründlich ausgewertete Assessment-Center zur Personalauswahl verwandte, er fand einen Professor, der eine Assistentenstelle wenigstens mit Hilfe eines halbstrukturierten Interviews zu besetzen versuchte. Beide wurden nach dem multiplen Cut-Off-Modell ausgesucht und zur Einführung in ein arbeitsbegleitendes Training geschickt. Sie stecken nunmehr mitten in der Metamorphose-Phase und erinnern sich nunmehr mit leichtem Gruseln an folgende Befunde:

(1) Professionelle *Personalauswahl* besteht aus der Gewinnung von Daten mit Hilfe optimal angepaßter *Methoden* und der Kombination der Daten nach einem geeigneten statistischen *Modell* zur Auswahl der besten Bewerber. Die Methoden sind der Personalfragebogen, das Vorstellungsgespräch, Referenzen, formale Tests, das Assessment-Center und der biographische Fragebogen. Die gebräuchlichsten Selektionsmodelle sind das traditionelle Selektionsmodell, die multiple Korrelation und Regression, das multiple Cut-off-Modell, das Profilvergleichssystem und Dunnettes Selektionsmodell.

(2) Nach dem Eintritt in die Organisation entwickelt sich der Prozeß der *beruflichen Sozialisation* mit den drei Phasen Voreintrittsphase, Eintrittsphase und Metamorphosephase. Durch unterschiedliche Strategien („Ins Wasser werfen", „Grenzen aufzeigen", arbeitsbegleitendes Training, trainingsbegleitende Arbeitsübernahme oder vollzeitliches Training) wird der neue Mitarbeiter in die Organisation eingegliedert. Diese Phase kann zum sog. Praxis- oder Industrieschock führen. Danach beginnt die Metamorphose-Phase, in der der Novize die Organisation kennenlernt und die im Unternehmen vorherrschenden Werte und Einstellungen vertritt.

(3) Unter dem Einfluß der wirtschaftlichen Globalisierung lassen jedoch die Bindungen der Mitarbeiter zur Organisation nach, was sich in verdeckter Arbeitsverweigerung, steigender Abwesenheit, in Diebstählen, Alkohol- und Drogenmißbrauch zeigt. Organisationen reagieren auf diese Veränderungen, indem sie u.a. versuchen, *Vertrauen* bei den Mitarbeitern zur Organisation aufzubauen und Mitarbeiter mit hoher *Integrität* zu finden.

5. Kommunikation

5.1 Ping-Pong? – Theoretische Aspekte kommunikativen Verhaltens

„Alle wahren Gefühle verbergen und mit fester Stimme und wohlformulierten Sätzen glänzen!" Mit diesem ungewöhnlichen und wohlformulierten
Titel beginnt ein Aufsatz von Sieverding (2000) über die erfolgreiche
Selbstdarstellung von Bewerbern im Bewerbungsinterview. In gewisser
Weise sind auch die ersten Momente in einer neuen Organisation so etwas
wie Bewerbungs- und Prüfungssituationen, in denen die gegenseitige Ein-
drucksbildung und Statuszuweisung von Organisationsneuling einerseits
und seinen zukünftigen Vorgesetzten, gleichrangigen Kollegen und ggf.
nachgeordneten Mitarbeitern andererseits erfolgt.

Daß dabei kommunikatives Verhalten der eben beschriebenen Art eine
herausragende Rolle spielt, zeigen Forschungsergebnisse zum sog.
„impression management" (vgl. etwa Rosenfeld, Giacalone & Riordan,
1995), nach denen Organisationsnovizen besonders dann erfolgreich ihren
Platz in der Organisation finden, wenn sie bestimmte Einschmeichelstrategien benutzen: Das Äußern ähnlicher Meinungen und Einstellungen,
das Erweisen kleinerer Gefälligkeiten, gelegentliche Schmeicheleien und
Komplimente gegenüber den jeweiligen Interaktionspartnern sowie
intelligent plazierte Selbstaufwertungen sind hier zu nennen. Angesichts
der großen Bedeutung kommunikativer Prozesse in der Eintrittsphase und
bei nahezu allen anderen menschlichen Verhaltensweisen in Organisationen einerseits, aber auch angesichts vergleichsweise simpler theoretischer Rekonstruktionen dieser Vorgänge erscheinen einige definitorische
Vorbemerkungen unerläßlich.

Zunächst einmal läßt sich die Organisations- oder Unternehmens-
kommunikation in die beiden Teilgebiete der

- *externen Kommunikation* und der
- *internen Kommunikation*

gliedern. Die *externe Kommunikation* bezeichnet die Kommunikation zwischen der Organisation und ihrer Umwelt; die *interne Kommunikation* umfaßt alle Kommunikationsprozesse innerhalb der Organisation, also sowohl die *horizontale Kommunikation* zwischen Mitarbeitern (= Mitarbeiterkommunikation) bzw. zwischen Führungskräften (= Managementkommunikation) als auch die Kommunikation zwischen Führungskräften und deren Mitarbeitern (= *vertikale Kommunikation*). Dazu kommt noch die *diagonale Kommunikation* zwischen den Mitgliedern unterschiedlicher Hierarchiestufen und formaler Einheiten und die *mehrstufige Kommunikation* über mehrere Hierarchiestufen (vgl. auch Gibson, Ivancevich & Donnelly, 1997).

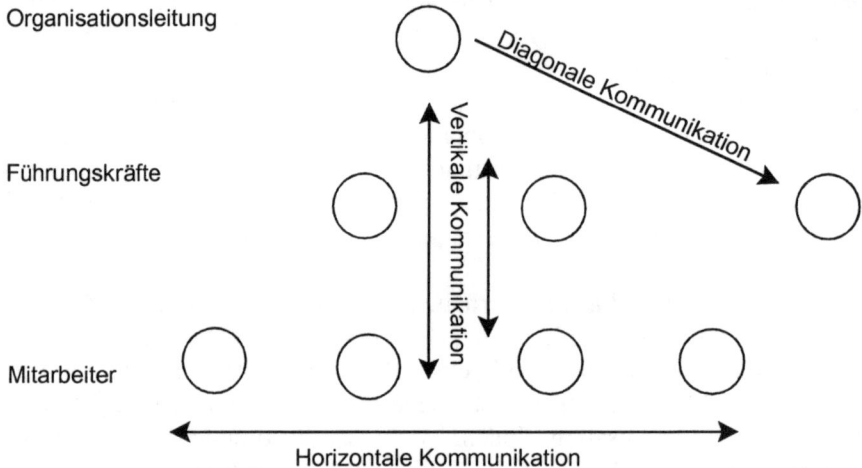

Abb. 5:   Kommunikationsarten in Organisationen

Empirische Untersuchungen des Führungsverhaltens zeigen, daß es zwischen 75 % und 90 % aus

- interaktiver,
- meist dyadischer,
- mündlicher,
- überwiegend vom Vorgesetzten initiierter
- und selten länger als drei Minuten dauernder

Kommunikation besteht (Baskin & Aronoff 1980, Jablin 1979; Neuberger 1984). Nach Inhalten klassifiziert benötigen Routinekommunikationen ca.

30 %, traditionelle Managementfunktionen ca. 30 %, Beziehungspflege ca. 20 % und „human-resource-management" ca. 20 % der Arbeitszeit von Führungskräften (Luthans, Hodgetts & Rosenkrantz 1988). Den vergleichsweise größten Anteil hat nach Schätzungen mit ca. zwei Dritteln aller kommunikativen Vorgänge (vgl. Anders, 1986, S. 239 zit. nach Spieß & Winterstein, 1999, S. 56) die vertikale Kommunikation, erst dann folgen Interaktionen mit Gleichrangigen, Externen und den eigenen Vorgesetzten (vgl. auch Neuberger, 1984).

Die so gegliederten Kommunikationsprozesse wurden häufig mit dem Kommunikationsmodell von Shannon und Weaver (1949) und den sattsam bekannten Instanzen Sender, Botschaft und Empfänger abgebildet. Danach soll Kommunikation wie ein Ping-Pong-Spiel verlaufen: Der Sender spricht eine Botschaft, die der Empfänger annimmt; seine Reaktion macht ihn anschließend selber zum Sender (vgl. etwa Übersicht bei McQuail & Windahl, 1984). Gegenüber dieser „Sage von der Dominanz des Senders" (Westerlund & Sjöstrand, 1987, S. 82) gehen wir von folgenden Prämissen aus (vgl. zum folgenden Winterhoff-Spurk, 1999a):

• Zwischenmenschliche Kommunikation findet nie kontextfrei, sondern immer in einer „sprachlichen Gesamtsituation" (Herrmann, 1972) statt, über deren Beschaffenheit sich Sprecher und Hörer zumindest partiell einig sein müssen, wenn eine erfolgreiche Kommunikation zustande kommen soll (= „common ground", Clark & Brennam, 1993). Die Gesprächspartner verfügen über eine kognitive Repräsentation ihres Gegenübers und der Situation, und sie integrieren den Interaktionsverlauf in ihr jeweils aktiviertes Wissen (= „grounding").

• Zwischenmenschliche Kommunikation erfolgt nicht nur unter Verwendung von Sprache, sondern über alle, dem Sprecher simultan zur Verfügung stehenden Kommunikationsmodi (z. B. Mimik, Gestik, Körperhaltung etc.), diese hängen zudem systematisch miteinander zusammen.

• Erfolgreiche zwischenmenschliche Kommunikation setzt ferner einen wenigstens teilweise identischen Zeichenvorrat bei Sprecher und Hörer voraus. Sprecher und Hörer müssen mit den im Gespräch verwendeten Wörtern und nonverbalen Ausdrucksweisen annähernd dasselbe meinen, andernfalls drohen Mißverständnisse oder ein Mißglücken der gesamten Kommunikation.

- Zwischenmenschliche Kommunikation erfolgt so gut wie nie ausschließlich mit dem Ziel, daß der Hörer das Mitgeteilte nur versteht, vielmehr will der Sprecher beim Hörer Wirkungen erzielen: Der Hörer soll das Mitgeteilte in seinem nachfolgenden Handeln behalten, beachten oder befolgen und zudem einen spezifischen Eindruck vom Sprecher und dessen Handlungszielen haben. Dazu müssen die Interaktionspartner ständig gegenseitige Aufmerksamkeit zeigen und ihre kommunikativen (und sonstigen) Aktivitäten auf die vorangegangenen Aktionen des Partners abstimmen.

- Sprechen und Hören sind kommunikative Aktivitäten, die beide Kommunikationspartner im Verlaufe der Kommunikation gleichzeitig zeigen, denn der Sprecher nimmt während des Sprechens auch Signale der Aufmerksamkeit, des Verstehens und der Bewertung vom Hörer auf. Der Hörer seinerseits produziert während des Hörens kontinuierlich entsprechende Vokalisierungen, mimische und gestische Äußerungen sowie Körperhaltungen. Er kann ferner parallel zur Rede des Sprechers anzeigen, daß er selbst nun wieder etwas sagen möchte (= „turn-requesting"-Signale).

Nach allem verstehen wir unter *„face-to-face"-Kommunikation* (nachfolgend: FTF-Kommunikation) einen Prozeß, bei dem zwei oder mehr koorientierte und wechselseitig kontingent interagierende Akteure auf der Basis ähnlicher Situations- und Zeichendefinitionen einander Informationen mit Hilfe systematisch kovariierender verbaler und nonverbaler Kommunikationsmodi mit dem Ziel übermitteln, der (die) Interaktionspartner möge(n) das Gemeinte verstehen, das Gewollte tun und den gewünschten Eindruck haben. Diese Überlegungen finden sich in dem nachfolgend abgebildeten Modell von Kunczik (1979) zusammengefaßt.

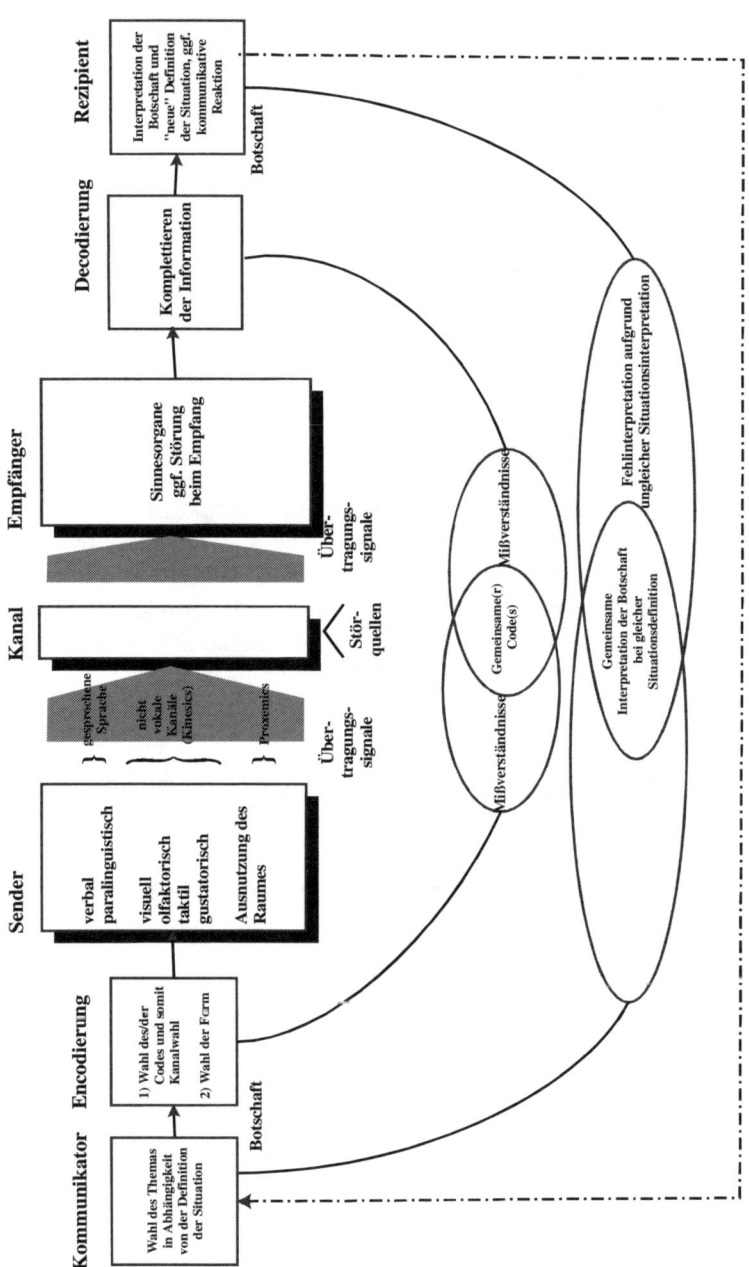

Abb. 6: Kommunikationsmodell nach Kunczik (1977)

Auf diese Weise definiert, läßt sich die interne Kommunikation, auf die wir uns nachfolgend konzentrieren wollen, auf einer Dimension von formell bis informell folgendermaßen gliedern:

Formelle Kommunikation ....Informelle Kommunikation

Reden,	Konfliktgespräche,	Klatsch,
Konferenzen,	„small talk",	„self disclosure",
Mitarbeitergespräche	etc.	Gerüchte
etc.		etc.

Abb. 7:   Typen von Kommunikationen

Formelle Kommunikation folgt festen Regeln und Strukturen, *informelle Kommunikation* liegt immer dann vor, wenn Anlaß, Weg oder Inhalt der Kommunikation nicht formal geregelt sind. Insbesondere die formelle Kommunikation erfolgt ferner in bestimmten kommunikationen Strukturen oder Netzwerken, wie in der Literatur häufig so dargestellt (vgl. Furnham, 1997; Spieß & Winterstein, 1999; Weinert, 1998 u.a.m.):

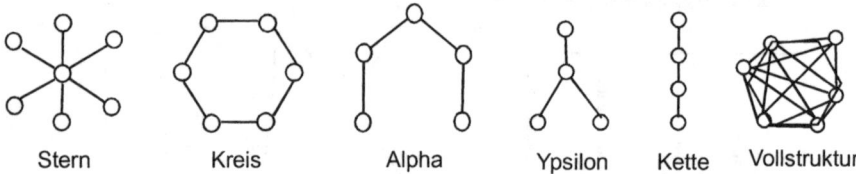

Stern	Kreis	Alpha	Ypsilon	Kette	Vollstruktur

Abb. 8:   Arten formeller Kommunikation

Nach diesen theoretischen Vorbemerkungen wollen wir uns nunmehr der praktischen Frage zuwenden, wie sich die Kommunikation zwischen Julia M. und Sven H. einerseits und ihren neuen Vorgesetzten andererseits, also allgemein die vertikale Kommunikation zwischen Führungskräften und Mitarbeitern im Detail vollzieht.

5.2 Im Chefbüro – Die Kommunikationssituation

„Bei aller Funktionalität moderner Büros, wieso hat der Sachbearbeiter, der in Aktenbergen herumkramen muß, den kleinsten Schreibtisch und der Vorstand fast eine Tischtennisplatte, obwohl er nur knapp gehaltene Vorlagen durchzuarbeiten hat? Symbolisieren Teak und Leder, männlich herb und hart, den unternehmerischen Weitblick, stehen Blech und Kunststoff, leicht zu formen und ersetzbar, für die Qualität der Mitarbeiter? So gesehen, ist die Sache ganz rational und funktional. Der Chef kann weitgehend auf Imponiergehabe verzichten, wenn er für jeden erkennbar mit den Insignien der Macht umgeben ist – er hat schon genug damit zu tun, seine Rolle positionsgemäß auszuüben. Die Sorge um den Status nimmt ihm die Firma größtenteils ab" (*Manager Magazin* 11, 1981).

Nach dem soeben vorgestellten Verständnis von Kommunikation findet sich in diesem Zitat eine ebenso knappe wie zutreffende Beschreibung einer kommunikativen Gesamtsituation zwischen Vorgesetzten und Mitarbeitern: Das Chefbüro. In ihm und durch seine Ausstattung ist vor allem die Frage der Machtverteilung in der Kommunikationssituation definiert.

Sehen wir uns nunmehr einige Details dieser speziellen *Kommunikationssituation* an. Als erstes fällt die Anordnung und die Größe des Büros ins Auge. Statushohe Vorgesetzte lassen sich meist nur über eine „buffer person" (= Sekretärin oder Assistent; vgl. Stech, 1983, S. 72) erreichen, zudem sind ihre Büros in der Regel größer als die ihrer Mitarbeiter. Wohl eine der wichtigsten Requisiten ist – wie eingangs erwähnt – dabei der Tisch. Wie sich zwei oder mehr Kommunikationspartner an ihm niederlassen und welche Folgen das hat, wird in der Sozialpsychologie unter dem Stichwort „*seating behavior*" untersucht (vgl. zum folgenden Hellbrück & Fischer, 1999; Stech, 1983; Winterhoff-Spurk, Herrmann & Funk-Müldner, 1995). Unter der hier interessierenden Perspektive ist zunächst zu fragen, an welchem Tisch die Kommunikation stattfinden soll. Bleibt der Vorgesetzte hinter seinem Schreibtisch und womöglich auf einem höheren Stuhl sitzen, während seine Gesprächspartner auf niedrigeren Stühlen vor dem Schreibtisch und mit dem Rücken zur Tür Platz nehmen müssen, so betont diese Kommunikationssituation die Status- und Machtunterschiede zwischen den Gesprächspartnern. In entsprechenden Untersuchungen hat sich denn auch gezeigt, daß sich Statusniedrigere deutlich weniger wohl fühlen und einen eher kompetitiven Eindruck haben, wenn ihr statushöherer Interaktionspartner hinter seinem Schreibtisch sitzenbleibt. Aber auch die Wahl eines freistehenden Besprechungstischs im Chefbüro ist nicht völlig frei von solchen Machtdifferenzen: Setzen sich die Interaktionspartner beispielsweise an einen rechteckigen Tisch, so nehmen die Statushöheren meistens die Sitzposition am Kopfende des Tisches (= „head of the table") ein (Knapp, Cody & Reardon, 1987). Lediglich ein runder Tisch mit gleichen Stühlen vermag eine egalitäre, personenorientierte Atmosphäre zu vermitteln.

Außer dem Tisch können insbesondere zur Markierung von Status- und Machtunterschieden weitere *Statussymbole* die Situation definieren. Eine Umfrage der Zeitschrift „Manager Magazin" (vgl. Wahren, 1987, S. 66f.) zeigt, daß etwa die Hälfte der befragten 45 Unternehmen in der Bundesrepublik Richtlinien für die Ausstattung von Büros erlassen hat. Die Möglichkeiten sind vielfältig: Textiltapeten, schwere Vorhänge, Ledermöbel, wuchtige Stehlampen (= der sog. „Palazzo-Prozzi"-Stil, vgl. Schwertfeger und Lewandowski, 1990, S. 70 ff.) werden ebenso eingesetzt wie Sporttrophäen, Urkunden, Fotos von Frau und Kindern, Kopien chinesischer Vasen, Oldtimer- und Schiffsmodelle sowie Gegensprechanlagen und Computer. Solche Merkmale können entweder den formellen oder den informellen Aspekt der Kommunikationssituation betonen.

Das Mobiliar definiert nicht nur die Machtunterschiede zwischen den Kommunikationspartnern, es legt auch die *räumliche Distanz* zwischen ihnen fest. Menschen variieren den Abstand in Kommunikationssituationen nach ihren jeweiligen Gefühlen und Absichten (vgl. Hall, 1966):

- Die intime Distanz (0–45 cm): Der Nahbereich (0–15 cm) ist für die körperliche Liebe oder für den Kampf, die weite Phase (15–45 cm) für leise, persönliche Interaktionen reserviert, die gewöhnlich nicht in der Öffentlichkeit gezeigt werden.

- Die persönliche Distanz (45–120 cm): Im engen Bereich (45–75 cm) kommunizieren Personen, die in dauerhaften Interaktionsbeziehungen stehen, wie Ehepartner, gute Freunde, Eltern und Kinder. Den entfernteren Bereich (75–120 cm) wählen Menschen, die sich nicht so gut kennen, als Distanz für Gespräche über persönliche und involvierende Themen.

- Die sozial- konsultative Distanz (120–360 cm): Im Nahbereich (120–220 cm) vollziehen sich unpersönliche Interaktionen bei der Arbeit oder bei informellen sozialen Veranstaltungen, wie etwa Parties. Für formale

Angelegenheiten und Gespräche, wie etwa in Behörden, oder wenn zwischen den Kommunikationspartnern keine persönlichen Beziehungen bestehen, wird der entferntere Bereich (220–360 cm) gewählt.

- Die formelle Distanz (mehr als 360 cm): Für eher formale Kommunikationen und Interaktionen wird der Nahbereich (360 bis 750 cm) gewählt, darüber hinaus beginnt die Distanz der öffentlichen Auftritte.

Allein mit der räumlichen Distanz können Sprecher die von ihnen jeweils gewünschte psychologische Distanz oder Nähe zum Zuhörer zum Ausdruck bringen. So findet sich für das oben beschriebene „seating behavior" hinter dem Schreibtisch bei einer durchschnittlichen Schreibtischbreite von ca. 90 cm und einer durchschnittlichen Sitzbreite von ca. 70 cm (vgl. Stech, 1983, S. 68) eine Distanz von insgesamt ca. 250 cm zwischen den Kommunikationspartnern; dies entspricht der sozial-konsultativen Distanz für formale Angelegenheiten. Bei benachbarter Sitzposition an einem runden Tisch beträgt die Entfernung deutlich unter 200 cm, was für persönliche Interaktionen bei der Arbeit typisch ist.

Ein mit der sozialen Distanz zusammenhängendes Phänomen ist die Tatsache, daß Menschen auch einen sog. persönlichen Raum (= „personal space") benötigen, den man sich als eine Art (dynamischen) Zylinder um den Körper vorstellen kann und in den normalerweise kein Fremder ohne Zustimmung der Person eindringen darf. Dies gilt aber nur eingeschränkt für Vorgesetzte: Allein durch ihr räumliches Verhalten drücken sie Machtdifferenzen aus, indem sie eine nicht vollständig dem Interaktionspartner zugewandte Körperhaltung einnehmen sowie ihre Kontrolle über den „Personal space" des Untergebenen durch das Anfassen und durch Zeigegesten markieren.

Die Lage des Chefbüros im Gebäude, der Zutritt über „buffer persons", die Größe und Einrichtung des Zimmers, insbesondere die Auswahl und Anordnung von Tischen und Stühlen als den bei der Kommunikation wichtigsten Möbel und die dadurch evozierte persönliche wie soziale Distanz legen somit schon weitgehend fest, wie die kommunikative Gesamtsituation im Gespräch zwischen Vorgesetzten und Mitarbeitern vom Vorgesetzten definiert wird. Insofern trifft das Eingangszitat exakt den Kern: Über die Definition der Situation und insbesondere über die unterschiedliche Machtverteilung muß sich der Vorgesetzte mit seinen Gesprächspartnern nicht lange auseinandersetzen. Das gesamte Arrangement ist ausgesprochen funktional, weil es unmißverständlich zeigt, wer der Herr im Hause ist.

5.3 Macht – Das Verhalten von Vorgesetzten und die Strategien der Mitarbeiter

„„Nun, Sir, als Mr. Jasper hier ankam, war er so aus der Puste ...' ‚Ich würde nicht ‚aus der Puste‘ sagen, Tope‘, wirft Mr.Crisparkle ... ein. ‚So redet man nicht mit Hochwürden.‘ ‚Außer Atem‘, sagt leutselig der Dekan (der nicht unempfänglich für diese indirekte Hommage ist), würde sich besser anhören.‘‘‘ So beschreibt Charles Dickens in dem Romanfragment „Das Geheimnis des Edwin Drood" mit wenigen Sätzen und scharfsinnig eine kommunikative Episode zwischen einem Statushöheren und einem Statusniedrigerem (Dickens, 1870, zit. nach Fruttero & Lucentini, 1991).

Das Zitat soll noch einmal verdeutlichen, daß ein zentraler Aspekt des Führungsverhaltens die Manifestation sozialer Macht ist: Führung ist immer auch die Verteidigung einer Machtposition gegenüber Untergebenen und potentiellen Nachfolgern, gegenüber gleichgestellten Konkurrenten und gegenüber den eigenen Vorgesetzten, deren Positionen ggf. angestrebt werden. Sie vollzieht sich im Rahmen der sog. *Mikropolitik* mit beispielsweise den folgenden Varianten (vgl. zum folgenden Gibson et al., 1997, S.261ff.):

- Das *Revolutionsspiel* (= „*insurgency game*") besteht darin, Anordnungen und Weisungen aus den jeweils oberen Führungsetagen nicht auszuführen.
- Das *Konterrevolutionsspiel* (= „*counterinsurgency game*") ist eine Variante der Mikropolitik des mit dem Revolutionsspiel angegriffenen Vorgesetzten. Es besteht darin, die Befolgung seiner Anweisungen genau zu kontrollieren und festgestellte Übertretungen streng zu ahnden.
- Beim *Patenschaftsspiel* (= „*sponsorship game*") lehnt sich ein Mitarbeiter eng an eine sehr machtvolle Persönlichkeit an und dient ihr in jeder Hinsicht loyal, ohne sich selbst in den Vordergrund zu spielen.

Ein *Koalitionsbildungsspiel* (= „*coalition-building game*") liegt dann vor, wenn Arbeitsgruppen oder Teile von Arbeitsgruppen sich andere Gruppen oder Teile davon als Koalitionspartner zum Erreichen bestimmter (Teil-) Ziele suchen (= „Seilschaften").

- Das *Linie- vs. Stab-Spiel* (= „*line vs. staff game"*) besteht schlicht aus fortwährenden Auseinandersetzungen zwischen den Führungskräften der verschiedenen Organisationsteile.
- Das *Alarmsignalspiel* (= „*whistle-blowing game"*) setzt sich über die Grenzen der Organisation hinweg, wenn wichtige oder alarmierende Informationen an einflußreiche Personen von außerhalb (Journalisten, Politiker, Mitbewerber) weitergegeben werden.

Insbesondere in Situationen, in denen status- und machtdefinierende Merkmale fehlen oder unklar sind, muß die beanspruchte Position durch entsprechendes verbales und nonverbales Verhalten dem Kommunikationspartner gegenüber demonstriert werden. Auch die Kommunikation zwischen Vorgesetzten und Untergebenen ist – wie eben dargelegt – stark durch Macht- und Statusunterschiede gekennzeichnet. An bevorzugten Taktiken werden von Managern der direkte Angriff oder das Herbeiführen einer Blamage (= 54 %), die gezielte Weitergabe von Informationen (= 54 %), das sog. „impression management" (= 53 %), die Entwicklung einer Machtbasis (= 37 %), die Einschmeicheltaktik (= 25 %), das Herstellen von Machtbündnissen (= 25 %), die Patenschaft mit dem Statushöheren (= 24 %) und der Versuch der Verpflichtung auf Gegenseitigkeit durch das Gewähren von Gefälligkeiten (= 13 %) genannt (vgl. Gibson et al. 1997, S. 262). Wie aber zeigt sich das eigentlich konkret im kommunikativen Verhalten?

Zunächst zu den verbalen Machtindikatoren: Auf der Wortebene ist zunächst das sog. *Sprachschichtniveau* zu berücksichtigen (vgl. Herrmann, 1982; Winterhoff-Spurk & Herrmann, 1987): Je größer die soziale Distanz zwischen einem Sprecher und seinem Kommunikationspartner ist, um so höher ist das gewählte Sprachschichtniveau. Ein andres Beispiel dafür sind *Anredevarianten*: Amerikanische Forscher (vgl. Slobin, Miller & Porter, 1968) haben untersucht, wie sich die Mitarbeiter in den Büros einer amerikanischen Versicherungsgesellschaft anreden. Sie fanden formellere Anreden (z. B. Titel und/oder Nachname) vor allem bei unterschiedlicher Machtverteilung. Insbesondere das mittlere Management versuchte, solche Unterschiede auch sprachlich zu akzentuieren: Sie waren bestrebt, den eigenen Vorgesetzten mit dem Vornamen anzureden, während sie bei den eigenen Untergebenen auf formellere Anreden Wert legten. Insgesamt reden Statushöhere in Besprechungen und Diskussionen mehr und länger, ihre Beiträge haben mehr Gewicht und werden positiver beurteilt (vgl. dazu auch Wahren, 1987).

Noch deutlicher werden Machtunterschiede im Bereich des *nonverbalen Verhaltens* signalisiert (vgl. dazu Ellyson & Dovidio, 1985; Henley, 1977) und wahrgenommen – bis hin zur Zuschreibung von Führungsqualität (Gitter, Black & Fishman, 1975): Hinsichtlich der *Körperhaltung* zeigen sich beispielsweise eine aufrechte und zugleich entspannte Körperhaltung, asymmetrische Positionen des Körpers und der Glieder sowie dynamische, schnelle und weit ausholende Bewegungen vor allem der Arme sowie zum Körper zeigende Handflächen bei Statushöheren. An spezifischen Kombinationen werden bei dieser Gruppe oft das Abstützen der Hände in den Hüften sowie das des Kinns mit den Händen beobachtet. Beim *Blickverhalten* werden allgemein längere Blickkontakte, aber zugleich kürzerer Kontakt während des Zuhörens dem Statushöheren zugeschrieben, während der Statusniedrigere umgekehrt häufiger den Blick abwendet – aber nicht während der Statushöhere spricht. Beim *nonverbal-vokalen Verhalten* werden eine hohe Grundfrequenz der Stimme, ein schnelles Sprechtempo und eine geringere Lachfrequenz der statushöheren Interaktionspartner angeführt (vgl. Forgas, 1987).

Die amerikanische Professorin Nany M. Henley (1977) wies als erste darauf hin, daß viele verbale und nonverbale Machtindikatoren auch im Kommunikationsverhalten zwischen Männern und Frauen eine Rolle spielen. Danach verhalten sich Männer insgesamt eher ungezwungen, Frauen eher zurückhaltend, Männer nehmen im Gespräch mit Frauen eine geringere Kommunikationsdistanz ein als umgekehrt, sie haben eine entspanntere Körperhaltung und berühren Frauen häufiger. Ferner starren sie Frauen häufiger an oder blicken gezielt weg, sie lächeln weniger, zeigen weniger Emotionen und sprechen wenig von sich selbst. Ferner zeigen Frauen eine höhere Frequenz von Fragen und hier insbesondere von sog. „tag"-Fragen (z. B. „nicht wahr?", „oder?" etc.). Frauen verwenden ferner mehr Modalpartikel und -konstruktionen. Entgegen den landläufigen Stereotypen reden Frauen (z. B. bei Bildbeschreibungen, in Seminaren, in Kleingruppen; also meist im Beisein von Männern) oft weniger; ihre Beiträge sind häufiger auf das Gruppenklima und weniger oft auf die Inhalte der Diskussion bezogen. Sie unterbrechen erheblich seltener als Männer (vgl. dazu etwa Trömel-Plötz, 1982).

Ein neuerdings häufiger in diesem Zusammenhang diskutierter Aspekt ist die Frage unterschiedlicher Kommunikations- und Führungsstile von Männern und Frauen (vgl. erstmals Henley, 1977). So finden Duran & Carveth (1990), daß ein aggressiver, „instrumentally controlled", „talkative(r)" Kommunikationsstil von Frauen und Männern als kompetenter wahrgenommen wurde, als ein (eher Frauen zugeschriebener) passiver und emotional reagierender Stil. Andere Untersuchungen zeigen, daß weibliche Vorgesetzte sich häufiger selbst offenbaren (Hyman 1980); engagierter und unterstützender führen und Untergebene besser informieren (Baird & Bradley 1979). Männliche Führungskräfte sollen hingegen dominanter, selbstsicherer, direktiver, präziser agieren und schneller Ideen von anderen übernehmen (vgl. aber auch Terborg 1977). Grundsätzlich erscheint es jedoch angemessener, von einem „continuum of gender orientation" als von zwei völlig getrennten Verhaltensmustern zu sprechen (Rakoff 1986; Duran & Carveth 1990; Flaake 1991). Insgesamt sind offenbar diejenigen männlichen und weiblichen Führungskräfte in Profitorganisationen erfolgreicher, die allgemein stärker kommunikationsorientiert sind, gute Ansprechpartner für Vorschläge und Beschwerden der Mitarbeiter sind, mehr fragen und vorschlagen als anordnen und befehlen, die Gefühle und Empfindlichkeiten ihrer Mitarbeiter beachten und mehr Hintergrundinformationen geben (vgl. Redding, 1972).

Damit sind wir bei der Frage angelangt, wie sich das kommunikative Verhalten von Führungskräften in Zeiten der Globalisierung wohl entwickeln wird. Erinnerlich war die globale Organisation u.a. durch den kontinuierlichen Umbau von Institutionen gekennzeichnet, bei dem lockere Netzwerke an die Stelle pyramidaler Hierarchien treten. Das Fließband wird durch Produktionsinseln abgelöst, computergestützte Änderungen der Produktion sind schnell möglich. Gruppen entscheiden anstelle der bisher beteiligten Unternehmenshierarchie, sie erhalten Produktions- und Gewinnvorgaben und zugleich die operative Freiheit, wie diese zu realisieren sind. Die so nur kurz skizzierten Veränderungen zwingen das Individuum dazu, sich selbst immer wieder „umzutopfen" und neue Beschäftigungsverhältnisse innerhalb der gleichen Organisation einzugehen.

Hinsichtlich der Kommunikationsbedingungen zeigt sich dies etwa in der Auflösung abgeschlossener Büroräume. Bei Procter und Gamble in Cincinatti beispielsweise (vgl. zum folgenden Rifkin, 2000, S. 45) arbeiten Teams in sog. „Häfen", also in offenen Räumen. IBM hat ein Raummanagement ähnlich wie bei einem Hotel eingeführt: Die Mitarbeiter sollen möglichst mit Handy und Laptops Zuhause oder beim Kunden arbeiten, brauchen sie Büro- oder Konferenzräume, so können sie diese beim Raummanagement im Voraus reservieren. Durch dieses Raummanagement konnte IBM America angeblich 1996 Kosten in Höhe von 1,4 Milliarden US-Dollar einsparen. Noch weiter wurde diese Idee von Ernst & Young getrieben, wo sich ein Portier um die Mitarbeiter kümmert: Wenn sie in die

Firma kommen, finden sie einen auf ihren Namen reservierten Büroraum vor, in dem die für diesen Tag bestellten Unterlagen und Geräte stehen. Das Telefon ist auf ihre Nummer geschaltet und auf dem Computerbildschirm grüßen Fotos von Kindern oder Ehegatten.

Ein weiterer Aspekt kommt hinzu: Das Eindringen neuer Kommunikationstechnologien in die Organisationen. Die *„media-richness"-Theorie* (Rice, 1992) weist darauf hin, daß bei der Auswahl eines Kommunikationsmediums dessen Informationspotential berücksichtigt werden muß: Komplexe und kommunikativ heikle Probleme sollten mit sog. „reichen" Medien, knappe, sachliche Mitteilungen können mit „armen" Medien übermittelt werden. Allerdings führt allgemein das Vordringen neuer Kommunikationstechnologien dazu, daß die Kommunikation insgesamt kürzer, sachlicher und sprachbetonter erfolgt, daß die beziehungsstiftenden nonverbalen Informationen an Bedeutung verlieren und daß insbesondere Macht- und Statusunterschiede zwischen den Interaktionspartnern in der Kommunikation nivelliert werden.

Es zeigt sich also: Die flexible Organisation erwartet von ihren Mitarbeitern die Fähigkeit zur guten Zusammenarbeit mit einem ständig wechselnden Ensemble von Personen ebenso wie die Fähigkeit zur notwendigen Distanz, zum Abrücken von Beziehungen und zur Veränderung nach getaner Arbeit. An diesen sozialen Prozessen sind nahezu alle Arten der Kommunikation in starkem Maße beteiligt. Die Verlagerung von operativer Verantwortung aus den Führungsetagen in die Produktionsgruppen erfordert eine Intensivierung der horizontalen Mitarbeiterkommunikation, das Aufbrechen der starren Organisationsstrukturen erfordert eine Intensivierung der diagonalen Kommunikation. Die vertikale Kommunikation wird vermutlich die deutlichsten Veränderungen erfahren: Wenn lockere Netzwerke an die Stelle starrer Hierarchien treten, dann wird die Kommunikation zwischen Vorgesetzten und Mitarbeitern weniger machtbezogen sein. Die egalitären Züge werden auch deswegen zunehmen müssen, weil sich die Organisationen mit dem Problem der schwindenden Loyalität ihrer Mitarbeiter auseinandersetzen müssen. Ein junger, hochqualifizierter, risikobereiter Mitarbeiter wird sich nur einmal mit den beschriebenen Indikatoren der Macht domestizieren lassen, beim zweiten Mal sucht er sich eine andere Organisation. Führungskräfte müssen zukünftig unter einer kommunikativen Perspektive eher als Motivatoren auftreten und Kommunikationsprozesse in wechselnden Gruppen moderieren können, also gewissermaßen eher „weibliche" Kommunikationskompetenzen aufweisen. Gleichwohl bleiben Machtunterschiede natürlich bestehen, möglicherweise werden sie sogar gravierender als zuvor, da Kontrollmöglichkeiten durch Gewerkschaften und gesetzliche Mitbestimmungsregelungen vermutlich an Bedeutung verlieren werden. Macht wird verschleiert – und muß sich zukünftig auch so ausdrücken.

Im 1997 erschienenen „Annual Review of Psychology" ist einem Aufsatz über „Organizational behavior in the new organizational era" (Rousseau, 1997) zu entnehmen, daß turbulente und gelegentlich feindliche Organisationsumwelten, ständige und schnelle technologische Veränderungen sowie flexible Organisationsprozesse erheblich höhere Anforderungen an ein gelungenes Informations- und Kommunikationsmanagement stellen als in der Vergangenheit. Unter dieser Perspektive sind folgende Veränderungen der Organisationskommunikation zu erwarten (vgl. dazu auch Rousseau, 1997):

- Eine allgemein zunehmende Bedeutung externer und interner Organisationskommunikation auch unter einer interkulturellen Perspektive,
- eine Intensivierung der horizontalen Kommunikation bei Führungskräften,
- eine Intensivierung der horizontalen Mitarbeiterkommunikation insbesondere in Gruppen (auch „Peer pressure"),
- eine Veränderung der vertikalen Kommunikation „downward" mit den Zielen der Mitarbeitermotivation und -manipulation, der Moderation von Gruppenprozessen und der Verschleierung von Macht und
- eine Veränderung der vertikalen Kommunikation (= „upward") vom Mitarbeiter zum Vorgesetzten mit der Absicht des „Impression managements".

Somit haben wir die kommunikative Umwelt skizziert, in die Julia M. bei einer profitorientierten, globalen Organisation eintreten wird. Aber auch für Sven H. werden diese Veränderungen aller Wahrscheinlichkeit nach in nahezu gleicher Weise Geltung haben. Die Unterschiede bei den Non-Profit-Organisationen liegen vermutlich gegenwärtig vor allem darin, daß sie sich der veränderten Rahmenbedingungen noch nicht bewußt sind. Was sollten also beide spätestens nach den ersten kommunikativen Erfahrungen in ihren jeweiligen Organisationen gelernt haben? Wir fassen dies wie folgt zusammen:

(1) Die *interne Organisationskommunikation* umfaßt die horizontale Kommunikation zwischen Mitarbeitern (= Mitarbeiterkommunikation) oder zwischen Führungskräften (= Managementkommunikation), die verti-

kale Kommunikation zwischen Führungskräften und deren Mitarbeitern sowie die diagonale Kommunikation zwischen den Mitgliedern unterschiedlicher Hierarchiestufen und die mehrstufige Kommunikation über mehrere Hierarchiestufen hinweg. Führungsverhalten besteht mit ca. zwei Dritteln aller kommunikativen Vorgänge aus vertikaler Kommunikation, im Detail hauptsächlich aus interaktiver, dyadischer, überwiegend vom Vorgesetzten initiierter und selten länger als drei Minuten dauernder mündlicher Kommunikation. Dies ist ein Prozeß, bei dem zwei oder mehr koorientierte und wechselseitig kontingent interagierende Akteure auf der Basis ähnlicher Situations- und Zeichendefinitionen einander Informationen mit Hilfe systematisch kovariierender verbaler und nonverbaler Kommunikationsmodi mit dem Ziel übermitteln, der (die) Interaktionspartner möge(n) das Gemeinte verstehen, das Gewollte tun und den gewünschten Eindruck haben.

(2) Vertikale mündliche Kommunikation in Organisationen findet in einer kommunikativen Gesamtsituation statt, die stark durch Status- und Machtunterschiede gekennzeichnet ist: Die Lage des Chefbüros im Gebäude, der Zutritt über „buffer persons", die Größe und Einrichtung des Zimmers, die Auswahl und Anordnung von Tischen und Stühlen als den bei der Kommunikation wichtigsten Möbel evozieren die vom Vorgesetzten gewünschte und hergestellte persönliche wie soziale Distanz.

(3) Darüber hinaus drücken sich Status- und Machtunterschiede in verschiedenen verbalen und nonverbalen Indikatoren wie Sprachschichtniveau, Anredevarianten, Lächeln und Blickverhalten, Körperhaltung u. dgl. aus. Allerdings zeigt sich auch, daß (häufig: weibliche) Vorgesetzte mit einem weniger macht- und stärker mitarbeiterorientierten Führungsstil erfolgreicher sind. Angesichts ständiger Veränderungsprozesse durch die wirtschaftliche Globalisierung, aber auch durch das Vordringen elektronischer Kommunikationsmittel wird die kommunikative Kompetenz von Führungskräften zu einer Schlüsselqualifikation in Profit- wie in Non-Profit-Organisationen.

6.   Gruppen

6.1   Von Taylor zu Mayo – Strukturelle und prozessuale Aspekte von Gruppen

Wer kennt ihn nicht, den 1936 produzierten Film „Moderne Zeiten" von Charlie Chaplin: „Charlie, der Tramp, erlebt am Fließband einer Fabrik, später als Testperson einer ‚Frühstücksmaschine' und unfreiwilliger Streikführer die Absurdität eines reglementierten Lebens, das die Menschen zu Anhängseln der Apparaturen degradiert. Auch das kleine Paradies, das er für sich und ein armes Straßenmädchen errichtet, erweist sich als trügerisch; am Ende zieht Charlie mit seiner Freundin auf der Landstraße davon. Eine Tragikkomödie von bitter-ironischer Schärfe; mit einfachsten Mitteln, viel Bildwitz und Galgenhumor gestaltet, setzt der Film die vitalen Bedürfnisse des Menschen gegen die übertriebene Rationalisierung und Mechanisierung des Lebens", so wird er im Lexikon des Internationalen Films beschrieben (CD-ROM des Katholischen Instituts für Medieninformation und der Katholischen Filmkommission, 1999/2000).

Was Chaplin mit seinen Mitteln kritisiert, war die Folge der um die Jahrhundertwende einsetzenden industriellen Revolution: In den USA wurde das Fließband eingeführt, zuerst 1880 in den Schlachthöfen von Chicago (vgl. Bouza, 2000, S. 2), dann ab 1890 in der Gießerei der Fa. Westinghouse und schließlich bei der Firma Ford (vgl. Dorsch, 1963, S. 132). Nicht nur bei Ford führte diese Veränderung der Produktion zu einem enormen Produktivitätsfortschritt: So produzierte die Firma im Jahr 1909/1910 noch 18.664 Wagen zum Preis von $ 950 pro Stück, nach der Einführung des Fließbands 1920/21 waren es bereits 1.250.000 Wagen für $ 355 pro Auto (Dorsch, 1963, S. 132). Die mit dieser Art von Industrialisierung verbundene extreme Arbeitsteilung wurde von den „Vätern der Arbeitswissenschaft" Frederic Winslow Taylor (1911) und Frank B. Gilbreth mit seiner Frau Lilian M. Gilbreth – er war Ingenieur, sie Psychologin – (Gilbreth, 1908; Gilbreth & Gilbreth, 1916) wissenschaftlich begleitet.

Taylors Konzept des *„scientific management"* beruhte auf einer wissenschaftlichen Analyse des industriellen Arbeitsprozesses, die bis dato gewissermaßen naiv, nach dem „trail and error"-Prinzip durchgeführt worden war. Taylor hatte zuvor lange Zeit selbst als Maschinist, Vorarbeiter und Meister gearbeitet (Dorsch, 1963), bevor er als Betriebsingenieur der Firma Bethlehem Steel Company Studien zum sog. „shop management", konkret zur zeitlichen und algorithmischen Organisation der Arbeit, zu den Bedingungen der effektiven Arbeit und zur Betriebsorganisation durchführte. Er entwickelte daraus ein System der Arbeitsorganisation mit präzisen Arbeitsanalysen, veränderten Bezahlungsbedingungen (= Stücklohn), speziellen Vorarbeitern zur Erläuterung und Kontrolle des Systems sowie einer Standardisierung von Werkzeugen, Systemen und Prozeduren. „It was an optimistic, engineering approach to management", schreibt der englische Organisationspsychologe Adrian Furnham (1997, S. 69), „that asserted that ‚scientific' principles of time could be employed in the workplace to make workers both more efficient and happy".

Das Ehepaar Gilbreth baute vor allem das von Taylor entwickelte System der *„time-and-motion studies"* weiter aus und klassifizierte die in der Industrie am häufigsten vorkommenden Bewegungsgruppen (Loslassen, Abladen, Ausruhen etc.). In aller Bescheidenheit wurden diese Gruppen als *„therblig"* bezeichnet, was – wie man schnell bemerkt – eine Umkehrung des Namens des Forschers ist. Ein Ergebnis war die von Chaplin vorgeführte weitgehend fraktionierte Arbeitstätigkeit, die schnell auf den Widerstand der Arbeiterschaft und ihrer Gewerkschaften stieß. In den USA beispielsweise wurde das Taylorsche System 1917 für die Staatsbetriebe verboten (vgl. Dorsch, 1963).

Frank Gilbreth hat das System der Bewegungsstudien übrigens auch auf sich selbst, seine Ehefrau und ihre zwölf Kinder angewandt. In einem von seinen Kindern Frank jr. und Ernestine geschriebenen (und später verfilmten) Buch „Im Dutzend billiger" heißt es dazu u.a.: „Paps machte von uns Kindern beim Geschirrspülen Filmaufnahmen, um zu berechnen, wie wir unsere Bewegungen verringern und die Aufgabe so rasch wie möglich erledigen können. Besondere Arbeiten – wenn etwa die Hinterveranda zu streichen oder ein Baumstumpf aus dem Rasen vor dem Haus zu entfernen war – wurden an denjenigen vergeben, der das niedrigste Angebot einreichte. Jedes Kind, dem an einem Extrataschengeld gelegen war, gab in einem verschlossenen Umschlag ein Angebot ab, in dem stand, für welchen Preis es die Arbeit ausführen würde. Wer das niedrigste Angebot einreichte, erhielt den Auftrag. ... In den Baderäumen brachte Paps Tabellen für alle Arbeiten und sonstige Verrichtungen an. Jedes Kind, das des Schreibens kundig war – und Paps erwartete von seiner Nachkommenschaft, daß sie frühzeitig mit Schreiben anfing – mußte morgens die Tabellen abzeichnen, nachdem es die Zähne geputzt, gebadet, das Haar gekämmt und sein Bett gemacht hatte. Abends mußte jedes Kind sich wiegen und sein Gewicht in eine Tabelle eintragen, und auch nachdem die Hausarbeiten erledigt, Hände und Gesicht gewaschen und die Zähne geputzt waren, mußte man derartige Eintragungen machen. Mutter wollte auf den Tabellen auch eine Spalte für das Sprechen des Nachtgebets haben, Paps aber meinte: soviel er wisse, seien Gebete etwas Freiwilliges" (Gilbreth & Gilbreth-Carey, 1971, S. 8 f.).

Der Wandel kam schleichend: Vollständig in der tayloristischen Denkweise führte ein Ingenieur namens Pennock bei der Fa. Western Electric Company im Jahr 1924 eine Untersuchung über den Einfluß von Beleuchtungsart und -stärke auf die Arbeitsleistung der Arbeiter und Arbeiterinnen in den *Hawthorne-Werken* in Chicago durch. Der Ansatz war ein einfacher Kontroll- und Experimentalgruppe-Vergleich (es gab noch eine weitere Versuchsreihe mit mehreren Vorher-Nachher-Messungen bei nur einer Kontrollgruppe; vgl. Furnham, 1997, S. 78): Man variierte die Beleuchtungsverhältnisse und untersuchte die Veränderungen der Produktivität im Verhältnis zur Produktivität bei einer unter konstanten Bedingungen arbeitenden Kontrollgruppe. Dabei stieß man allerdings auf ein sehr überraschendes Resultat: In der Testgruppe wurde bei *jeder* Variation der Lichtbedingungen ein Anstieg der Arbeitsleistung festgestellt und – noch überraschender – in der Kontrollgruppe stiegen ohne jede Veränderung der Arbeitsbedingungen die Leistungen ebenfalls an.

Dies veranlaßte die Firmenleitung, 1927 ein Wissenschaftlerteam vom Department of Industrial Research der Harvard-University unter Leitung von Elton Mayo mit einer Untersuchung dieses merkwürdigen Phänomens zu beauftragen. Mayo und sein Team, in dem sich übrigens neben Psychologen auch Soziologen, Ökonomen und sogar Völkerkundler befanden, faßte eine Gruppe von Arbeiterinnen, die mit der Herstellung von Telefonrelais beschäftigt waren, in einem besonderen Versuchsraum – dem „relay assembly test room" – zusammen. Dort wurde sorgfältig darauf geachtet, daß die Beleuchtung, die Feuchtigkeit und die Temperatur konstant waren, variiert wurden hingegen jeweils in vierteljährlichen Perioden die sozialen Bedingungen der Arbeit: Veränderungen des Lohnsystems (z. B. eine engere Koppelung der individuellen Bezahlung an die Gruppenleistung), des Pausensystems (z. B. Pausen mit oder ohne Mahlzeiten, die

Pausenlänge), der Arbeitsschluß (früher oder später), der freie Sonnabend, Gratis-Mahlzeiten. Die Folge dieser Variation war ein kontinuierlicher Anstieg der Arbeitsleistung. In einem letzten (man hat fast den Eindruck: verzweifelten) Schritt reduzierte Mayo alle Veränderungen auf den ursprünglichen Anfangszustand und fand *wieder* einen Anstieg der Arbeitsleistung. Dieser Moment war die Geburtsstunde der organisationspsychologischen Gruppentheorie, denn nach dieser Erfahrung wandte sich Mayo erstmals direkt an die beteiligten Arbeiterinnen und befragte sie in Einzelinterviews. Dabei fand er die Ursachen für die Produktivitätssteigerungen heraus: Jedesmal, bevor man irgendwelche Änderungen in den Arbeitsbedingungen im *„band-wiring room"* vorgenommen hatte, wurden die Arbeiterinnen gefragt, wie sich die Änderung wohl auswirken würde, sie konnten Anregungen einbringen und wurden bei der Arbeitsausführung nicht sonderlich scharf kontrolliert. Nach Ansicht von Mayo war es die dadurch entstehende neue Einstellung zur Arbeit, die zu den unerklärlichen Produktivitätssteigerungen führte. In der Folge wurden zwischen 1928 und 1930 alle 21.000 Arbeiter und Angestellte der Firma in Einzelinterviews befragt, um die Erkenntnisse des ersten Untersuchungsabschnitts abzusichern. In den Jahren 1931 und 1932 schließlich wurde dann abschließend erneut eine Arbeitsgruppe auf ihre Strukturen und Prozesse hin untersucht.

Interessant ist bei diesen Untersuchungen ein Blick auf den ökonomischen Hintergrund. Ihre Wurzeln liegen in einer Zeit, die als die „big-business period" in die amerikanische Geschichte eingegangen ist. Nach einer kurzfristigen Depression in den Jahren 1920 und 1921 erlebten die USA eine Phase der Prosperität, an deren Ende im Jahr 1929 die industrielle Gesamtproduktion um 34 % über der des Jahres 1922 und um 65 % über der des Jahres 1913 lag. Der Anteil der Neukonstruktionen stieg beispielsweise so stark an, daß sich zwischen 1925 und 1929 allein die Nachfrage nach Maschinenwerkzeugen um fast 90 % und die nach Gießereianlagen um fast 50 % erhöhte (vgl. dazu Dobb, 1963). Am Freitag, den 29. Oktober 1929, war es vorbei damit: An diesem sog. „Schwarzen Freitag" wurden an einem Tag 22 Millionen Aktien verkauft. Der Index der industriellen Produktion fiel von 107 % (1929) auf 56,5 % im Jahr 1933, die Unternehmensgewinne von 113,5 % im Jahr 1929 auf 7 % im Jahr 1933 und die Arbeitslosigkeit der Industriearbeiter stieg von 12 % im Jahr 1929 auf 32 % im Jahr 1933 (vgl. dazu Varga, 1969, S. 222). Der teuerste Teil der Hawthorne-Studien – die 21.000 Interviews – wurden am Höhepunkt dieser Prosperitätsphase durchgeführt und mit dem „Schwarzen Freitag" 1929 eingestellt. Kritisiert wird heute, daß die Mayo-Gruppe nicht immer wissenschaftlich seriös arbeitete, die Bedeutung von Gruppen überschätzte, Konflikte als etwas grundsätzlich Destruktives ansah und insgesamt ziemlich „evangelistic" gewesen wäre (vgl. Furnham, 1997). Es gibt sogar Re-Analysen der Befunde, nach denen sich in den Studien überhaupt kein dauerhafter Effekt gezeigt habe.

Gleichwohl werden diese Studien heute als der Ausgangspunkt des sog. *„human relations"* oder *gruppentheoretischen Ansatzes* in der Organisationspsychologie betrachtet (vgl. dazu auch Weinert, 1987, S.79 f.). Dessen zentrale Annahmen über die Natur des arbeitenden Menschen lassen sich mit Weinert (1987, S. 79 f.) wie folgt zusammenfassen:

- Der Mensch ist bei der Arbeit im wesentlichen von sozialen Bedingungen und nicht vom materiellen Be- und Entlohnungssystem motiviert.
- Der Mensch erhält seine Identität und seine Integration in die Organisation durch seine Beziehungen zu anderen Menschen.
- Der Mensch reagiert auf die Einflüsse der sog. „informalen Organisation" stärker als auf die Kontrollsysteme der Organisation.
- Der Mensch reagiert auf die Forderungen der Organisationsleitung in dem Maße, wie diese auf seine Interessen am Arbeitsplatz Rücksicht nimmt.
- Der Mensch verteidigt in einer stark rationalisierten Arbeitswelt seine sozialen Bedürfnisse.

Heute sind diese Annahmen in der organisationspsychologischen Literatur über Arbeitsgruppen unumstritten. Dabei wird im allgemeinen (vgl. etwa Wahren, 1994, S. 130) eine *Gruppe* definiert als

- eine Anzahl zwischen drei und 20 Personen,
- die über einen längeren Zeitraum in direkter Interaktion stehen,
- sich als Gruppe, im Sinne eines Wir-Gefühls, wahrnehmen
- und im Laufe ihres Zusammenseins differenzierte Rollen und
- gemeinsame Normen entwickelt haben.

Die Größe der Gruppe muß deswegen beschränkt sein, damit die Mitglieder einander sehen und hören, also „face-to-face" miteinander kommunizieren können. Ferner sollen in der Regel nur minimale Hierarchieunterschiede auftreten, wohl aber Differenzen in Status und Einfluß.

Klassifikationen von Gruppen erfolgen in der Organisationspsychologie meist danach, ob es sich um eine *formale* oder um eine *informale* Gruppe handelt. Formale Gruppen sind geplante und im Organigramm definierte Zusammenschlüsse von Mitarbeitern, während die informalen Gruppen spontane, auf der Basis von Sympathie und Ähnlichkeit definierte Systeme darstellen. Informale Gruppen entstehen v.a. um soziale und persönliche Bedürfnisse in der Arbeitswelt zu befriedigen.

Darüber hinaus können Gruppen nach folgenden Merkmalen klassifiziert werden:

- *Gruppengröße*: Gruppengrößen werden im allgemeinen durch die Ziele bestimmt. Arbeitsgruppen sollten zwischen fünf und 20 Personen umfassen, Problemlösegruppen zwischen fünf und neun Personen, weil dann die Kommunikationsdichte und die Ideenproduktion am höchsten sind. Je größer eine Gruppe nämlich ist, um so größer wird auch der Prozentsatz derjenigen Mitglieder, die sich nicht mehr an einer Diskussion beteiligen bzw. die Ideen hatten, sich aber nicht äußerten.

- *Dauer der Zusammenarbeit*: Gruppen können auch danach differenziert werden, wie lange sie zusammenarbeiten. Geschlossene Gruppen sind auf eine langjährige Zusammenarbeit hin angelegt, offene Gruppen auf eine nur temporäre Kooperation. Gruppen mit einer zu kurzen Lebensdauer müssen immer wieder neue gruppendynamische Prozesse durchlaufen und verlieren deshalb an Effektivität. Arbeiten Gruppen über einen langen Zeitraum zusammen, so beschäftigen sie sich zunehmend mit sich selbst und kapseln sich gegenüber der Organisation ab.

- *Kohäsion* (= Wir-Gefühl): Die Gruppenkohäsion – also das Wir-Gefühl – hängt u.a. von der Gruppengröße ab: Kleinere Gruppen weisen mehr Kohäsion auf als größere, ab 20 Personen sinkt die Kohäsion deutlich ab. Ferner spielt die öffentliche Anerkennung eine Rolle, anerkannte und erfolgreiche Gruppen haben mehr Kohäsion als andere Gruppen. Auch die Homogenität der Gruppenangehörigen sowie ihre Sozialkontakte untereinander sind von Bedeutung. Je ähnlicher die Gruppenmitglieder einander sind und je mehr Möglichkeiten zur FTF-Kommunikation sie untereinander haben und je mehr sie sich gegenseitig unterstützen, um so höher ist der Zusammenhalt der Gruppe. Die externe Konkurrenz, der Wettbewerb mit anderen Gruppen, führt ebenso zu höherer Kohäsion wie bestimmte Eigenschaften der Gruppenführer (z. B. charismatische Persönlichkeit, Zielvereinbarungen als Führungsinstrument). Eine hohe Kohäsion führt aber nur dann zu hohen Arbeitsleistungen, wenn die Einstellungen der Gruppenmitglieder zum Gruppenführer und zur Gesamtorganisation positiv sind, andernfalls kann sie auch zum „groupthink", also zur Gruppenbefangenheit, führen.

- *Rollen*: Gruppen entwickeln vertikale Rollendifferenzierungen mit mindestens einem Gruppenführer und den Gruppenmitgliedern. Bei großen Gruppen kann eine Differenzierung der Führungsfunktionen in einen Macht- und einen Fachführer sinnvoll sein, bei den Mitgliedern gibt es oft noch die Funktion des „Prügelknabens" zu besetzen. Ebenso sind horizontale Rollendifferenzierungen mit verschiedenen Funktionen der Gruppenmitglieder erforderlich, wie etwa der Berater, der Kreative, der Überzeuger, der Bewerter, der Entscheider, der Macher, der Prüfer und der Bewahrer. Nach Meinung der Erfinder dieser Beschreibung (Margerison & McCann, 1991) sollen in Gruppen möglichst alle acht Rollen vertreten sein, andere Autoren schreiben mindestens fünf der acht Typen als notwendig für den Gruppenerfolg vor.

- *Normen*: Gruppen benötigen für das Funktionieren gemeinsame Normen. Dies sind „von der Mehrheit getragene standardisierte Denk- und Handlungsmuster in Form von Aufforderungen" (Wahren, 1994, S. 155). Bei Leistungsnormen ist beispielsweise bekannt, daß Gruppen diese Normen im allgemeinen leicht unterhalb der Normen der Organisation ansiedeln und Abweichler aus ihren Reihen sanktionieren. Interessant ist es, wenn offiziell proklamierte und tatsächliche Normen nicht übereinstimmen, wie es Titscher und Königswieser (1985) gefunden haben. Die offiziellen Normen hießen: „Du sollst kommunizieren. Man darf Fehler machen. Du sollst im Team arbeiten. Du sollst vertrauen und informieren. Du sollst Konflikte austragen. Jede Arbeit ist gleich wichtig." Die tatsächlich gültigen, inoffiziellen Normen lauteten dagegen: „Du sollst schauen, daß Dein Machtkuchenstück nicht angeknabbert wird. Jeder soll seine Leistung alleine bringen. Du kannst nie genug Mißtrauen haben. Konflikte dürfen nicht ausdiskutiert werden. Die Oberen sind schöner, besser und gescheiter als die Unteren. Du sollst den Schuldigen suchen" (Titscher & Königswieser, 1985, S. 60).

Neben den strukturellen Merkmalen von Gruppen sind folgende prozessuale Gesichtspunkte zu nennen:

- *Gruppenentwicklung*: Die Entwicklung von Gruppen wird häufig, wie in dem nachfolgenden Modell von Tuckman (1965), in Phasen eingeteilt: forming, storming, norming, performing and adjourning. In der ersten Phase lernen die Teilnehmer sich kennen und gegenseitig beurteilen, sie definieren erste Aufgaben und Regeln der Zusammenarbeit. Es besteht starke Abhängigkeit vom Gruppenführer. In der zweiten Phase polarisieren sich die Meinungen, Macht- und Statusfragen müssen geklärt werden, Aufgabenanforderungen und Vorgehensweisen werden in Frage gestellt und erste Konflikte brechen auf. In der dritten Phase schließlich entwickeln und stabilisieren sich Gruppenkohäsion, Normen und Rollen, Widerstände und Konflikte werden durch einen offenen Meinungsaustausch bereinigt. In der vierten Phase sind die interpersonellen Probleme weitgehend gelöst, horizontale und vertikale Rollen haben sich etabliert und die Aktivität der Gruppe konzentriert sich auf die Aufgabe. In der letzten Phase schließlich beendet die Gruppe ihre Aufgabe und löst sich auf.

- *Führung*: In der Kleingruppenforschung werden häufig (vgl. Weinert, 1998, S. 373) folgende fünf Führungsstile beschrieben: Sachorientiert-partnerschaftlich, partnerschaftlich-kooperativ, laissez-faire, autoritär-direktiv und autoritär-instabil. Beim zuerstgenannten Stil steht die Teamorientierung im Vordergrund, Kritik ist konstruktiv, motiviert wird durch Lob, Konflikte werden sachorientiert gelöst und Entscheidungen werden transparent gefällt. Der zweite Stil ist durch die Förderung von Teamarbeit und durch große Handlungs- und Entscheidungsspielräume für die Gruppenmitglieder gekennzeichnet. Handlungs- und Entscheidungsfreiräume für die Gruppenmitglieder aus Desinteresse des Vorgesetzten sind die Merkmale des dritten Stils. Der autoritär-direktive Stil beinhaltet eine hohe Kontrolle durch Vorgesetzte, die Förderung von Konkurrenz innerhalb der Gruppe sowie autoritäre Umgangsformen miteinander. Wenn unsichere Vorgesetzte sich mitarbeiterorientiert geben, im Konfliktfall aber schnell auf formale Mittel oder ihr Anordnungs- und Entscheidungsrecht zurückgreifen, liegt der autoritär-instabile Stil vor. Allerdings lassen sich aus dieser und aus anderen Typologien kaum Handreichungen für einen optimalen Führungsstil ableiten, da sie zu statisch sind und zudem weder Entwicklungen der Gruppe noch der Einzelpersonen berücksichtigen. Heute wird vielfach verlangt, daß die Gruppenführer die Gruppenprozesse so steuern sollen, daß sie ihre Führungsrolle selbst überflüssig machen und die Gruppe sich selbst steuern kann.

- *Konflikte*: Wie es bereits beim Stichwort Gruppenentwicklung deutlich wurde, gibt es viele Möglichkeiten für Konflikte in und zwischen Gruppen. Gruppeninterne Entwicklungen können oft nur durch Konflikte gelöst werden, ferner sind bei zunehmender Gruppenkohäsion – Stichwort „groupthink" – Konflikte zwischen der Gruppe und der Organisation zu erwarten. Sind Konflikte also eine unvermeidbare Begleiterscheinung von Gruppen und deren Entwicklung, dann wäre es falsch, Sozialtechniken zu deren Verhinderung zu entwickeln. Nötig sind statt dessen Mechanismen zur optimalen Konfliktbehandlung; entsprechende Modelle liegen vor, das von Glasl (1990) hat hier einen besonderen Bekanntheitsgrad erlangt (vgl. dazu Kapitel 7).

Was nun die Auswirkungen von Gruppen auf den einzelnen Mitarbeiter angeht, so findet sich in empirischen Studien (vgl. dazu etwa Weinert, 1987, S. 335), daß Mitglieder einer kohäsiven Arbeitsgruppe im Vergleich zu den Außenseitern oder den Nicht-Gruppenmitgliedern im allgemeinen psychisch und physisch mit ihren Arbeitsbedingungen besser fertig werden, weniger Frustration und mehr Arbeitszufriedenheit erleben, weniger über Streß klagen, einen geringeren Krankenstand und geringere Fehlzeiten aufweisen und seltener kündigen. Die Zugehörigkeit zu einer Arbeitsgruppe hat also aus der Sicht der Mitarbeiter durchaus erhebliche Vorteile. Anders formuliert: Hätte der Fabrikbesitzer aus dem Film „Moderne Zeiten" diese Ergebnisse gekannt, sie mit seinem Vorarbeiter, dem Kollegen von Charlie, Big Bill, und mit ihm selbst diskutiert, so wäre Charlie und seiner Freundin Gamine der Weg auf die Landstraße erspart geblieben.

6.2   Pionierarbeit – Gruppenarbeit in Non-Profit-Organisationen

Klingt doch alles ganz gut, kann sich Sven H. nach seiner Anstellung bei einer wissenschaftlichen Non-Profit-Organisation sagen, bevor er seiner neuen Arbeitsgruppe zugewiesen wird. Mit dieser Einschätzung steht er nicht allein (vgl. dazu etwa Berman, 1998): „Die Vorteile der Gruppenkonzepte in der wirtschaftlichen Praxis sind in der Regel so überzeugend, daß die Leitungen von NPOs nicht umhin können, die Einführung von Gruppenkonzepten dort sorgfältig zu erwägen, wo sie bisher keine Rolle gespielt haben", schreibt beispielsweise von Eckardstein (1997, S. 237).

Bei der Einführung von Gruppen und Gruppenarbeit in Non-Profit-Organisationen ist aber in besonderer Weise auf die Entwicklung der Organisation zu achten. Legt man beispielsweise das Modell von Glasl und Lievegoed (1993) zugrunde, so lassen sich die drei Phasen

- Pionierphase
- Organisationsphase und
- Integrationsphase

unterscheiden.

Danach steht in der *Pionierphase* die Idee des oder der Gründer im Vordergrund. Familienartige Strukturen, direkte Kommunikation, viel Improvisation und eine enge Bindung an die zentrale Aufgabe sind typische Merkmale dieser Phase. Steigende Anforderungen führen zu Machtkämpfen, zur Bildung von Unterorganisationen, zu Überlastungen und sinkender Motivation der Organisationsmitglieder. In der nachfolgenden *Organisationsphase* treten daher Transparenz, Systematik und Steuerbarkeit an die Stelle des guten Willens. Abläufe werden standardisiert und routinisiert, die Organisation droht aber zu erstarren. In der *Integrationsphase* schließlich treten Teamstrukturen, Dezentralisierung und stärkere Marktorientierung an die Stelle der bürokratisch geregelten Abläufe.

Heimerl-Wagner (1997) illustriert die Veränderung von der Pionierphase zur Organisationsphase für den NPO-Bereich am Beispiel eines Vereins „Wohnen und Arbeit", der sich mit der Reintegration langzeitarbeitsloser und wohnungsloser Menschen in einer süddeutschen Kleinstadt beschäftigt. Die Finanzierung des Vereins erfolgt in Form von Projekten (zwei Übergangswohnheime und eine Beratungsstelle), die jährlich beantragt und abgerechnet werden müssen. In der internen Struktur werden demokratische Elemente betont: Alle Mitarbeiter sind Vereinsmitglieder, es gibt keinen Geschäftsführer, sondern lediglich einen Koordinator. Innerhalb der Projektgruppen herrscht hohe Kohäsion, zwischen den Projektgruppen moderiert eine Koordinationsgruppe. Insbesondere durch den steigenden Finanzierungsdruck stellen sich u.a. folgende Probleme:

- Die projektbezogene, kurzfristige Finanzierung verhindert langfristig strategisches Denken.
- Der Anspruch auf Basisdemokratie behindert die Entscheidungsfindung, Konflikte zwischen den Projekten brechen auf.

- Die Finanzknappheit zwingt dazu, leistungsschwache Mitglieder unter Veränderungsdruck zu setzen.
- Die von den finanzierenden Stellen geforderte leistungsorientierte Vergütung erfordert den Aufbau von Leistungs-, Qualitäts- und Kostenerfassung.

Äußerer Druck führt schließlich zur Gründung einer formalen Organisation, die allerdings auch mit einer Veränderung der Arbeitsmotivation und ggf. mit einem Verlust an Mitgliedern aus der Pionierphase verbunden ist. Es ist aber einsichtig, daß die Einführung von produktions- und leistungsorientierten Teams in der Pionierphase von NPOs keinen Sinn machen würde.

Den Übergang von der Organisations- zur Integrationsphase verdeutlicht Heimerl-Wagner (1997) an einer österreichischen Gewerkschaft, in der ca. 80 hauptamtliche Sekretäre und über 300.000 Mitglieder organisiert sind. Die Organisationsform ergibt sich aus der Mischung von branchenbezogenen und regionalen Aspekten als Matrix, die aber noch von parteipolitischen Einflüssen überlagert ist. Einige Funktionen – wie die Öffentlichkeitsarbeit – sind beim Zentralsekretär angegliedert. Insgesamt leidet die Organisation unter Mitgliederschwund, unter Konfliktscheu, geringer Selbstreflexion und fehlender Diskussion strategischer Fragen. Bei jährlichen Klausurtagungen beginnt sich langsam ein Bewußtsein für notwendige organisatorische Veränderungen zu entwickeln, die in Richtung auf Entwicklung einer Strategie (hier: größere „Kundennähe"), Konzentration auf wesentliche Leistungen, Orientierung an den Erfordernissen der Organisationsumwelt und ständige Verbesserung der Effizienz laufen. Neue Strukturen wie Eigenverantwortlichkeit der operativen Einheiten, Bildung von innerbetrieblichen Netzwerken und flachen Hierarchien sowie die Institutionalisierung von Feedback sind nach Ansicht des Autors notwendig. Insbesondere in dieser Phase kann dann auch die Bildung von Teams sinnvoll sein.

Es zeigt sich also, daß bei der Übernahme von organisationspsychologischen Maßnahmen aus dem Profitbereich in den NPO-Bereich der Entwicklungsstand einer NPO mit zu berücksichtigen ist. Allerdings muß die Frage erlaubt sein, ob das skizzierte Entwicklungsmodell, das eine gewisse Zwangsläufigkeit von der gewissermaßen „naiven" Pionierphase zur sog. „professionellen" Integrationsphase unterstellt, auch tatsächlich so zutrifft. Nach diesem Modell ist es gewissermaßen das Schicksal der NPO-Organisationen, sich von gut gemeinten Anfängen doch nur früher oder später die Mechanismen der Profitorganisationen übernehmen oder sterben zu müssen. Damit ist ja zugleich eine Art *Konvergenzhypothese* von Profit- und Non-Profit-Organisationen skizziert, nach der die Non-Profit-Organisationen irgendwann im Verlaufe ihrer Entwicklung den Profitorganisationen ziemlich ähnlich werden. Möglicherweise lassen sich aber auch Organisationsformen für den NPO-Bereich entwickeln, die die hohe Motivation der Mitglieder in der Pionierphase auch in späteren Phasen weitgehend bewahren.

6.3   Hochleistungsteams – Gruppenarbeit in der globalen Organisation

„People form groups, managers form teams" lautet eine Aussage in einem amerikanischen Lehrbuch zur Organisationspsychologie. Was bedeutet das? Es heißt zumindest einmal, daß Gruppen und Teams nicht dasselbe sind. Und wenn Manager an solchen Teams interessiert sind, muß der Unterschied etwas mit der Arbeit zu tun haben. Und richtig: Ein *Team* „ist eine kleine Gruppe mit komplementären Fähigkeiten, die einander verantwortlich halten für gemeinsame Zwecke ... , Ziele und Ansätze bzw. Vorgehensweisen" (Weinert, 1998, S. 396f.; vgl. zum folgenden auch Antoni, 1994, 1996). Ist die Gruppe aus dieser Sicht also nicht viel mehr als eine Ansammlung von miteinander agierenden und in gegenseitiger Abhängigkeit stehenden Individuen, die ein vereinbartes Ziel erreichen, Informationen austauschen und Entscheidungen fällen, so zeichnet sich das Team durch Synergieeffekte aus: Teams erbringen eine Gruppenleistung, die größer ist als die Summe der Einzelleistungen. Der entscheidende Unterschied zwischen Arbeitsgruppe und Arbeitsteam ist daher der Leistungsgesichtspunkt. Das Team gilt als eine Sonderform der Gruppe, in der die Aufgabenorientierung überwiegt: „groups become teams when they develop a sense of shared commitment and strive for synergy among members" (Guzzo & Dickson, 1996, S. 309).

Besondere Bedeutung haben in den letzten Jahren folgende Teamtypen erfahren:

- *Problemlöseteams*: Sie dienen der Verbesserung von Arbeitsprozessen und -abläufen. Besonders prominent sind hier die sog. Qualitätszirkel: „Es handelt sich hierbei um kleine Gruppen von Mitarbeitern, die sich auf freiwilliger Basis zu regelmäßig durchgeführten und moderierten Gesprächsrunden treffen, um Probleme und Schwachstellen im eigenen Arbeitsbereich zu identifizieren, zu analysieren und zu lösen. Schließlich werden Empfehlungen erarbeitet, um diese zu präsentieren. Sie stellen also nach der obigen Typologie ein Beratungsteam dar. Die Gruppen haben in der Regel fünf bis zehn Mitglieder, die aus demselben Arbeitsbereich oder aus miteinander in Beziehung stehenden Arbeitsbereichen kommen, die also bei ihrer Arbeit mit dem gleichen Problem konfrontiert sind und einen gemeinsamen Bezugsrahmen haben" (Weinert, 1998, S. 399; vgl. dazu auch Bungard, 1992; Antoni & Bungard, 1993). Verbessert werden soll die Qualität des Arbeitsergebnisses, die Verfahrensqualität, technische Qualitäten und auch die soziale Qualität. Allerdings gibt es kaum empirische Hinweise, daß die Qualitätszirkel einen bedeutsamen Einfluß auf die Effektivität von Unternehmen haben. Verwandte Konzepte heißen Lernstatt, Werkstattzirkel oder Innovationszirkel. In den USA haben zwei Drittel aller großen Firmen Erfahrungen mit solchen Zirkeln gesammelt (Guzzo & Dickson, 1996). In Deutschland waren mehrere Millionen Arbeitnehmer in Qualitätszirkeln organisiert, die wiederum als Teil von umfassenderen Prozessen der Qualitätssicherung (= „total quality management") gesehen wurden und noch werden.

- *Autonome Arbeitsgruppen*: Autonome Arbeitsgruppen werden in der Regel von der Organisationsleitung ernannt und setzen sich aus zehn bis 15 Mitgliedern aller Hierarchieebenen zusammen. Sie können Planen, Entscheiden, Organisieren und Kontrollieren und stellen insofern – je nach Aufgabe – ein Produktions-, Projekt- oder Handlungsteam dar. Andere Bezeichnungen dafür sind „teilautonome Arbeitsgruppen", „self-managing teams" , „empowered teams" oder „superteams". Ziel dieser Teambildung ist wie gehabt, die Produktivität und zugleich die Arbeitsmotivation und -zufriedenheit der Mitarbeiter zu verbessern. Metaanalysen zeigen, daß das erste Ziel deutlich, das zweite hingegen nicht erreicht wird (vgl. Guzzo & Dickson, 1996).

- *„Cross-functional" Teams*: „Cross-functional teams" sind insofern eine Sonderform der Autonomen Arbeitsgruppe, als es sich hier um Mitarbeiter etwa derselben Hierarchiestufe aber unterschiedlicher Bereiche oder gar Organisationen handelt, die für eine spezifische Aufgabe zusammengeführt werden, z. B. in der Automobilindustrie zur Entwicklung neuer Modelle.

Insgesamt werden diese Formen von Teams v.a. eingesetzt, um die Produktivität und Flexibilität der Unternehmen zu erhöhen, die Qualität der Produkte und Dienstleistungen zu verbessern, die Entscheidungsabläufe zu beschleunigen und die Kundenzufriedenheit zu erhöhen (vgl. Gibson et al., 1997, S. 212 ff.). „In summary, ample evidence indicates that team-based forms of organizing often bring about higher levels of organizational effectiveness in comparison with traditional, bureaucratic forms", bewerten Guzzo und Dickson (1996, S. 330) die Forschungslage zum Thema.

Damit Teams erfolgreich arbeiten können, benötigen sie die Unterstützung durch die höheren Hierarchieebenen, gemeinsam festgelegte Ziele, eine Optimierung der Kommunikationsprozesse, das Definieren von Regeln und Verantwortlichkeiten, eine Beschränkung der Gruppengröße und eine Überprüfung der Ergebnisse. Dies führt zu der Frage, welche Merkmale sog. *Hochleistungsteams* auszeichnen; es sind dies (vgl. Weinert, 1998, S. 410):

- Partizipative Führung,
- Teilen von Verantwortlichkeit,
- gemeinsame Zielorientierung,
- hohe Kommunikationsdichte,
- Zukunftsorientierung,
- Aufgaben- und Ergebnisorientierung,
- Förderung individueller Begabungen und Kreativität sowie
- schnelles Reagieren auf Veränderungen.

Ein letzter Gesichtspunkt bleibt – wie immer – noch zu diskutieren: Gruppen- oder Teamarbeit in Zeiten der Globalisierung. Die Organisation der Zukunft hatten wir oben als laterale, team-orientierte Organisation beschrieben. Dies bedeutet im einzelnen (vgl. dazu Mohrmann, Cohen & Mohrmann, 1995; Weinert, 1998):

- Jeder Mitarbeiter gehört einem oder mehreren Teams an.
- Die Rollen von Gruppenmitgliedern und -führern wechseln von Team zu Team, niemand ist auf Dauer nur Mitglied oder nur Führer.
- Die Bezahlung erfolgt in Abhängigkeit von den individuellen Kompetenzen der Mitarbeiter.
- Die Arbeitsbeziehungen des Einzelnen zur Organisation werden im wesentlichen durch das Team definiert.

- Die laterale Organisation bietet zahlreiche laterale Beziehungs-möglichkeiten, die ohne Vermittlung über Vorgesetzte verlaufen.
- Jedes einzelne Teammitglied wird für die Gesamtleistung des Teams verantwortlich gemacht.
- Die Karriereentwicklung der Teammitglieder beruht ausschließlich auf denjenigen Kompetenzen, die zur Leistungssteigerung des Teams bei-tragen.
- Die Teammitglieder müssen hohe Flexibilität im Umgang mit unter-schiedlichen Persönlichkeitstypen im Dienste der Teamleistung ent-wickeln.
- Die Mitarbeit in häufig wechselnden Teams erfordert den Aufbau einer übergreifenden Vertrauenskultur anstelle einer Söldnermentalität.

Was diese Organisation also von ihren Mitgliedern erwartet, ist die Fähig-keit zur guten Zusammenarbeit mit einem ständig wechselnden Ensemble von Personen, in ständig neu zusammengesetzten Teams, ebenso aber die Fähigkeit zur notwendigen Distanz, zum Abrücken von Beziehungen und zur Veränderung, also insgesamt eine hohe Teamfähigkeit. Insbesondere interkulturell aktive Organisationen müssen sich dazu noch in besonderem Maße mit der Frage der kulturellen Unterschiedlichkeit und der sozio-demographischen Inhomogenität von Gruppen auseinandersetzen. Schon heute bieten über die Hälfte der US-amerikanischen Unternehmen sog. „diversity trainings" an, in denen die Mitarbeiter mit solchen Problemen vertraut gemacht werden (Gibson et al., 1997, S. 214). Insofern werden organisationspsychologische Fragen der Gruppen- und Teamarbeit zu-künftig an Bedeutung eher noch zunehmen.

Erinnerlich gibt es dabei aber auch die verborgene Seite dieser Aktivitäten zu beachten (vgl. Kapitel 1). Laterale, teamorientierte Organisationen fordern und fördern offenbar ein noch nie dagewesenes Maß an „impression management", entsprechend wird dieses Stichwort auch in der Sozialpsychologie in den letzten Jahren wieder stark beachtet (vgl. Über-sicht von Schlenker & Weigold, 1992). So zeigt sich beispielsweise, daß Menschen ihre Selbstdarstellung in sehr hohem Maße von den erwarteten oder erstrebten Resultaten in sozialen Interaktionen abhängig machen. Ge-lingt ihnen das nicht oder nicht hinreichend, erleiden sie Angst und Leistungseinbußen, die dann wiederum zu opportunistischem Gruppen-verhalten führen. Insofern ist Sennett (1998, S. 133) zuzustimmen, wenn er meint, daß die Teammetapher Machtstrukturen verschleiert, die Position derer an der Spitze stärkt und die Mechanismen der Arbeitskontrolle in die Gruppen verlagert.

So gehen Julia M. und Sven H. in den ersten Tagen der Zugehörigkeit zu ihrer neuen Arbeitsgruppe denn die folgenden Gedanken durch den Kopf:

(1) Eine *Gruppe* ist eine Anzahl von drei bis 20 Personen, die über einen längeren Zeitraum in direkter Interaktion stehen, sich als Gruppe, im Sinne eines Wir-Gefühls, wahrnehmen und im Laufe ihres Zusammenseins differenzierte Rollen und gemeinsame Normen entwickelt haben. Klassifikationen von Gruppen erfolgen danach, ob es sich um eine *formale* oder um eine *informale* Gruppe handelt. Formale Gruppen sind geplante und im Organigramm definierte Zusammenschlüsse von Mitarbeitern, während die informalen Gruppen spontane, auf der Basis von Sympathie und Ähnlichkeit definierte Systeme darstellen. Unter einer *strukturellen Perspektive* lassen sich Gruppen nach der Gruppengröße, der Dauer der Zusammenarbeit, der Kohäsion (= Wir-Gefühl), den Rollen und Normen unterscheiden. Hinsichtlich der *prozessualen Aspekte* sind die Gruppenentwicklung, die Führung sowie Gruppenkonflikte von Bedeutung. Mitglieder einer kohäsiven Arbeitsgruppe werden im Vergleich zu den Außenseitern oder den Nicht-Gruppenmitgliedern im allgemeinen psychisch und physisch besser mit ihren Arbeitsbedingungen fertig, sie erleben weniger Frustration und mehr Arbeitszufriedenheit, klagen weniger über Streß, weisen einen geringeren Krankenstand und geringere Fehlzeiten auf und kündigen seltener.

(2) Gruppenbildung in Non-Profit-Organisationen muß (wenigstens) auf den Entwicklungsstand der NPO achten. Danach steht in der *Pionierphase* die Idee des oder der Gründer im Vordergrund. Familienartige Strukturen, direkte Kommunikation, viel Improvisation und eine enge Bindung an die zentrale Aufgabe sind typische Merkmale dieser Phase. Steigende Anforderungen führen zu Machtkämpfen, zur Bildung von Unterorganisationen, zu Überlastungen und sinkender Motivation der Organisationsmitglieder. In der *Organisationsphase* treten Transparenz, Systematik und Steuerbarkeit an die Stelle des guten Willens; Abläufe werden standardisiert und routinisiert, die Organisation droht aber zu erstarren. In der *Integrationsphase* schließlich treten Teamstrukturen, Dezentralisierung und stärkere Marktorientierung an die Stelle der bürokratisch geregelten Abläufe.

(3) „People form groups, managers form teams": Der Unterschied zwischen Arbeitsgruppe und *Arbeitsteam* ist der Leistungsgesichtspunkt, das Team gilt als eine Sonderform der Gruppe, in der die

Aufgabenorientierung überwiegt. Besondere Bedeutung haben in den letzten Jahren Problemlöseteams, autonome Arbeitsgruppen und „cross-functional" Teams erfahren. *Hochleistungsteams* schließlich zeichnen sich durch partizipative Führung, das Teilen von Verantwortlichkeit, gemeinsame Zielorientierung, hohe Kommunikationsdichte, klare Zukunftsorientierung, eindeutige Aufgaben- und Ergebnisorientierung, die Förderung individueller Begabungen und Kreativität sowie durch schnelles Reagieren auf Veränderungen aus. Die flexible globale Organisation erwartet zukünftig mehr denn je die Fähigkeit zur guten Zusammenarbeit mit ständig wechselnden Teams ebenso wie die Fähigkeit zur notwendigen Distanz, zum Abrücken von Beziehungen und zur Veränderung.

7. Konflikte

7.1 „Hauptsache, gut gess." – Konfliktdefinitionen

In einem Vortrag über die saarländische Mentalität bezeichnet der Saarbrücker Psychoanalytiker Rainer Krause das Grundmuster der sozialen Strukturen des Saarlandes als Clanstruktur: „Da es in den Clans natürlich ebenso viele Spannungen gibt wie in den überfrachteten Familien, gewinnt die saarländische Präokkupation mit dem guten Essen auch einen weiteren Stellenwert. Sie dient nämlich auch der Unterdrückung von Konflikten. Bahnt sich Unheil an, wird zuerst einmal ‚gut gess'. Dagegen ist nun gewiß nichts einzuwenden, gar zu häufig bleibt es aber dann auch dabei. Von einem angenehmen Völlegefühl werden die Probleme anderer Art aber nicht gelöst" (Krause, 1990, S. 11). Der damalige Staatssekretär im Saarländischen Kultusministerium, Kurt Bohr, hat in einem Aufsatz „Zur politischen Kultur im Saarland" (1988) skizziert, woher diese Konfliktscheu vermutlich stammt und welche politischen Auswirkungen sie hat: Wer zeitlebens unter fremden Herren zu leben und zu leiden hatte, für den werden die Primärgruppen – also die Clans – zu überlebenswichtigen Bezugsgruppen. Das saarländische Überlebensprinzip des „do kenn' ich enner" war (und ist wohl noch) so etwas wie eine Ausbildungs-, Hausrats-, Unfall-, Berufsunfähigkeits-, Renten- und Lebensversicherung in einem. Diese soziale Orientierung hat jedoch ihren Preis: Die saarländische Lösung, die möglichst konfliktfreie Kompromißbildung im kleinen Kreis, führt auch dazu, daß Konflikte nicht rechtzeitig erkannt, nicht richtig ausgetragen und nicht optimal gelöst werden. Es knallt selten und spät im Saarland, aber wenn's denn mal knallt, dann laut.

Ein schlimmes Beispiel für diese historische Tradition ist die Arbeitsordnung des Neunkircher Eisenwerks von 1890, die als Musterordnung für das ganze Saarland galt. Der Besitzer des Werkes, Karl-Ferdinand Stumm, hatte darin u.a. verfügt (zit. nach Krajewski, 1982, S. 52f.):

„Art. 19: Tätlichkeiten und Ungezogenheiten gegen Mitarbeiter sowie Ruhestörungen und Raufhändel in und außerhalb des Werkes werden mit 50 Pfg. bis zehn Mark bestraft ... .

...

Art. 36: Allen Meistern und Arbeitern ist es untersagt, gegeneinander gerichtliche Klagen zu führen ..., ohne dem Chef der Firma ihre Absicht vorgetragen zu haben. Zuwiderhandlungen werden mit drei bis zehn Mark bestraft und tritt unter erschwerten Umständen die Kündigung ein.

...

Art. 44: Jeder Meister und Arbeiter soll sich auch außerhalb des Dienstes so aufführen, daß es dem Hause Gebr. Stumm zur Ehre gereicht, sie können sich gegenwärtig halten, daß ihr Privatleben von der Firma stets im Auge behalten wird und daß eine schlechte Aufführung außer Dienst die Kündigung nach sich zieht."

„Die Arbeitsordnung", so schreibt Krajewski (1982, S. 54) dazu, „mit ihren strengen Maßnahmen, die an die Kriegsartikel der Armee erinnern, schufen bei den Arbeitern einen psychischen Zustand der Einschüchterung. Sich ducken, ein kriechendes, wohlgefälliges Verhalten wurde allmählich zur Übung, das sich von Vater auf Sohn vererbte, ja nichts tun, was das Mißfallen des Chefs hervorrufen könnte. ,Halts Maul, duck' dich', rieten die alten Hüttenarbeiter ihren Söhnen, wenn sie aufbegehren wollten, ,du wellschd doch die Awed behalle'".

Überraschenderweise hat sich hinsichtlich der Behandlung von Konflikten zumindest in den klassischen Organisationstheorien seit den Zeiten Stumms nicht viel geändert. Organisationen sind nach festen Strukturen aufgebaut und haben nach den entsprechenden Regeln, Prozeduren, Kommandowegen etc. zu funktionieren. Sie unterstellen und benötigen Kooperation und Harmonie zwischen den Organisationsmitgliedern, Konflikte werden entsprechend als Störungen angesehen und sind daher zu eliminieren: „classical organization theorists ... did not incorporate a conflict variable into their models" (Rahim, 1985, S. 6). Im Grunde führt erst die Entdeckung des Individuums bei den Untersuchungen in den Hawthorne-Werken (vgl. Kapitel 6) auch zu einem neuen Bild von Konflikten. Daneben gibt es auch ganz praktische, ökonomische Gründe dafür: In einer amerikanischen Befragung von Führungskräften stellte sich heraus, daß diese inzwischen rund 20 % ihrer Zeit mit der Beschäftigung mit Konflikten verbringen (Thomas & Schmidt, 1976). Es ist also dringend erforderlich, daß dieses Thema in theoretischer und praktischer Hinsicht zum Standardrepertoire von Organisationspsychologen gehört.

Wie immer, stellt sich dabei zunächst die Frage nach einer Definition von „sozialen Konflikten" (vgl. zum folgenden Berkel, 1995, S. 360; Rüttinger, 1980, S. 22). Unter *sozialen Konflikten* verstehen wir

- Spannungssituationen,
- in denen zwei oder mehr Parteien,
- die voneinander abhängig sind,
- gleichzeitig scheinbar oder tatsächlich unvereinbare Handlungspläne durchsetzen wollen und
- sich dabei ihrer (punktuellen) Gegnerschaft bewußt sind.

Spannungssituation heißt, daß die Beziehungen zwischen den Beteiligten durch Gefühle wie Streß, Angst und Aggression gekennzeichnet sind. Menschen neigen allgemein dazu (vgl. „fundamental attribution error"; Aronson, Wilson & Akert, 1999), die Ursachen des Verhaltens ihrer Mitmenschen in deren Person zu sehen und nicht oder nur wenig in der Situation.

Zwei oder mehr Parteien weist auf die Zahl und die Art der Konfliktpartner hin: Dabei werden folgende Unterscheidungen getroffen: *Intrapersonale* Konflikte treten in einem Individuum auf, etwa bei Unvergleichbarkeit oder Unannehmbarkeit der Handlungsalternativen. Dies ist in der Sozialpsychologie unter den Stichworten „approach-approach"-Konflikt, „approach-avoidance"-Konflikt und „avoidance-avoidance"-Konflikt bekannt. Sie interessieren in diesem Zusammenhang nachfolgend nicht weiter. Die hier einschlägigen *interpersonellen Konflikte* treten zwischen zwei oder mehr Personen auf gleicher Ebene oder zwischen verschiedenen Ebenen (z. B. Vorgesetzter-Untergebener) auf. *Intragruppenkonflikte* treten innerhalb von Gruppen, *Intergruppenkonflikte* zwischen verschiedenen Gruppen in Organisationen auf. *Interorganisationelle* Konflikte schließlich sind Konflikte zwischen Organisationen, diese lassen wir ebenfalls nachfolgend weitgehend außer acht.

Gegenseitige Abhängigkeit bedeutet, daß das Verhalten einer Konfliktpartei Konsequenzen für die Handlungspläne der anderen hat. Dabei werden drei Situationstypen unterschieden: Bei Gewinner-Gewinner- oder *„win-win"-Situationen* beenden beide Parteien den Konflikt mit einem Zuwachs. Das Gegenteil davon ist die Verlierer-Verlierer- oder *„lose-lose"-Situation*, bei der beide Parteien beschädigt aus dem Konflikt hervorgehen. Am häufigsten sind bei Konflikten in der Regel die Gewinner-Verlierer- oder *„win-lose"-Situationen*, d.h. der Gewinn des Konflikts für die eine Konfliktpartei bedeutet gleichzeitig einen Verlust für die andere Partei. Bei gut gelösten Konflikten können die Beziehungen der Partner anschließend sogar fester werden, bei einer Gewinner-Verlierer-Situation hingegen wird der Unterlegene auf eine Gelegenheit zur Revanche sinnen.

Die Formulierung „*Handlungspläne durchsetzen*" weist darauf hin, daß es um konkretes Verhalten oder Verhaltensabsichten und nicht etwa um Einstellungen, Meinungen oder gegenseitige Gefühle geht. Wenn ein Mitarbeiter beispielsweise mit den politischen Ansichten eines Kollegen oder Vorgesetzten nicht übereinstimmt, muß dies ja nicht zwangsläufig auch bedeuten, daß er mit ihm allein deswegen in einen Konflikt gerät. Auch, wenn dieser Mitarbeiter einen Vorgesetzten unsympathisch findet, führt dies nicht zwangsläufig zu Konflikten. Zentral ist hier, daß es um beobachtbares Verhalten oder um unterstellte Verhaltensabsichten geht.

Bewußte Gegnerschaft heißt, daß beide Parteien das Vorliegen eines Konflikts annehmen. Daß dabei beispielsweise die Absichten des Gegners gelegentlich als unvereinbar wahrgenommen werden, obwohl sie es objektiv gar nicht sind, ändert nichts daran, daß in diesem Fall zunächst bewußte Gegnerschaft vorliegt. In diesen Fällen spricht man von *latenten Konflikten*, die durch äußere oder innere Auslöser zum offenen Konflikt werden können.

Die Durchsetzung kann sehr verschiedene Formen annehmen: Überreden, Überzeugen, Koalitionen bilden, einen Schiedsrichter anrufen, Kompromisse vorschlagen, aggressiv werden usf. Das Verhalten muß sich nicht immer und nicht nur gegen den Konfliktgegner richten, es kann auch andere Parteien einbeziehen (Koalitionsbildung).

Aus der Definition ergibt sich sogleich, daß Konflikte als ein unvermeidbarer Bestandteil des sozialen Lebens anzusehen sind. Sobald ein Individuum in Interaktionen mit anderen Menschen tritt, muß es zwangsläufig auch zu Interessenskollisionen im o.a. Sinne kommen. Konflikte sind also nicht als „soziale Unfälle" oder als Fehlverhalten einzuschätzen, sondern als etwas so normales wie andere soziale Sachverhalte wie etwa Kooperation, interpersonelle Attraktion oder Gruppendynamik. Auch in der Organisationspsychologie werden Konflikte zunehmend als „legitimate, inevitable, and even a positive indicator of effective organizational management" (Rahim, 1986, S. 7) gesehen. Wenn Konflikte in dieser Weise bewertet werden, gilt für sie wie für andere Bereiche des menschlichen Sozialverhaltens auch, daß sich neben Verfahren zur Ursachen- und Verlaufsanalyse auch Interventionsmethoden zu ihrer Bewältigung entwickeln lassen. Und schließlich ist darauf hinzuweisen, daß Konflikte für das Individuum wie für die Organisation auch ihre positiven Seiten haben: Sie helfen, Schwachstellen aufzudecken und neue Entwicklungen einzuleiten.

7.2 Gemeinsam in den Abgrund? – Konflikttypen, Konfliktverläufe und Konfliktmanagement

Nun ist es also passiert: Julia M. ist mit ihren neuen Kollegen aneinandergerasselt, weil sie eine für sie bestimmte, aber auch für die anderen Kollegen wichtige Information des Chefs nicht an alle weitergegeben hat. Sven H. hat ebenfalls Krach mit seinen neuen Kollegen, weil er meint, für das Kaffeekochen in der Pause sei die Sekretärin zuständig. Wie lassen sich solche und andere Konflikte klassifizieren? Wir sehen mit Rüttinger (1980) Klassifikationsmöglichkeiten nach den folgenden Merkmalen:

- Parteien: Einzelpersonen, Gruppen oder Organisationen,
- Machtverteilung: Gleichgestellte oder Ungleiche,
- Gegenstand: Ressourcen, Macht, sonstige Handlungsziele,
- Ursache: Informationsdefizite, Zielkonflikte,
- Phase: Beurteilung, Bewertung, Verteilung,
- Modus: konstruktiv, destruktiv.

Es ergibt sich, daß mit Hilfe dieser Dimensionen – weitere sind vorstellbar – schon jetzt eine ganze Reihe unterschiedlicher Konflikte und Konflikttypen klassifiziert werden können, auch ließen sich diese Dimensionen vollständig miteinander kombinieren: Bei Julia und Sven tragen gleichgestellte Einzelpersonen aufgrund von Informationsdefiziten (hoffentlich) konstruktive Konflikte um die Verteilung von Informationen und Pflichten aus. Das Gegenbeispiel liegt vor, wenn ungleiche Organisationen um das Ziel der Machtverteilung einen destruktiven Konflikt austragen – zwischen Nationen nennt man sowas gemeinhin Krieg.

Solche Differenzierungen sind nicht etwa eine „l'art pour l'art"-Übung für Organisationspsychologen, sie dienen vielmehr der genauen Diagnose und Wahl des geeigneten Managements: So werden etwa Konflikte zwischen Einzelpersonen anders verlaufen und anders zu managen sein als Konflikte zwischen Gruppen. Gleichgestellte werden ein anderes Verhalten zeigen als Angehörige unterschiedlicher Ränge usf. Diese Überlegungen sollen am Beispiel einer häufig gewählten Differenzierung weiter vertieft werden, es handelt sich dabei um die oft genutzte Unterscheidung von Beurteilungs-, Bewertungs- und Verteilungskonflikten.

- Ein *Beurteilungskonflikt* liegt dann vor, wenn die Konfliktparteien unvereinbare Handlungspläne realisieren wollen, weil sie die Auftretenswahrscheinlichkeit gleich bewerteter Ergebnisse unterschiedlich beurteilen. Bsp.: Der Arbeitsdirektor und der Kaufmännische Direktor eines Stahlwerks sind beide an einer Steigerung der Produktion des Werkes interessiert. Sie haben einen Beurteilungskonflikt, wenn der Kaufmännische Direktor zu diesem Ziel Stechuhren anschaffen will, von denen der Arbeitsdirektor meint, daß sie nicht zur Produktivitätssteigerung beitragen, weil sie eine Verringerung der Arbeitszufriedenheit bewirken.

- Ein *Bewertungskonflikt* liegt dann vor, wenn die Konfliktparteien unvereinbare Handlungspläne realisieren wollen, weil sie den Ergebnissen der Handlungspläne einen unterschiedlichen Wert beimessen. Bsp.: Der Arbeitsdirektor und der Kaufmännische Direktor eines Stahlwerks sind sich darüber einig, daß die Einführung einer Stechuhr im Werk die Produktion steigern und die Arbeitszufriedenheit senken wird. Sie geraten in einen Bewertungskonflikt, weil der Arbeitsdirektor mehr Wert auf die Arbeitszufriedenheit, der Technische Direktor größeren Wert auf die Produktionssteigerung legt.

- Ein *Verteilungskonflikt* liegt dann vor, wenn die Konfliktparteien den Wert eines Ereignisses gleich hoch einschätzen, sie aber nicht beide zugleich diesen Wert für sich realisieren können. Bsp.: Der Arbeitsdirektor und der Kaufmännische Direktor des genannten Stahlwerks schätzen beide den Posten des Vorstandsvorsitzenden gleich hoch ein, da er mehr Macht, Geld und Status bringt. Ein Verteilungskonflikt liegt dann vor, wenn beide diesen Posten anstreben.

Nun hilft allein das Wissen um den Konflikttyp auch nicht sonderlich weiter, vielmehr muß ein Organisationspsychologe mindestens noch wissen, wie derartige Konflikte normalerweise verlaufen. Auch dafür gibt es mehrere Modelle, das zumindest im deutschsprachigen Bereich wohl bekannteste und differenzierteste Modell stammt von Glasl (1990) mit insgesamt neun Eskalationsstufen.

- *Stufe 1: Verhärtung.* Hier werden allmählich aus Einstellungen und Meinungen Standpunkte, die zu Filtern der selektiven Wahrnehmung werden. Um die Standpunkte herum bilden sich Teilgruppen (Parteien), die nicht mehr offen, sondern schon befangen, gespannt und gereizt miteinander umgehen. Es herrscht aber noch die Überzeugung, daß sich die Spannungen rational lösen lassen.

- *Stufe 2: Polarisation und Debatte.* Die Interessen der Teilgruppen treten stärker und konkurrierend in den Vordergrund. Die Teilgruppen erleben sich deutlicher als zusammengehörig, die Frage heißt nicht mehr „Welches ist der bessere Standpunkt?", sondern „Wer vertritt seinen Standpunkt besser?" Das soziale Klima wird schlechter, die Parteien beginnen, einander zu mißtrauen. Es kommt zu ersten Kollisionen und dem Beginn von Stereotypisierungen der Gegenpartei. Die Parteien entwickeln einen scharfen Sinn für die inneren Widersprüche der Gegenseite und weisen diese deutlich auf ihre Fehler hin. Diese „irritators" führen zu Versteifungen und zu Gegenattacken auf der Gegenseite. In der Debatte soll durch rhetorische Mittel Überlegenheit erreicht werden (= „Quasi-Rationalität").

- *Stufe 3: Taten statt Worte.* In der dritten Stufe treten nun Aktionen zu den bisher verbalen Auseinandersetzungen hinzu. Die Taten vermitteln das Gefühl, die Konflikte könnten auch ohne die Gegenpartei gelöst werden. Kommunikation findet überwiegend nonverbal, d.h. vieldeutiger statt. Da die Gegenpartei nun ihrerseits auch mit Taten reagiert, wird der Konflikt beschleunigt. Das Klima ist durch Empfindlichkeit, Reizbarkeit und ungezielte Ausbrüche gekennzeichnet, es kommt zu wechselseitig gesteigerter Nervosität. Innerhalb der Konfliktparteien entsteht Druck zur Konformität, Einmütig- und Einstimmigkeit. Mit dem Überschreiten der Schwelle vom Wort zur Tat entstehen Brüche zwischen den Konfliktparteien, die mit den bisherigen Mitteln nicht mehr geheilt werden können.

- *Stufe 4: Sorge um Image und Koalition.* In dieser Stufe beginnt die „win-lose"-Auseinandersetzung, jede Partei will nun nur noch gewinnen. Wahrnehmung und Denken werden rigoroser und starrer, das Handeln aggressiver. Die negativen Züge des Gegners werden verallgemeinert, die positive Selbstwahrnehmung wird überhöht. Es treten erstmals auch unfreundliche, aber noch legale Verhaltensweisen auf, die als Strafverhalten gegenüber der Gegenpartei gedacht sind. Gleichzeitig mühen sich die Konfliktparteien um Bündnispartner, es kommt zur Bildung von Allianzen. Die ursprünglich dem Konflikt zugrunde liegenden Sachfragen treten in den Hintergrund, die gegenseitigen Beziehungen in den Vordergrund. Das Hindernis für Konfliktlösungen wird in persönlichen Eigenschaften der Gegenpartei(en) gesehen.

- *Stufe 5: Gesichtsverlust.* Die Schwelle von der vierten zur fünften Stufe besteht in Operationen, in denen die Gegenpartei diffamiert wird, ihr

öffentlich ein Gesichtsverlust zugefügt wird. Solche „Degradierungs-
zeremonien" bestehen u.a. darin, daß ein Vorfall und der Täter als etwas
außergewöhnlich Verwerfliches dargestellt wird, Vorfall und Täter als
typisch bezeichnet werden, der Ankläger im öffentlichen Auftrag spricht
u.a.m. Durch die gegenseitigen Verteufelungsstrategien verlieren die
Konfliktparteien die Überzeugung, der Konflikt sei lösbar. Die Gegen-
sätze sind zu weit gediehen, die Parteien suchen Parität im gegenseitigen Zufügen von Schaden. Ab hier eskaliert der Konflikt oft schnell
und ist ohne Hilfe von außen nicht mehr zu bewältigen.

- *Stufe 6: Drohstrategien.* Auf dieser Stufe nehmen nun die Gewalt-
  potentiale erheblich zu, es kommt zu Drohmanövern und -aktionen.

- *Stufe 7: Begrenzte Vernichtungsschläge.* In dieser Phase können sich die
  Konfliktparteien eine Lösung des Konflikts ohne Vernichtung des
  Gegners nicht mehr vorstellen; der Gegner wird zum Feind. Ent-
  sprechend steht nunmehr die Schädigungsabsicht deutlich im Vorder-
  grund, das Geschehen wird vom Machtstreben beherrscht. Es gelten
  nunmehr die Normen des „Quasi-Kriegsrechts": Aus der „win-lose"-
  Situation ist eine „lose-lose"-Situation geworden. Die gesamte Kon-
  fliktdynamik drängt auf eine Verschärfung der Krise, immer radikalere
  Gewaltmittel und zunehmender Zeitdruck lassen den Weg der De-
  Eskalation als immer schwieriger erscheinen.

- *Stufe 8: Zersplitterung.* Nunmehr beginnen Aktionen, die der Zerstörung des Gegners dienen, sich aber vorerst noch auf dessen „Vor-
  posten" richten. Vor allem die Gefahr der eigenen Vernichtung hält die
  Parteien noch vor größeren Aktionen zurück.

- *Stufe 9: Gemeinsam in den Abgrund.* In der letzten Stufe sind alle
  Brücken zwischen den Konfliktparteien abgerissen, die Vernichtung des
  Gegners um jeden Preis ist das Ziel allen Handelns.

Natürlich ist dieses Modell nicht im strengen Sinne empirisch gewonnen,
es ist vielmehr eine theoretische Verallgemeinerung aufgrund langjähriger
Beobachtungen und Interventionen. Auch wenn es nicht immer und für
jeden Konflikt eine richtige und vollständige Beschreibung bildet, so gibt
es doch Orientierungshilfen für Diagnosen und für entsprechende Strategien der Konfliktbehandlung. Zu letzterem gehört zuerst einmal die
Prävention: Konflikte, die gar nicht ausbrechen, ersparen viel Zeit und
Kosten.

Glasl (1990) sieht drei Gruppen von Maßnahmen zur *Konfliktprävention:*

* Präventive Erkundung möglicher Konfliktfelder,
* Präventivmaßnahmen bei möglichen Konfliktverläufen und
* Präventivmaßnahmen zur Schadensbegrenzung.

Zur Identifizierung möglicher Konfliktfelder beschreibt Glasl (1990) die Organisation in den drei Subsystemen „geistig-kulturelles Subsystem", „politisch-soziales Subsystem" und „technisch-instrumentelles Subsystem". Konfliktfelder können in allen drei Subsystemen liegen: Beim geistig-kulturellen Subsystem können beispielsweise folgende Fragen präventiv untersucht werden: Ist die Kernaufgabe der Organisation klar? Ist sie widersprüchlich, mißverständlich, vage? Hat sich in der letzten Zeit ein Wandel der gesellschaftlichen Funktion ergeben? Sind alte und neue Werte zueinander stimmig? Usf. Beispielsweise bei der Umwandlung einer öffentlich-rechtlichen Klinik in einen kundenorientierten Betrieb oder beim Zusammenführen internationaler Unternehmen können Unstimmigkeiten in den Teilidentitäten auftreten, die zu Machtkämpfen und Konflikten führen. Beim politisch-sozialen Subsystem sind es Fragen nach Leitsätzen, Strategien und Programmen. Sind sie klar, übersichtlich und widerspruchsfrei? Werden die Leitsätze allgemein akzeptiert? Konfliktfelder können darin liegen, daß es neben der offiziellen Ideologie ungeschriebene Regeln, Leitsätze und Mythen gibt, die zu den offiziellen Leitsätzen in Widerspruch stehen. Beispielsweise haben viele Unternehmen in ihren Leitsätzen die Botschaft „Der Mitarbeiter ist unser höchstes Gut", tatsächlich wird aber oft nach dem Motto „The company never cares" verfahren. Oft ist beispielsweise konfliktträchtig, wie die Unternehmensstruktur zur Unternehmensphilosophie paßt. Beispielsweise bringt ein mitarbeiterorientierter Führungsstil automatisch Probleme in einer streng hierarchisch aufgebauten Organisation. Oder es stellt sich die Frage, wie die Organisationskonzepte zu den aktuellen Zielen passen. Delegation von Verantwortung an Arbeitsgruppen beispielsweise erfordert die Umstellung von Produktionsbedingungen auf Gruppenarbeit usf. Beim technisch-instrumentellen Subsystem ist so oft die Aufgabenverteilung zwischen den einzelnen Gruppen und Spezialisten konfliktbeladen: Sind die Funktionsverteilungen sinnvoll, welche Abhängigkeiten ergeben sich, wie akzeptieren es die Betroffenen? Bei der Organisation von Abläufen hakt es häufig hinsichtlich der Abstimmung der Vorgänge: Wie und von wem werden die Prozesse geplant, gelenkt und ggf. korrigiert? Wie werden Fehler behoben? In der Automobilproduktion etwa ist die Endmontage abhängig von den vorangegangenen Produktionsschritten. Was passiert, wenn diese nicht optimal passen? Hinsichtlich der Maschinen und Arbeitsmittel ist oft die Frage des optimalen Einsatzes strittig: Wenn etwa eine Firma neue Rechner einführt, wer soll sie zuerst erhalten? Usf.

Regelmäßige Klimauntersuchungen, aber auch andere Maßnahmen wie Kummerkästen, Betriebszeitungen, Mitarbeiterversammlungen etc. können hier präventiv Konfliktfelder identifizieren und manifeste Konflikte verhindern. Hinsichtlich der Konfliktprozesse können vorbeugende Trainingsmaßnahmen verhindern, daß Konflikte in den „lose-lose"-Bereich eskalieren. Die Schadensbegrenzung kann durch vorherige rechtliche Regelungen oder Schiedsklauseln minimiert werden.

Ist der Konflikt aber bereits ausgebrochen, müssen sog. kurative Maßnahmen ergriffen werden, sie können bei folgenden fünf Faktoren ansetzen (vgl. Glasl, 1990, S. 293):

• Perzeptionen: Die Wahrnehmungen können sich auf die Selbst- und Fremdwahrnehmung ebenso beziehen wie auf die Gesamtsituation. An Interventionsmethoden nennt Glasl (1990, S. 295f.) die Einführung einer neutralen Drittpartei. Sie bleibt ständig zwischen den Parteien und führt eine mittelbare oder eine direkte Konfrontation zwischen den Konfliktparteien herbei.

• Gefühle und Einstellungen: Bei diesen Interventionen sollen sich die Konfliktparteien ihrer eigenen Gefühle und Einstellungen bewußt werden, sie sollen sie der anderen Partei mitteilen und deren (verzerrte) Wahrnehmung korrigieren können. Die Parteien sollen sich der zwischen ihnen ablaufenden Konflikte bewußt werden, sie sollen die konflikthaltigen Gefühle abbauen und neue entwickeln und schließlich die Grundprobleme hinter den Konflikten erkennen können.

• Willensfaktoren: Hier bietet sich die von Osgood (1966) für die Politikberatung entwickelte GRIT-Taktik an (= „graduated and reciprocated initiatives in tension reduction"), mit der guter Wille gezeigt und Schwächen vermieden werden. Die Taktik beginnt damit, daß eine Partei öffentlich ihren Vorsatz zu einer spannungsreduzierenden Maßnahme erklärt. Sie führt ferner eine versöhnliche Geste aus und fordert die Gegenpartei öffentlich auf, dies ebenfalls zu tun. Auch dann, wenn die Gegenpartei darauf nicht reagiert, führt die erste Partei eine weitere versöhnliche Geste aus. Reagiert die Gegenpartei weiterhin aggressiv, folgt eine öffentlich angekündigte, angepaßte, aber deutlich beschränkte

Maßnahme, bevor dann weitere versöhnliche Gesten folgen. Glasl (1990, S. 313) nennt dies für den Organisationsbereich die sog. „kleinen Kreditangebote".

- Verhalten: Auf das Verhalten zielende Interventionen schärfen das Bewußtsein der Konfliktparteien für Formen und Funktionen des eigenen Verhaltens, das eigene Verhalten wird einer Kontrolle unterzogen und in weniger destruktive Bahnen gelenkt.

- Konfliktfolgen: Zu guter Letzt können die Konfliktparteien auch hinsichtlich der Folgen der Konflikte für sie beide sensibilisiert werden. Gemeinsam kann nach neuen Auswegen und der Überführung der Situation in eine „win-win"-Situation gesucht werden.

Andere Interventionsmaßnahmen können an den Themen, dem Konfliktverlauf, den Parteien, den gegenseitigen Beziehungen oder den Grundeinstellungen zum Konflikt ansetzen.
So ergibt sich zusammenfassend aus der Diagnose, der Prävention und der Intervention folgendes Prozeßmodell der organisationspsychologischen Konfliktregulierung:

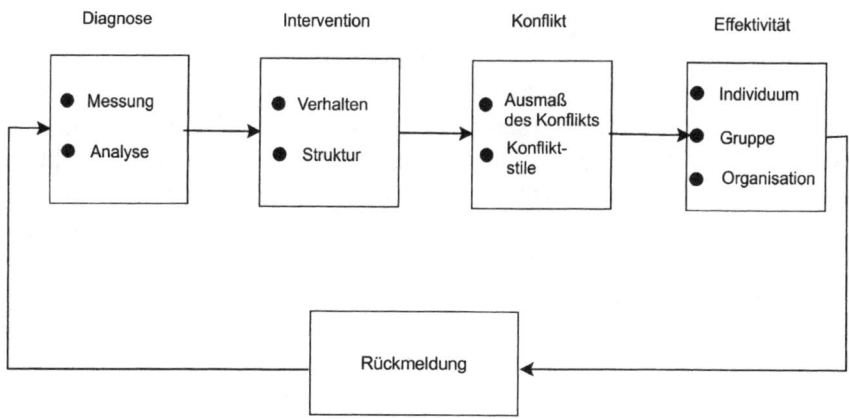

Abb. 9: Prozess der Handhabung von organisationsinternen Konflikten nach Rahim (1986)

7.3 „The winner takes it all." – Konflikte in der globalen Organisation

Nachdem Julia M. und Sven H. die voranstehenden Ausführungen gelesen haben, fragt sich besonders Julia M., ob dies alles auch in Zeiten der Globalisierung so seine Richtigkeit hat. Erinnerlich definierten wir eine globale Organisation als eine dynamische Gemeinschaft mit normativen Ordnungen, flachen Hierarchien, modernen technischen und sozialen Kommunikationssystemen und vernetzten koordinativen Mitgliedssystemen. Sie agiert innerhalb unterschiedlicher kultureller und ökologischer Umwelten und beschäftigt sich mit Aktivitäten, die sich auf ein Endziel oder auf eine Menge von Endzielen beziehen.

Die Definition und die Typologie von Konflikten werden im wesentlichen auch für diesen Organisationstyp gelten, allerdings werden die Konfliktverläufe nicht mehr nach dem Modell von Glasl (1990) zu beschreiben sein. Angesichts größerer Flexibilität in den Arbeitsbeziehungen und weniger dauerhaften Arbeitsbeziehungen kommt es womöglich nicht mehr zu den späten, chronischen Phasen von Konflikten. Der Aufbau von Drohpotentialen beispielsweise erübrigt sich, wenn die Zugehörigkeit zu wechselnden Arbeitsteams schnell und häufig wechselt. Vielleicht werden dadurch Konflikte früher erkannt und mit Blick auf die Effizienz der Organisation früher funktional gelöst. Kurative Maßnahmen werden möglicherweise durch präventive ersetzt: Frühe Diagnostik und entsprechend trainierte soziale Fertigkeiten im konstruktiven Umgang mit Konflikten lassen „lose-lose"-Situationen möglicherweise seltener auftreten. Andererseits aber werden in der globalen Organisation bestimmte Ressourcen knapper: Der Aufstieg in gehobene Positionen beispielsweise ist in flachen Hierarchien schwieriger, längerfristige Abreden zwischen Rivalen in schnell wechselnden Teams kaum noch möglich. So wird es in zentralen interindividuellen Verteilungskonflikten vermutlich häufiger zu „win-lose"-Situationen kommen: „The winner takes it all".

Zusammengefaßt läßt sich vermuten, daß es insgesamt zu folgenden Veränderungen kommen wird:

- „Lose-lose"-Situationen werden in der globalen Organisation eher seltener auftreten, weil hier eine ausgeprägte Konfliktprävention existiert, es frühzeitige Interventionen gibt und weil die Interaktionen zwischen den Mitarbeitern häufiger eher kurz- und mittelfristigen

Charakter haben, mithin längerfristige Konfliktverläufe gar nicht mehr auftreten können.

- „Win-win"-Situationen werden in der globalen Organisation vermutlich besonders bei Beurteilungs- und Bewertungskonflikten häufiger auftreten oder hergestellt werden, weil unternehmerische Entscheidungen häufiger auf die Gruppenebene verlagert werden und weil diese an der Steigerung ihrer Produktivität ein hohes Interesse haben. Konfliktbewußtsein, Techniken der Konfliktprävention und -intervention sorgen dafür, daß möglichst frühzeitig Konfliktsituationen in diese Richtung umdefiniert werden.

- „Win-lose"- oder „Competition"-Situationen werden sich in der globalen Organisation vor allem bei Verteilungskonflikten auf interindividueller Ebene abspielen, wenn es um knappe Ressourcen (Aufstieg, Vermeidung von Kündigung) geht. Diese werden dann aber möglicherweise an Schärfe zunehmen, also schnell von den o.a. Stufen zwei oder drei auf acht eskalieren, weil es schnell um Ressourcen von hohem individuellem Wert zwischen Individuen mit nur geringen Bindungen zueinander gehen wird.

Julia M. und Sven H. haben sich, da sie sich an ihre organisationspsychologische Vorlesung über Konfliktverläufe erinnerten, glücklicherweise sehr frühzeitig mit ihren neuen Kollegen zusammengesetzt und die angespannte Situation in einem offenen Gespräch geklärt: Sie haben aktive Konfliktprävention betrieben. Julia wird den Chef zukünftig in ähnlichen Fällen bitten, entsprechende Information auch an die Kollegen weitergeben zu dürfen. Nur für den Fall, daß dieser damit nicht einverstanden ist, wird sie auch zukünftig schweigen. Sven hat erreicht, daß alle Kollegen, die vom morgendlichen Kaffeekochen profitieren, denselben nach einem entsprechenden Monatsplan auch für alle anderen kochen. An diesen Routinen wird er sich ohne Murren beteiligen. Was haben sie durch den Krach gelernt?

(1) Ein sozialer Konflikt ist eine Spannungssituation, in der zwei oder mehr Parteien, die voneinander abhängig sind, gleichzeitig scheinbar oder tatsächlich unvereinbare Handlungspläne durchsetzen wollen und sich dabei ihrer Gegnerschaft bewußt sind. In Organisationen zeigen sich solche Konflikte vor allem als *intraorganisationelle Konflikte* zwischen Individuen oder Gruppen oder als *interorganisationelle Konflikte*

zwischen Organisationen. Sie lassen sich als *Beurteilungs-, Bewertungs-* und *Verteilungskonflikte* klassifizieren.

(2) Bezüglich der Beschreibung von *Konfliktverläufen* nennt das in Deutschland sehr verbreitete Modell von Glasl (1990) folgende neun Stufen: Verhärtung, Polarisation und Debatte, Taten statt Worte, Sorge um Image und Koalition, Gesichtsverlust, Drohstrategien, begrenzte Vernichtungsschläge, Zersplitterung und Gemeinsam in den Abgrund. Als Maßnahmen zur *Konfliktprävention* gelten die präventive Erkundung möglicher Konfliktfelder, Präventivmaßnahmen zu möglichen Konfliktverläufen und Präventivmaßnahmen zur Schadensbegrenzung. Ist der Konflikt bereits ausgebrochen, müssen kurative Maßnahmen erfolgen, die an den Perzeptionen, den Gefühlen und Einstellungen, den Willensfaktoren, dem Verhalten und den Konfliktfolgen ansetzen können.

(3) In globalen Organisationen kommt es wegen größerer Flexibilität in den Arbeitsbeziehungen vermutlich nicht mehr so häufig oder so intensiv zu den chronischen Phasen von Konflikten. Womöglich werden Konflikte früher erkannt und unter entsprechendem Effizienzdruck früher und schneller funktional gelöst. Kurative Maßnahmen werden wahrscheinlich eher durch präventive ersetzt. Andererseits aber werden in der globalen Organisation bestimmte Ressourcen wie Führungspositionen knapper, entsprechend wird es in zentralen interindividuellen Verteilungskonflikten vermutlich häufiger zu „win-lose"-Situationen kommen: „The winner takes it all".

8. Arbeitsmotivation und -zufriedenheit

8.1 Inhalte und Ursachen – Theorien zur Arbeitszufriedenheit

Im Jahr 1890 veröffentlicht Theodor Fontane den Roman „Stine", in dem es um die unglückliche Liebe eines preußischen Grafen, Waldemar von Haldern, zu der Näherin Stine Rehbein geht. Der Graf besucht Stine in deren Dachkammer und hört ihren Erzählungen zu: „Am liebsten ... war es ihm, wenn sie Geschichten aus ihrem Leben erzählte, von ihren Kinder- und Schultagen, von dem frühen Tod ihrer Mutter und von der Einsegnung, die kurz nachher gewesen, und wie die Leute im Haus gesammelt hätten, um ihr das Einsegnungskleid schenken zu können. Und wie sie dann in demselben Jahr noch in das große Woll- und Stickereigeschäft eingetreten sei – dasselbe, für das sie jetzt noch arbeite; meistens zu Haus, aber mitunter auch im Geschäft selbst – und wie sie da lebten und Freundschaft schlössen und in der Weihnachtswoche bis in die halbe Nacht beisammensäßen und der Reihe nach eine immer vorlesen müsse. Das sei nicht bloß gestattet, das sei sogar gewünscht; denn der Herr des Geschäfts sei klug und gütig und wisse, was es wert sei, die, die arbeiten müßten, bei Lust und Liebe zu halten. Und so käm es auch, daß sie keinen Wechsel im Personal hätten, oder doch nur sehr selten, und alle gern blieben, es sei denn, daß sie sich verheirateten. Überhaupt müsse sie sagen, es würde so viel von Aussaugen und Quälen und von Bedrückung gesprochen, aber nach ihren eigenen Erfahrungen könne sie dem durchaus nicht zustimmen. Im Gegenteil. Im Winter hätten sie Maskenball und Theaterstücke; denn ihr Geschäftsherr, wie sie nur wiederholen könne, vergesse nie, daß ein armer Mensch auch mal aus dem Alltag herauswolle. Das schönste aber seien die Landpartien im Sommer. Da würden ein paar Kremser gemietet, und noch vor Tau und Tag ging es ins Freie hinaus ... . Oder auch zu Wasser, was freilich, solange sie da sei, nur einmal gewesen, aber ihr auch ganz unvergeßlich geblieben sei" (Fontane, 1998, S. 56f.).

Das ausgehende 19. Jahrhundert war die Zeit eines revolutionären industriellen Wandels, der sich gerade in Berlin sehr nachhaltig in seinen dunklen Seiten zeigte. Insofern schimmert hier bei Fontane das vermutlich seinerzeit eher seltene Gegenbild eines sozial engagierten Arbeitgebers durch, der sich, wie man heute sagen würde, auch um die Arbeitszufriedenheit seiner Mitarbeiter kümmert. In den erwähnten Maßnahmen – Vorlesen bei der Arbeit, Maskenbälle, Theaterstücke, Landpartien, Schiffsfahrten – stecken bereits alle Motive, die Unternehmen auch heute noch zu Aktivitäten im Bereich Arbeitsmotivation veranlassen:

- Die Angst vor gewerkschaftlichem und politischem Engagement der Arbeiterschaft,
- der Wunsch, die Arbeiter mögen bei gleichem Geld effizienter arbeiten, sowie
- humanistische und soziale Motive.

Dafür gibt es viele erfolgreiche Beispiele: So hat in den USA (vgl. Gibson, Ivancevich & Donnelly, 1997, S. 126) der Präsident der Firma National Cash Register (NCR), John Patterson, Ende des 19. Jahrhunderts festgestellt, daß seine Arbeiter eigentlich wenig Grund zur Arbeitsmotivation hätten. Daraufhin erhöhte er die Löhne, säuberte die Fabriken, verbesserte die Arbeitssicherheit, richtete Dusch- und Umkleideräume ein und eröffnete eine Kantine mit verbilligten Mahlzeiten. Darüber hinaus wurde medizinische Versorgung angeboten, ein bezahltes Vorschlagswesen für Verbesserungsvorschläge eingerichtet und betriebliche Möglichkeiten zur Weiterbildung angeboten. Diese Veränderungen führten zu dem gewünschten Absinken der Kündigungsraten und zu einer Verbesserung der Produktion. Sie werden als Hauptursache dafür angesehen, daß NCR lange Zeit den Markt der Registrierkassen in den USA dominierte.

Ein weiteres, allerdings mißlungenes Beispiel stammt von George Pullman, dem Besitzer der Pullman Company. Er baute eine Siedlung – Pullman, Illinois – für seine Arbeiter mit Geschäften, Schulen, einer Kirche und einer Pullman-Fabrik. Er hoffte, durch diese Maßnahme bei seinen Mitarbeitern ein Gefühl der Gemeinsamkeit herstellen zu können. Das funktionierte auch so lange, bis die wirtschaftliche Depression in den USA Pullman dazu veranlaßte, die Löhne zu senken, aber gleichzeitig die Mieten und die Preise in den Geschäften beizubehalten. Was ursprünglich zu größerer Zufriedenheit führen sollte, endete in Streik, Gewalttätigkeiten und dem Einsatz von Soldaten.

Angesichts der großen Bedeutung, die diese und andere Maßnahmen auch heute noch in Profit- und Non-Profit-Organisationen haben, und angesichts eines großen Forschungsinteresses an diesem Thema (Anfang der neunziger Jahre dominierte es den Bereich der organisations-psychologischen Forschung; vgl. O'Reilly, 1991) gibt es also gute Gründe, nach moderneren Theorien zur Arbeitsmotivation zu fragen.

Von denen gibt es eine stattliche Zahl, die im allgemeinen nach zwei Gesichtspunkten gegliedert werden: Beschreiben sie, welche Faktoren die Menschen in spezifischer Weise motivieren, so werden sie den *Inhalts-/Ursachetheorien* zugerechnet. Der Urgrund dieser Theorien ist Maslows Bedürfnispyramide. Beschreiben sie hingegen die inneren Prozesse, nach denen das Individuum sein Arbeitsverhalten richtet, werden sie als *Prozeßtheorien* bezeichnet. Als ehrwürdiges Ausgangsbeispiel kann dazu das Erwartungs-/Wert-Modell von Vroom angesehen werden.

Zunächst zu den Inhalts-/Ursache-Theorien:

(a) Maslows Bedürfnispyramide

Maslow (1954) unterstellt folgende Bedürfnispyramide im Individuum.

Abb. 10: Motivationspyramide nach Maslow (1954)

- Die physiologischen Bedürfnisse umfassen das Bedürfnis nach Nahrung, Wohnen und Freiheit von Schmerz.

- Die Sicherheitsbedürfnisse umfassen den Wunsch nach Freiheit von Bedrohungen.
- Die Zugehörigkeitsbedürfnisse umfassen den Wunsch nach Freundschaft, Gesellschaft, sozialen Interaktionen und menschlicher Zuneigung.
- Die Wertschätzungsbedürfnisse umfassen den Wunsch nach Selbstwertschätzung und nach Respekt durch andere.
- Die Selbstaktualisierungsbedürfnisse umfassen den Wunsch nach Selbstverwirklichung und Aktualisierung des eigenen Potentials.

Grundlegend in dieser Theorie ist ferner die Annahme einer hierarchischen Ordnung von unten nach oben. Befriedigte Bedürfnisse verlieren ihre motivationale Kraft. Allerdings konnte diese starke Annahme empirisch nicht nachgewiesen werden, so daß sogar ihr Erfinder sich inzwischen davon distanziert hat (Gibson et al., 1997, S. 131).

(b) Alderfers ERG Theorie

Alderfer (1969) unterstellt anstelle der fünf Hierarchiestufen von Maslow nur deren drei: *„existence", „relatedness"* und *„growth"*.

- „Existence" umfaßt die Bedürfnisse nach Nahrung, Luft, Wasser, Arbeit und Lohn.
- „Relatedness" umfaßt die Bedürfnisse nach sozialen und persönlichen Beziehungen.
- „Growth" umfaßt die Bedürfnisse nach kreativer und produktiver Tätigkeit.

Ersichtlich lassen sich die von Maslow definierten Motive leicht integrieren. Im Unterschied dazu unterstellt Alderfer allerdings eine Bewegungsmöglichkeit des Individuums in beide Richtungen, aufwärts und abwärts. Wenn also ein höheres Bedürfnis blockiert ist, regrediert das Individuum auf die vorangegangene Stufe. Die Motive dieser Stufe erhalten dann erneut eine motivationale Kraft.

Empirische Bestätigungen auch zu dieser Theorie sind selten. Da zudem die Unterschiede zu Maslow nicht so gravierend sind – eine gröbere Kategorieneinteilung und eine zweidimensionale Veränderung – stellt Alderfers Ansatz nicht gerade eine revolutionäre Theorie zur Arbeitsmotivation dar.

(c) Herzbergs Zwei-Faktoren-Theorie

Anstelle von bisher fünf oder drei grundsätzlichen Bedürfnissen postulieren Herzberg, Mausner & Snyderman (1959) zwei Gruppen von Bedürfnissen, die sie *Motivationsbedürfnisse* und *Hygienebedürfnisse* nennen. Andere Bezeichnungen dafür sind *Zufriedensteller* bzw. *Unzufriedensteller* oder *intrinsische* bzw. *extrinsische* Faktoren. Gemeint ist damit, daß es Faktoren gibt, deren Fehlen Unzufriedenheit hervorruft: Es sind die extrinsischen Faktoren bzw. die Hygienebedürfnisse bzw. die Unzufriedensteller, also die in der *Arbeitssituation* zu findenden Faktoren wie Bezahlung, Arbeitsplatzsicherheit, Arbeitsbedingungen, Status, Führung, zwischenmenschliche Beziehungen etc. Liegen diese Bedingungen hingegen vor, so bestehe zwar keine Unzufriedenheit mehr, die Mitarbeiter seien deswegen aber noch lange nicht motiviert. Die damit verbundenen Bedürfnisse nennt Herzberg die Motivationsbedürfnisse bzw. Zufriedensteller bzw. intrinsische Faktoren. Erst diese *auf die Arbeit selbst* bezogenen Faktoren bauen entsprechende Motivation auf. Hierzu gehören Leistung, Anerkennung, Verantwortung, Beförderung, die Arbeit selbst, die Möglichkeit des individuellen Wachstums mit der Arbeit usf.

Auch dieser Ansatz ist eine hierarchische Motivationstheorie, diesmal mit zwei Gruppen: Zuerst kommt die Suche nach Hygiene – hier wären die Maslowschen Bedürfnisse eins bis drei einzuordnen – dann die nach Motivation, bei Maslow Achtung, Wertschätzung und Selbstaktualisierung. Neu an Herzberg ist die Behauptung eines neutralen Zwischenzustands bei vorhandener Zufriedenheit und fehlender Motivation, der beim Vorliegen der extrinsischen und gleichzeitigem Mangel an intrinsischen Faktoren gegeben sein soll. Aus dieser Theorie wird u.a. die Folgerung abgeleitet, den Mitarbeiter aus einem Zustand des Suchens nach Hygienefaktoren in einen Zustand des Suchens nach Motivationsfaktoren zu versetzen.

Auch diese Theorie wurde empirisch überprüft, wenngleich nur an wenigen Berufsgruppen. Sie wird – auch wegen ihrer Schlichtheit – kritisiert, hat jedoch Auswirkungen im Bereich der Restrukturierung von Arbeitsplätzen, insbesondere der vertikalen Restrukturierung (= „job enrichment"), gehabt.

(d) McClellands Theorie der gelernten Bedürfnisse

Die letzte Theorie aus der Familie der Inhalts-/Ursache-Theorien geht davon aus, daß Menschen in spezifischen Kulturen von Kindheit an spezifische Bedürfniskonfigurationen entwickeln, die auch ihr Verhalten bei der

Arbeit bestimmen. Dabei benennt McClelland (1984) drei Schlüssel-
bedürfnisse:

- Das Bedürfnis nach Leistung (= n -Ach),
- das Zugehörigkeitsbedürfnis (= n -Aff) und
- das Machtbedürfnis (= n -Pow).

Aus diesen drei Bedürfnisgruppen, die ebenfalls an Maslow und seine
Derivate erinnern, konzentriert sich McClelland stark auf das Leistungs-
bedürfnis, das er zu einer Theorie der Leistungsmotivation entwickelt.
Stark vereinfacht, wird es mit der Formel

$$T = M \times P \times I$$

ausgedrückt. Die Tendenz T einer Person, eine Aufgabe anzugehen, wird
als eine multiplikative Verknüpfung der Stärke M des Leistungsmotivs
dieser Person, der subjektiven Wahrscheinlichkeit P für den Erfolg des
entsprechenden Verhaltens und der Attraktivität I des Erfolgs oder der
Belohnung für die Person angesehen.

Gemessen wird das Leistungsmotiv entweder mit speziellen Fragebögen
oder mit dem Thematischen Apperzeptionstest (TAT). Empirische Untersuchungen zeigen eine Reihe konsistenter Befunde: Menschen mit hoher
Leistungsmotivation bevorzugen Situationen mit mittlerem Risiko, in
denen sie Verantwortung tragen und regelmäßig Feedback erhalten. Sie
haben jedoch oft mehr an der eigenen Leistung als an der Leistung anderer
Interesse und sind von daher nicht immer die besten Vorgesetzten. Gute
Führungskräfte hingegen haben oft ein hohes Macht- und ein niedriges
Affiliationsbedürfnis (vgl. Übersicht bei Gibson et al., 1997).

Insgesamt erscheinen die vorgestellten Theorien als vergleichsweise sta-
tische, mit ihren zwei bis fünf Bedürfniskategorien auch vergleichsweise
schlichte und stark „trait"-orientierte Ansätze. Zwar werden die genannten
– und möglicherweise weitere – Motive schon von Einfluß sein, ihre innere
Struktur, ihre gegenseitige Abhängigkeit und ihre Einbindung in umfassende Persönlichkeitsstrukturen wären aber theoretisch noch auszuarbeiten
und empirisch zu bestimmen.

Bei den *Prozeßtheorien* sind vor allem die Ansätze von Vroom, Skinner,
Adams und Locke zu nennen.

(a) Vrooms VIE-Theorie

Die drei Buchstaben des 1964 erstmals publizierten Modells stehen im Deutschen wie im Englischen für die Konzepte Valenz, Instrumentalität und Erwartung. Ehe ein Mensch eine Arbeit beginnt, fragt er sich nach deren Valenz, also den Wert des Endergebnisses dieser Arbeit. Dabei können durchaus mehrere Valenzebenen miteinander verbunden sein: Eine hohe Arbeitsleistung mag nicht unmittelbar zu höherer Bezahlung führen, wohl aber auf Dauer zu einer Beförderung. Die Arbeitsmotivation eines Menschen interpretiert Vroom nun als eine Funktion der Stärke der Erwartung, daß die Arbeitsleistung zu einem bestimmten Resultat führen wird, multiplikativ verknüpft mit der Valenz des Resultats. Empirische Studien zeigen, daß das Modell einen erheblichen Teil der Varianz des Mitarbeiterverhaltens am Arbeitsplatz erklärt (vgl. Übersicht bei Gibson et al., 1997).

(b) Adams Equity-Theorie

Diese Theorie ist von Adams (1963) entwickelt worden, der als Forscher bei der Fa. General Electric in New York gearbeitet hat (vgl. Gibson et al., 1997, S. 162). Sie geht von dem einfachen Grundgedanken aus, daß Arbeiter ihre Leistung und ihre Belohnungen ins Verhältnis setzen und sie mit dem Verhältnis bei einer Vergleichsperson bzw. einer Gruppe vergleichen. Das Resultat dieses Vergleiches ist die Wahrnehmung von Gleichheit oder Ungleichheit. Bei Ungleichheit kann die Person ihren Input reduzieren, sie kann eine höhere Belohnung verlangen, sie kann sich andere Referenzpersonen suchen, deren Leistung oder Belohnung zu beeinflussen versuchen – oder die Situation verlassen.

Die Theorie ist inzwischen zu einer allgemeinen Theorie des Sozialverhaltens ausgebaut worden, mit der z. B. auch Beziehungen zwischen Eheleuten beschrieben werden. Ihre empirische Unterfütterung hat sie vor allem im Rahmen von experimentellen Untersuchungen erhalten, bei denen es aber immer nur um kurzfristige Beziehungen ging. Es ist ferner nicht sonderlich einleuchtend, daß Individuen auch den Fall ihrer Überbezahlung als ungerecht empfinden – und ihn ändern wollen.

(c) Die Goal-Setting-Theorie

Der Erfinder dieses erstmals im Jahr 1968 publizierten Ansatzes ist Locke. Er geht davon aus, daß die gesetzten Ziele einer Person die wesentlichen kognitiven Determinanten ihres Verhaltens sind. In der ursprünglichen Theorie ging er davon aus, daß eine Arbeitsleistung von den beiden Determinanten „Schwierigkeit des Ziels" und „Exaktheit der Zielbestimmung" abhängt. Je schwieriger das Ziel einer genau bestimmten Arbeitsleistung ist, um so größer ist die Arbeitsleistung – bis zu einem Deckeneffekt, bei dem sie abrupt abbricht. In der erweiterten Form (Locke & Latham, 1990) werden zusätzlich die beiden Determinanten „Zielakzeptanz" und „Zielcommitment" genannt. Dies findet sich in der folgenden Abbildung zusammengefaßt:

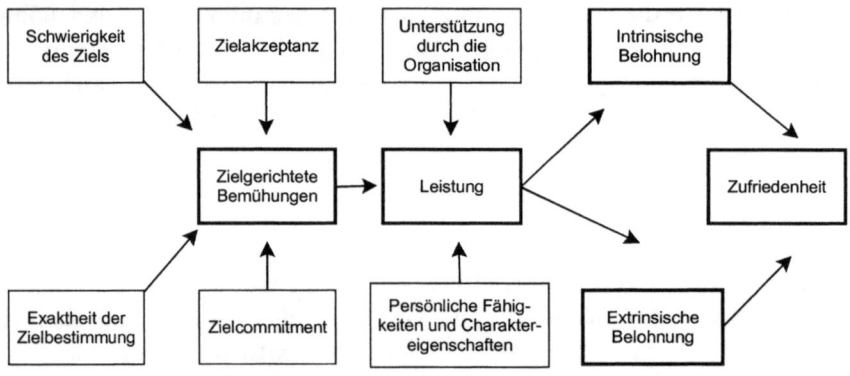

Abb. 11: Motivationstheorie des Setzens von Zielen nach Locke und Latham (1990); dargestellt nach Weinert (1998)

Nach Weinert (1998, S. 171) hat diese Theorie in den letzten Jahren starke Beachtung und nachhaltige empirische Unterstützung erfahren (vgl. auch Gibson et al., 1997, S. 168). Das Setzen genauer Ziele führt in fast allen Fällen zu einer Erhöhung der Leistung in Organisationen. Eine praktische Anwendung dieser Theorie ist das sog. „benchmarking", bei dem die Arbeitsweise und die Resultate der eigenen Organisation mit den besten Verfahrensweisen oder Produkten einer konkurrierenden Organisation verglichen wird. Eine andere Anwendungsmöglichkeit ist das sog. MbO, das „management by objectives", bei dem über- und untergeordnete Instanzen in Organisationen für definierte Zeitabschnitte gemeinsam Ziele setzen.

(d) Das Modell von Porter & Lawler

Dieses Modell knüpft an die Vorstellungen Vrooms an, erweitert sie jedoch durch den Zirkulationsgedanken.

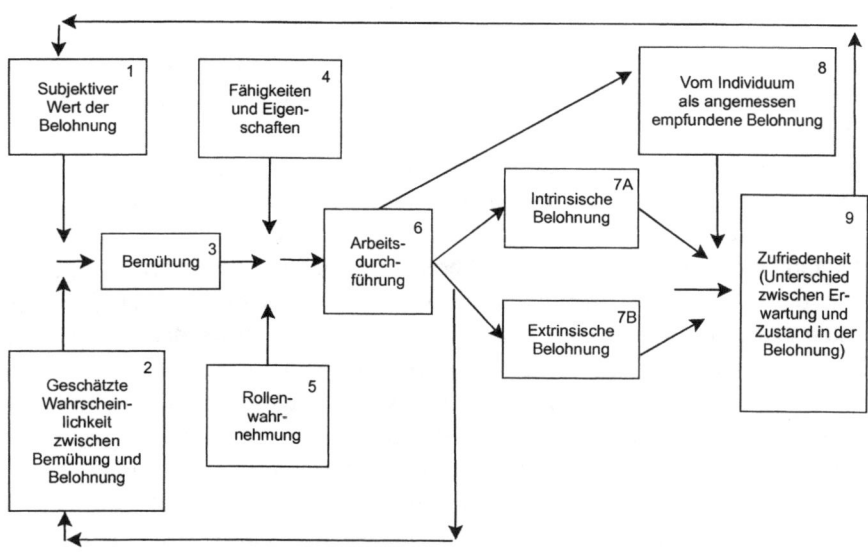

Abb. 12: Motivationsmodell von Porter und Lawler (1968) (dargestellt nach Weinert, 1998)

Die erste Komponente des Modells, der subjektive Wert der Belohnung, beschreibt die Anziehungskraft, die das Ergebnis der getanen Arbeit für die Person besitzt. Die zweite Komponente bezieht sich auf die subjektive Wahrscheinlichkeit, mit der die Person annimmt, daß sich ihre Bemühungen hinsichtlich der Belohnung lohnen. Die dritte Komponente ist die tatsächliche Bemühung der Person. Dieses Bemühen wird auch von Fähigkeiten und Eigenschaften der Person bestimmt (= vierte Komponente) sowie von ihrer Rollenwahrnehmung (= fünfte Komponente), d.h. davon, wie der Mitarbeiter an seiner Arbeitsstelle „erfolgreiche Arbeitsausführung" definiert. Eine falsche Definition kann u. U. dazu führen, daß er hohes Bemühen in die falsche Tätigkeit steckt. Alles dies resultiert schließlich in der Arbeitsdurchführung (= sechste Komponente) und der damit verbundenen extrinsischen (= Belohnung durch Vorgesetzte) und intrinsischen Belohnung (= Befriedigung höherer Bedürfnisse im Sinne der Inhalts-/Ursache-Theorien. Die Beurteilung der Belohnung vollzieht sich vor dem Hintergrund der vom Individuum als angemessen angesehenen Belohnung

(= achte Komponente), die letzten drei Komponenten führen zur Zufriedenheit des Mitarbeiters, wenn erwartete und erhaltene Belohnung übereinstimmen (= neunte Komponente). Diese Erfahrung schließlich wirkt zurück auf den subjektiven Wert der Belohnung, hier kommt also erneut der Zirkulationsgedanke zum Tragen.

So weit, so gut. Spätestens hier aber werden sich unsere beiden Protagonisten fragen, was denn nun von diesen vielen Theorien zu halten ist. Dabei sehen sie sich – der obigen Darstellung folgend – als erstes die sog. Inhalts-/Ursachetheorien an. Zunächst mißfällt ihnen an dieser Gruppe die Bezeichnung, die sie als zweideutig und irreführend empfinden. Zweideutig, weil zwei unterschiedliche Begriffe – „Inhalte" und „Ursachen" – genannt werden. Stehen sie gleichberechtigt nebeneinander oder sind die Inhalte die Ursachen? Irreführend deswegen, weil es sich in allen Theorien erkennbar um Bedürfniskonzepte handelt. Warum also werden sie nicht als Bedürfnistheorien der Arbeitsmotivation bezeichnet? Werden sie aber als solche genommen, so stellen sich die schon angesprochenen Probleme: Zum einen stellt sich bei allen vier Ansätzen die Frage, warum gerade die dort genannten Bedürfnisse und warum keine anderen? Wie interagieren die einzelnen Bedürfnisse? Warum müssen sie hierarchisch angeordnet sein? Wie sind sie in die allgemeine Persönlichkeitsstruktur eingebettet? Wenn sich beide dann noch die Befundlage zu den jeweiligen Ansätzen ansehen – Maslows Theorie hat kaum, Alderfers und Herzbergs Konzepte haben nur begrenzte und McClellands hat überwiegend von ihm selbst durchgeführte empirische Unterfütterung erfahren – dann gefällt beiden von den Bedürfnistheorien aus wissenschaftlicher wie aus praktischer Perspektive keine sonderlich gut. Sie vermuten, daß diese Theorien – vor allem Maslow und Herzberg – vor allem deswegen so prominent sind, weil sie für Manager leicht verständlich und einleuchtend sind.

Bleiben die Prozeßtheorien. Auch hier gefällt beiden die zusammenfassende Bezeichnung nicht sonderlich, da sich dahinter doch deutlich unterschiedliche Konzepte verbergen: Zwei Ansätze – Vroom und Porter & Lawler – sind entscheidungstheoretische Ansätze, die Equitytheorie von Adams ist eine Theorie des sozialen Vergleichs und das Konzept des „goal setting" zumindest in der ersten Fassung kaum mehr als eine Spezifikation von Variablen aus dem Bereich der Leistungsmotivation. Sie sind ferner stark kognitionspsychologisch ausgerichtet und vernachlässigen motivations- und emotionspsychologische Variablen. Mit diesen Einschränkungen gefällt von den entscheidungstheoretischen Konzepten der Ansatz von Porter & Lawler beiden besser als Vroom, da er komplexer ist und eine Feedback-Schleife vorsieht (= Zirkulationsgedanke). Die Equitytheorie von Adams werden sie in diesem Zusammenhang nicht weiter berücksichtigen, gibt es doch auch im Bereich der Gerechtigkeitstheorien inzwischen deutlich ausgefeiltere Ansätze. Das Konzept des „goal-setting" erscheint unter einer praktischen Perspektive sinnvoll, zudem zeigen empirische Untersuchungen, daß ein präzises „goal-setting" in neun von zehn Fällen zu einer Verbesserung der Leistung führt (vgl. Gibson et al., 1997). Es ließe sich vermutlich auch ohne großen theoretischen Aufwand in das Modell von Porter & Lawler als Spezifikation des Punktes „Rollenerwartung" integrieren. Summa summarum: Mit den genannten allgemeinen Einschränkungen halten Julia M. und Sven H. das Modell von Porter & Lawler, evtl. angereichert um die Überlegungen zum „goal setting", für dasjenige, das ihnen aus einer theoretischen Perspektive einstweilen am besten gefällt.

8.2 Bier und Kohle – Bedingungen der Arbeitszufriedenheit

Einen ungewöhnlichen Weg zur Erhöhung der Arbeitsmotivation ging seinerzeit Hugo Münsterberg (1912). Er untersuchte die Wirkung von Alkoholgaben auf die Arbeitsleistung, indem er Arbeitern mittags auf Kosten der Firma 1/5 Liter Südwein verabreichte. Leider sank dadurch die Arbeitsleistung um 15 %, aber „wird ... beispielsweise eine mäßige Biermenge nach beendeter Arbeit dem Organismus zugeführt, so mag diese künstliche Herbeiführung eines Zustandes verminderter Leistungsfähigkeit tatsächlich von psychophysischem Nutzen für die wirtschaftliche Gesamtleistung des Arbeiters im Laufe der Wochen oder des Jahres sein" (a.a.O., S. 138). Frederick Winslow Taylor, der Vater des Taylorismus, ging hingegen davon aus, daß der Mensch und insbesondere der Arbeiter (vgl. Weinert, 1998, S. 536) persönlich unfähig, unmotiviert, faul und ohne Initiative, irrational, ohne Selbstdisziplin und -kontrolle, und in seiner Arbeit im wesentlichen durch Geldgier bestimmt sei. Verwunderlich ist dieses Menschenbild nicht, denn Taylor „wuchs in einem wohlhabenden, von streng puritanischen Werten (Betonung von Arbeit, Disziplin und der Fähigkeit, seine Gefühle schicklich unter Kontrolle zu halten) dominierten Haushalt auf und lernte rasch, sich einer strengen Zucht zu unterwerfen. Freunde aus seiner Kindheit berichteten von seiner peniblen ‚wissenschaftlichen' Art bei ihren Spielen. Taylor bestand darauf, daß alles nach strengen Regeln und exakten Vorschriften vor sich ging" (Morgan, 1997; S. 299) – aus psychoanalytischer Sicht wohl der klassische Fall einer anal-zwanghaften Persönlichkeit.

Bier und Kohle, Alkohol und Geld sind nach diesen Überlegungen also durchaus hinreichende Maßnahmen zur Erzielung hoher Arbeitsmotivation. Der Sinn dieser beiden Beispiele: Man kann offenbar durchaus ohne eine umfassende Theorie der Arbeitsmotivation auch die Wirkung einzelner Maßnahmen auf die Motivation und Leistung untersuchen. Die geschieht gegenwärtig vor allem zu den folgenden Punkten:

- Finanzielle Entlohnung,
- Mitsprache und Empowerment,
- „job rotation", „job enlargement" und „job enrichment",
- Arbeitszeitmodelle,
- Qualität des Arbeitslebens und
- das „job characteristics model of work motivation" von Hackman & Oldham (1976).

Fragen wir zunächst einmal danach, was für die Arbeitnehmer hinsichtlich ihres Arbeitsplatzes besonders wichtig ist. Nach der oben (vgl. Kapitel 1) bereits erwähnten Metaanalyse von 103 Mitarbeiterbefragungen in 97 Unternehmen mit 20.263 Befragten aus den Jahren 1995 bis 1998 zeigte sich, daß für 63 % die Sicherheit des Arbeitsplatzes, für 54,5 % eine gute Bezahlung und für 52 % ein gutes Verhältnis zu den Kollegen besonders wichtig war (Redmann & Rehbein, 2000, S. 75).

Finanzielle Entlohnung: Diese Frage ist wohl das am intensivsten untersuchte Thema auf diesem Gebiet. Es zeigt sich – Taylor hätte es gefreut – daß die Bezahlung einen Hauptstellenwert für die Arbeitszufriedenheit eines Mitarbeiters hat. Allerdings müssen die Beschäftigten einen engen und unmittelbaren Zusammenhang zwischen Arbeitsleistung und Bezahlung wahrnehmen (= „pay-performance relationship"), damit diese Variable auch wirksam ist. Neben den Löhnen und Gehältern werden insbesondere in den USA auch die sog. „benefits" zu diesem Punkt gezählt, dies sind u.a. zusätzliche Betriebsrenten, die Übernahme von Versicherungen oder die Nutzung betriebseigener Sozialeinrichtungen. Ferner dürfen die Unterschiede zwischen dem bestbezahlten Manager und dem schlechtestbezahlten Arbeiter nicht zu groß sein.
Mitsprache und „Empowerment": Darunter versteht man die Delegation von Verantwortung an die Mitarbeiter. Sie sollen sich selbst Ziele setzen,

Entscheidungen treffen und eigenverantwortlich Probleme lösen. Ziel dieses Konzepts ist allerdings nicht primär eine Erhöhung der Arbeitszufriedenheit, sondern eine Verbesserung der Leistungsfähigkeit des Einzelnen und der Organisation. Als Mittel dazu werden häufig Qualitätszirkel und teilautonome Arbeitsgruppen gesehen (vgl. dazu Kapitel 6).

„Job enrichment", „job enlargement" und „job rotation": Dabei handelt es sich um Maßnahmen zur Restrukturierung des Arbeitsprozesses mit dem Ziel, die Motivation von Mitarbeitern zu erhöhen. Bei „job rotation" wird der Mitarbeiter in regelmäßigen Abständen lateral versetzt, um durch eine neue Tätigkeit neue Herausforderungen zu erleben. Der Vorteil für das Unternehmen ist, das es sich so flexible und vielseitig einsetzbare Mitarbeiter ausbildet. Bei „job enlargement" wird die Tätigkeit des Mitarbeiters horizontal erweitert, er bekommt mehrere Arbeitsgänge bei der Herstellung eines Produkts zugewiesen (dies führt allerdings nach entsprechenden Untersuchungen (vgl. Weinert, 1998, S. 185) nicht zu einer Verbesserung der Arbeitsmotivation). Beim „job enrichment" wird die Tätigkeit vertikal erweitert, was zu größerer Arbeitsleistung und -motivation führt.

Arbeitszeitmodelle: Auch Veränderungen der Arbeitszeiten werden als Maßnahmen zur Erhöhung der Motivation eingesetzt. Am häufigsten werden hier Modelle der gleitenden Arbeitszeit eingeführt, bei denen der Mitarbeiter während bestimmter Kernzeiten anwesend sein muß, den Rest des Arbeitstages aber frei gestalten kann. Entsprechende Untersuchungen zeigen, daß dieses Modell zu erhöhter Zufriedenheit, weniger Fehlzeiten und verbesserter Arbeitsleistung führt. Ein anderes Modell ist die komprimierte Arbeitswoche, bei der an vier Tagen je neun Stunden gearbeitet wird, oder sog. Zeitkontenmodelle, bei denen Überstunden aufgerechnet und zu einem längeren Urlaub verwendet werden können.

Qualität des Arbeitslebens: In den siebziger Jahren kam das Thema „Qualität des Arbeitslebens" mit Stichworten wie „Humanisierung der Arbeit", „Industrielle Demokratie" oder „soziotechnische Systeme" in die politische Diskussion. Ein in diesem Sinn qualitativ hochwertiger Arbeitsplatz bietet eine angemessene Bezahlung, eine sichere und gesunde Arbeitsumwelt, rechtliche Sicherheit, Möglichkeiten der Beförderung, soziale Integration und die Berücksichtigung der sozialen Umwelten des Arbeiters außerhalb der Organisation. Auch aus anderen Bereichen ist inzwischen bekannt, daß dies u.a. zu höherer Arbeitsmotivation führt.

„Job characteristics model of work motivation": Dieses Modell, das insbesondere die Bedingungen zwischen Technologie und Mitarbeitermotivation

zusammenfassen will, stammt von Hackman und Oldham (1976). Die
Autoren listen fünf Arbeitscharakteristika auf, die zu einer Erhöhung der
Motivation sowie der Arbeitsleistung führen sollen. Es sind dies

- die Vielfalt der Fähigkeiten, die die Arbeit erfordert,
- die Identität oder „Lesbarkeit" (Sennett, 1998) der Aufgabe,
- die Aufgabensignifikanz,
- die Autonomie und
- das Feedback.

Diese Dimensionen führen zu sog. „kritischen psychischen Empfindungen", nämlich zu

- der erlebten Bedeutsamkeit bzw. Sinnhaftigkeit der Arbeit,
- der empfundenen Verantwortlichkeit für die Arbeitsergebnisse und
- dem Wissen über die Arbeitsergebnisse.

Sind alle diese Empfindungen positiv, so führt dies zu hoher Arbeitsmotivation und Leistung. Die Zusammenhänge zwischen den Variablen
hängen allerdings auch von der Stärke des „growth"-Motivs bei den Mitarbeitern ab. Zur Messung aller dieser Dimensionen haben die Autoren
1975 den *„job diagnostic survey" (JDS)* veröffentlicht sowie Hinweise,
wie Arbeitsplätze mit einem niedrigen Motivationspotential umzu-
strukturieren wären. Empirische Untersuchungen (vgl. dazu Weinert, 1998)
stützen das Modell, so daß es inzwischen einen ähnlichen Bekanntheitsgrad
wie die Theorie von Herzberg hat.

So ergibt sich nach allem zu diesem Punkt, daß zwar die Bezahlung nach
wie vor einen hohen Stellenwert für die Arbeitsmotivation und -zufrieden-
heit hat, sie aber zunehmend durch den Ausbau von Verantwortlichkeit und
Flexibilität in der Organisation der Arbeit ergänzt wird. Die Mitarbeiter
von morgen – Julia M. und Sven H. – suchen offenbar stärker Sinn und Anregung in der Arbeit als dies bei ihren Eltern und Großeltern der Fall war;
den eingangs erwähnten Südwein oder, das von Münsterberg verabreichte
Bier trinken sie allenfalls auf eigene Kosten bei „after work parties".

8.3 „Money" und Flexibilität – Produktivität in der globalen Organisation

Erinnerlich ist die Tätigkeit in modernen, globalen Organisationen zunehmend durch das Stichwort Flexibilität gekennzeichnet: Mitarbeiter müssen sich auf häufig wechselnde technische, räumliche und soziale Produktionsbedingungen einstellen, was insbesondere für ältere Arbeitnehmer mit erheblichen Problemen verbunden sein kann (vgl. dazu Kapitel 1). Beziehen wir diese allgemeinen sozialen und ökonomischen Tendenzen auf die Befunde zur Arbeitsmotivation und -zufriedenheit, so zeigt sich ein überraschendes Ergebnis: Der moderne Arbeitnehmer ist besonders dann mit seiner Arbeit zufrieden, wenn sie gut bezahlt wird und wenn ihm eine enge Beziehung seiner Leistung mit der Bezahlung einsichtig ist. Ferner sucht er hohe persönliche Flexibilität hinsichtlich seines Zeitbudgets und hohe Eigenverantwortlichkeit hinsichtlich der Organisation und Qualität seiner Arbeit. Das damit verbundene „goal-setting" wird zunehmend durch ein „self-management" ersetzt, was bedeutet, daß die Mitarbeiter sich selbst ihre Ziele setzen, die Resultate kontrollieren, die Einflüsse der Umwelt kontrollieren und sich entsprechend belohnen oder bestrafen wollen.

Inzwischen ist sogar das Konzept der „stretch goals", der übertriebenen, (zu) weit gespannten Ziele, in Mode gekommen, nach dem anscheinend unerreichbare Ziele zu überdurchschnittlichen Leistungen anspornen. Diese Befundlage entspricht – und das ist die eigentliche Überraschung – wenigstens teilweise dem, was Richard Sennett (1998) mit dem flexiblen Charakter der globalen Organisation skizziert hat. Es könnte also durchaus sein, daß manche Option der globalen Gesellschaft von ihren zukünftigen Arbeitnehmern nicht nur mit Angst und Abwehr begrüßt wird. Würde es beispielsweise gelingen, soziale Sicherheit einerseits mit hoher Flexibilität und Eigenverantwortlichkeit andererseits zu kombinieren, so wäre die nun schon mehrfach skizzierte Arbeitsform von morgen – flexibler Einsatz in wechselnden, weitgehend autonomen Arbeitsgruppen – auch unter der hier behandelten Perspektive nicht nur von Übel: Der flexible Charakter ist möglicherweise mit seiner Tätigkeit in der globalen Organisation ganz zufrieden.

In diesem Zusammenhang spielen dann auch die von den Organisationen angebotenen Trainingsmaßnahmen eine besondere Rolle, dienen sie nach dieser Auffassung (zumindest auch) der Höherqualifizierung der eigenen Arbeitskraft. Gute Trainingsmaßnahmen beginnen so mit einer

Organisationsanalyse, d.h. einer Untersuchung der Frage, wo die Organisation welche neuen oder veränderten Fertigkeiten ihrer Mitarbeiter braucht. Es folgt eine *Arbeits- oder Aufgabenanalyse* der entsprechenden Arbeitsplätze, um herauszufinden, ob und wie das geplante Training auf das Wissen, das Verhalten oder die Einstellungen der Mitarbeiter einwirken soll. Den Abschluß bildet eine Mitarbeiterbefragung, um auch deren Einschätzungen des Problems und ihre Weiterbildungswünsche zu erfahren. Die dann eingesetzten Maßnahmen sind vielfältig: Vorträge und Filme, Konferenzen, schriftliche Unterlagen, Simulationen, Verhaltenstrainings, auch Training „on-the-job", etwa als Einführung, Coaching oder Mentorsystem, können jeweils problembezogen oder als ständige Teile von Personalentwicklungsmaßnahmen eingesetzt werden. Es empfiehlt sich aus der Sicht der Organisation, den dauerhaften Erfolg solcher Maßnahmen von Zeit zu Zeit mit Hilfe der entsprechenden sozialwissenschaftlichen Evaluationsmethoden zu überprüfen.

Ob nun Bier und Kohle oder Kohle, Flexibilität und Eigenverantwortlichkeit – eine entscheidende Frage muß dringend noch beantwortet werden: Wie hängen eigentlich Arbeitsmotivation und -zufriedenheit mit der *Arbeitsleistung* zusammen? Im allgemeinen psychologischen Verständnis ist Zufriedenheit das Resultat aus befriedigter Arbeitsmotivation. Aber Zufriedenheit zu erreichen, ist ja nun nicht nur ein frommes Ziel von Unternehmen, vielmehr geschieht dies letztlich mit dem Ziel der Produktivitätssteigerung. Stellen wir uns also vor, mit Hilfe von Freibier nach Feierabend, guter Bezahlung, Flexibilität und Eigenverantwortung haben wir nun mit viel Mühe hohe Arbeitszufriedenheit bei den Arbeitnehmern eines Betriebes hergestellt. Ist aber dieser zufriedene Mensch auch noch produktiv?

Diese Frage wurde mit Hilfe von sog. *Metaanalysen* untersucht, die ein Sekundärverfahren zur Datenanalyse darstellen. Grundlage dieser Auswertungen sind nicht die Rohdaten einer oder mehrerer Erhebungen, sondern statistische Kennwerte von Stichproben, wie Korrelationen, Mittelwerte, Varianzen etc. Diese werden zusammengefaßt und mit bestimmten Auswertungsverfahren untersucht. So lassen sich Effektstärken spezifischer Variablen über mehrere Studien hin aggregieren und beurteilen (vgl. dazu Weinert, 1998, S. 74 f.).
Zur Frage des Zusammenhangs von Arbeitszufriedenheit und -leistung haben Iaffaldano und Muchinsky (1985) 74 empirische Studien aggregiert. Sie kamen so auf eine Stichprobengröße von 12.192 Personen mit 217 Korrelationen. Es ergab sich eine Korrelation zwischen den beiden

Variablen von nur r = .17. Auch wenn sich bei einer anderen Analyse von Petty, McGee und Cavender (1984) etwas höhere Werte (zwischen r = .20 und r = .40) fanden, muß man wohl vermuten, daß beide Variablen nicht in einem sonderlich ausgeprägten Ursache-Wirkungs-Zusammenhang stehen; möglicherweise hängen sie in starkem Maße von anderen Einflußgrößen ab. Hinweise darauf, welche Maßnahmen dies im einzelnen sind, liefert eine weitere Metaanalyse von Guzzo, Jette und Katzell (1985) auf der Basis von 98 in den USA von 1971 bis 1981 durchgeführten Feldexperimenten. Sie fanden, daß Training und Arbeitsanleitung sowie genaue Zielsetzung den höchsten Einfluß auf die Produktivität hatten. Fehlende Arbeitszufriedenheit hängt allerdings mit anderen Dingen – Fehlzeiten, Unfallhäufigkeit, Krankheiten, Fluktuation, ja sogar Lebenserwartung und allgemeiner Lebenszufriedenheit – korrelativ zusammen. Letzteres ist ein unerwartetes Argument für die von Herzberg et al. (1959) postulierte Trennung von Hygiene- und Motivationsfaktoren, denn möglicherweise sind die Zusammenhänge genau umgekehrt: Nicht Motivation erzeugt Zufriedenheit, sondern erst auf der Basis von Arbeitszufriedenheit entsteht hohe Arbeitsmotivation und entsprechende Produktivität.

Auf dem Weg zum ersten Betriebsausflug bzw. zum ersten Institutsgrillfest fragen sich Julia M. und Sven H., was sie denn nun antworten sollen, falls der Chef sie fragt, ob sie mit ihrer Position und ihrer Arbeit zufrieden sind. Vor dem Hintergrund folgender Überlegungen entschließen sie sich zu einer zurückhaltend positiven Antwort:

(1) Theorien zur Arbeitsmotivation und -zufriedenheit werden gemeinhin in die beiden Gruppen der *Inhalts-/Ursache-* und der *Prozeß-Theorien* gegliedert. Erste (Maslow, Alderfer, Herzberg, McClelland) beschreiben die Faktoren, letztere (Vroom, Adams, Locke, Porter & Lawler) die inneren Prozesse, die zur Arbeitszufriedenheit führen. Insgesamt erscheint das Modell von Porter & Lawler, ggf. angereichert durch Überlegungen zum „goal setting", als der differenzierteste Ansatz.

(2) Bei den Einzelmaßnahmen zur Herstellung von *Arbeitszufriedenheit* – finanzielle Entlohnung, Mitsprache und „empowerment", „job rotation", „job enlargement" und „job enrichment", Arbeitszeitmodelle, Qualität des Arbeitslebens und „job characteristics model of work motivation" von Hackman & Oldham (1976) – zeigt sich, daß zwar die Bezahlung nach wie vor einen hohen Stellenwert für die Arbeitsmotivation und -zufriedenheit hat, sie aber insbesondere für die jüngeren Mitarbeiter

zunehmend durch den Ausbau von Verantwortlichkeit und Flexibilität
in der Organisation der Arbeit ergänzt wird.

(3) Manche Arbeitnehmer – wahrscheinlich eher die Jüngeren – wollen
offenbar „*self-management*" betreiben, also sich selbst die Ziele setzen,
die Resultate und Einflüsse der Umwelt kontrollieren und sich entsprechend belohnen oder bestrafen. Die so (oder anders) erreichte
Arbeitszufriedenheit korreliert nach entsprechenden Metaanalysen aber
nur mäßig mit der Leistung. Möglicherweise ist sie aber eine notwendige, wenngleich keine hinreichende Bedingung der Arbeits-
produktivität.

9. Psychopathologisches Verhalten in Organisationen

9.1 Psychoterror am Arbeitsplatz – Mobbing

Auf dem im voranstehenden Kapitel erwähnten Betriebsausflug erzählt ein älterer Kollege Julia M. folgende Begebenheit: Während seiner Lehrzeit bei der Stadtsparkasse Bielefeld machte sich ein Mitarbeiter des Fahrdienstes, Herr B., dadurch in seiner Abteilung unbeliebt, daß er im Verlaufe des Arbeitstages immer wieder an die Thermoskannen seiner Kollegen ging und deren Tee oder Kaffee trank. Irgendwann einmal wurde ihnen das zuviel und sie füllten ihre Kannen eines Tages allesamt mit einem starken Verdauungstee. Wie erwartet, machte sich Herr B. auch an diesem Tage über die fremden Kannen her, mit durchschlagendem Erfolg: Bei einem Geldtransport von der Hauptstelle zu einer Zweigstelle überkamen ihn wehenähnliche Zustände, so daß er sich auf schnellstem Wege in einem Vorgarten entleeren mußte. Das Auto stand inzwischen mit offener Fahrertür, einem ratlosen Beifahrer und einigen hunderttausend Mark auf der Straße. Glücklicherweise blieb dieser Vorfall für alle Beteiligten ohne gravierende Folgen, auch Herr B. hatte – außer einem leicht lädierten Ruf – keine schwerwiegenden Schäden davongetragen. Allerdings soll er sich nachfolgend nicht mehr an den Getränken seiner Kollegen vergangen haben.

Gravierender aber war ein anderer Fall, den jener ältere Kollege anschließend erzählte: In den ersten sechs Monaten seiner o.a. Lehrzeit mußte er bei einem ziemlich cholerischen Zweigstellenleiter arbeiten, der wegen seiner gelegentlichen Wutanfälle gefürchtet war. Kurz danach kam ein neuer Mitarbeiter in diese Zweigstelle, dem man die Angst vor seinem Chef nach kurzem ansah: Er schwitzte so stark, daß seine Jacketts an den entsprechenden Stellen nach kurzer Zeit völlig durchnäßt waren. Alle Kollegen und natürlich auch die Kunden konnten dies sehen, so wurde er bald zur Zielscheibe der Aggressionen des Chefs. Kurze Zeit später verließ er die Zweigstelle, er soll bald darauf in den vorzeitigen Ruhestand gegangen sein.

Zwei Beispiele für sog. abweichendes Verhalten in Organisationen, die die Breite des Problems andeuten sollen: Einmal geht es um unangemessenes Verhalten eines Kollegen, das mit einem Streich korrigiert wird; das andere mal ist es massive Angst, die durch unangemessenes Führungsverhalten eines Vorgesetzten ausgelöst wurde und die zur Versetzung des Mitarbeiters führte. Es stellt sich zunächst also die Frage, was als psychopathologisches Verhalten klassifiziert werden soll.

Dabei hilft ein Blick in ein bekanntes Lehrbuch der Psychologie: Nach Zimbardo und Gerrig (1999, S. 602) betrachtet man in unserer Gesellschaft Verhalten dann als gestört, wenn mindestens zwei der folgenden Indikatoren vorliegen:

- Eine Person erlebt Leiden oder Behinderungen.
- Eine Person verhält sich gegenüber ihren eigenen Zielen unangepaßt.
- Eine Person handelt in den Augen Dritter irrational.
- Eine Person verhält sich unvorhersehbar.
- Eine Person verhält sich sehr unüblich und verletzt soziale Konventionen.
- Eine Person löst durch ihr Verhalten bei Dritten das Gefühl von Unbehagen oder Bedrohtsein aus.
- Eine Person verletzt gesellschaftliche Standards.

Mit dieser Liste von Kriterien können wir die beiden skizzierten Fälle beurteilen: Niemand – weder Vorgesetzte, Kollegen, Ehepartner, noch der Betroffene selbst – wird selbst andauernden Teediebstahl als psychopathologisches Verhalten ansehen. Aber starke Angst, die sich u.a. in massiven, nicht übersehbaren Schwitzattacken zeigt, wird schon eher als psychische Störung bezeichnet werden können: Zum Leidensdruck kommen die Kriterien Unangepaßtheit, Verletzung sozialer Standards und Unbehagen bei Dritten.

Gravierender ist allerdings die Frage, ob nicht das Verhalten jenes Vorgesetzten pathologische Züge aufwies, denn was jenem Sparkassenkollegen damals geschah, würde man heute mit dem Begriff „mobbing" bezeichnen. Das Wort geht auf das englische Verb „to mob" (= lärmend herfallen über, bedrängen, anfallen) zurück. In der organisationspsychologischen Literatur taucht der Begriff erstmals 1984 in Schweden auf: „Von Mobbing am Arbeitsplatz spricht man, wenn eine Person von einer oder mehreren von 45 operativ beschriebenen Handlungen belästigt wird und zwar mindestens einmal in der Woche während mindestens eines zusammenhängenden halben Jahres" (Leymann, 1993, S. 272). Für dieses Verhalten werden auch Begriffe wie „bullying" (engl. für tyrannisieren, drangsalieren, schikanieren) oder „employee abuse" (= amerik. für Mitarbeitermißhandlung) verwendet.

Leymann hat seine Definition nach rund 300 Interviews formuliert, aus denen er auch einen Test, das sog. „Leymann Inventory for Psychological Terrorization" (= LIPT) entwickelt hat. Er besteht aus den o.a. 45 Mobbinghandlungen, die zu folgenden fünf Gruppen zusammengefaßt sind:

* Angriffe auf die Möglichkeit sich mitzuteilen,
* Angriffe auf die sozialen Beziehungen,
* Angriffe auf das soziale Ansehen,
* Angriffe auf die Qualität der Berufs- und Lebenssituation und
* Angriffe auf die Gesundheit.

Im einzelnen sind dies vor allem die folgenden Handlungen:

Mobbinghandlungen von Frauen	Mobbinghandlungen von Männern
Man spricht hinter dem Rücken schlecht über jemanden.	Jemand wird zur Strafe ständig zu neuen Arbeiten eingeteilt.
Jemand wird vor anderen lächerlich gemacht.	Durch mündliche Drohungen wird Druck ausgeübt.
Es wird sich über eine Behinderung lustig gemacht.	Politische oder religiöse Vorstellungen werden angegriffen.
Es werden Andeutungen gemacht, ohne etwas direkt zu sagen.	Man erhält einen Arbeitsplatz, der von den anderen isoliert ist.
Es wird Druck durch ständige Kritik an der Arbeit ausgeübt.	Man wird ständig unterbrochen.
Es werden falsche Gerüchte verbreitet.	Man wird gezwungen, Arbeiten auszuführen, die das Selbstbewußtsein verletzen.

Abb. 13: Mobbinghandlungen nach Leymann (1993)

Zur Häufigkeit des so definierten Verhaltens fanden sich in einer schwe-
dischen Befragung (vgl. Leymann, 1993, S. 84ff.) 3,5 % der landesweiten
Stichprobe von 2.400 Befragten, die aktuell gemobbt wurden. Andere
Autoren (vgl. etwa Niedl, 1995) haben etwas höhere Werte – zwischen
4,4 % und 7,8 % – nachgewiesen. In einer Forschungsübersicht auf der
Basis von 20, zwischen 1976 und 1994 durchgeführten Studien (Niedl,
1995) bezeichnen sich – je nach Methode und Definition – zwischen 1 %
und ca. 17 % der Befragten als Mobbingopfer. Eine 1996 in der
Europäischen Union mit 15.800 Arbeitnehmern durchgeführte Umfrage
ergab schließlich einen Mittelwert von 8 %, wobei auch hier der
Öffentliche Dienst mit 13 % an der Spitze lag (Chappell & Di Martino,
2000). Offenbar gibt es hinsichtlich der Häufigkeit keine signifikanten
Geschlechterunterschiede und keine Unterschiede zwischen den Branchen,
wohl aber Hinweise darauf, daß Ältere und Mitarbeiter in Verwaltungen
häufiger unter den Opfern zu finden sind.

Ausgelöst wird der Mobbing-Prozeß meistens durch einen nicht aus-
reichend ausgetragenen Konflikt, aber auch bestimmte Persönlichkeitsmerkmale können Menschen zu Mobbing-Opfern machen. Als Reaktion
auf einen vermeintlichen Sündenbock werden nun systematische und
andauernde Angriffe gegen das Opfer vorgetragen, es bildet sich – von den
Kollegen toleriert – eine Täter-Opfer-Struktur (= 1. Phase). Das Opfer gerät
in eine Außenseiterposition, wird stigmatisiert, es treten erste Symptome
auf (= 2. Phase), die wir nachfolgend zum Stichwort „Streß" noch
intensiver erörtern werden. In der dritten Phase werden die Vorgesetzten
und/oder die Personalverwaltung einbezogen, die oft aber den Gemobbten
für den Verursacher der gestörten Situation halten und ihm eine Kündigung
nahelegen. Die letzte Phase – nach Leymann (1993) werden ca. 5 % bis
10 % der Mobbingopfer dazu getrieben – führt dann zu verschiedenen
Formen des Ausschlusses aus den bisherigen sozialen Zusammenhängen.

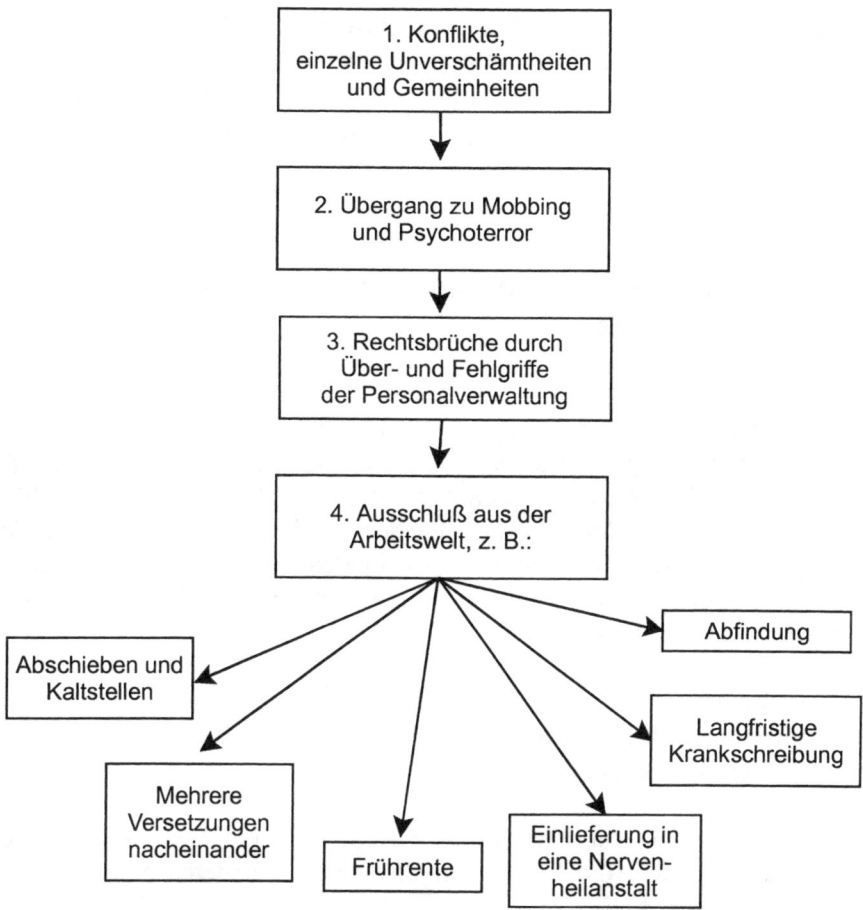

Abb. 14: Mobbing-Verlaufsmodell nach Leymann (1993)

So überzeugend dies auch alles sein mag, die Diskussion zum Thema Mobbing muß auch kritisch betrachtet werden. So weist Neuberger (1994) zurecht darauf hin, daß das LIPT bei weitem nicht vollständig ist, es also eine Fülle weiterer Handlungen gibt, die ebenfalls als Mobbing interpretiert werden könnten. Ferner fehlen Aussagen zur methodischen Bearbeitung der Daten, zur Gewichtung und Abgrenzung der einzelnen Handlungen u.a.m. Auch ist das Thema der sozialen Beziehungen am Arbeitsplatz nicht ganz neu in der Organisationspsychologie. Daß es nunmehr unter dem Stichwort „Mobbing" erneut diskutiert wird, liegt sicherlich auch an der geschickten Marketingstrategie des Erfinders Leymann. Dieser hatte seinerzeit auch eine entsprechende „Gesellschaft gegen psychosozialen

Streß und Mobbing" mitgegründet und entsprechende Seminare angeboten. Aus wissenschaftlicher Sicht stellt das Phänomen „Mobbing" insbesondere vor dem Hintergrund der Literatur zum Thema „Konflikte in Organisationen" nicht viel mehr als einen Spezialfall langfristig ungelöster Konflikte dar.

9.2   Fliehen statt Kämpfen – Streß und Innere Kündigung

Der Begriff „Streß" geht auf Selye (1974, 1978) zurück, der das sog. GAS – das „general adaption system" – und die beiden Konzepte „eustress" für gutartigen und „distress" für bösartigen Streß einführte. Selye (1974, 1978) ging davon aus, daß Menschen in unterschiedlichem Maße mit belastenden Ereignissen umgehen können, es aber bei jedem eine Schwelle gibt, bei der das GAS seine Arbeit beginnt. Es ist eine aus den drei folgenden Phasen bestehende Verteidigungsreaktion:

- Alarmphase: Kämpfen oder fliehen?
- Widerstandsphase: Widerstand leisten!
- Erschöpfungsphase: Burnout .

Darauf aufbauend hat Furnham (1997, S. 338) ein Berufsstreß-Modell entwickelt, in dem die beruflichen Stressoren und deren Konsequenzen zusammengefaßt sind.

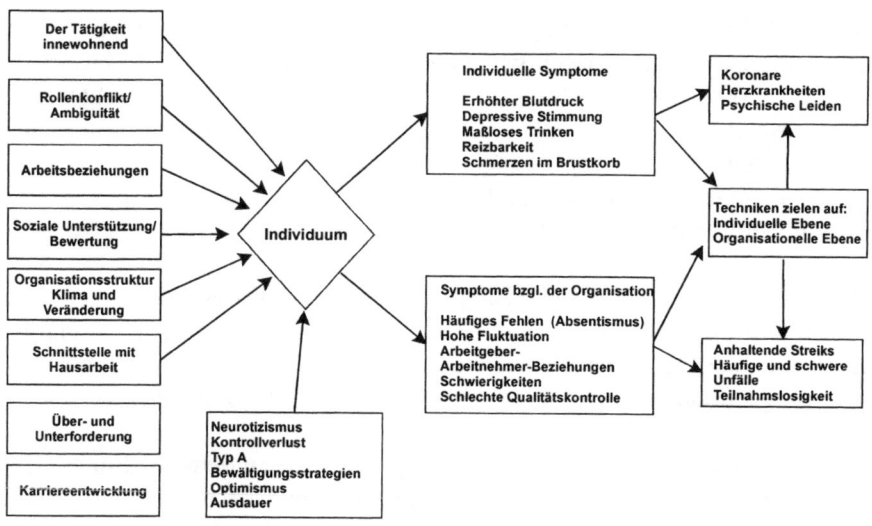

Abb. 15: Berufsstreß-Modell nach Furnham (1997, S. 338)

Stressoren, die von Führungskräften als belastend bis stark belastend erlebt werden (Stehle, 1987, S. 123 ff.), sind in absteigender Reihenfolge:

- Vorgesetzte: Bei Kritik keine Möglichkeit der Gegendarstellung,
- Kollegen: Intrigantes Verhalten,
- Vorgesetzter: Persönliche, unsachliche Kritik,
- Kollegen: Behinderung der eigenen Arbeitsziele,
- Vorgesetzte: Schaffung eines Klimas von Ungewißheit,
- Mitarbeiter: Unaufrichtigkeit,
- Mitarbeiter: Eigenes Fehlverhalten anderen anlasten,
- Vorgesetzter: Vorenthalten von Informationen und
- Arbeitsrolle: Negatives Arbeitsergebnis durch eigene Fehler.

Auf der Ebene der individuellen Stressoren ist aus der Gesundheits-psychologie (vgl. dazu Taylor, Repetti & Seemann, 1997) bekannt, daß „work overload" ebenso zu Krankheiten führt wie Rollenkonflikte und Rollenambiguität im Beruf. Auch die Einschätzung der eigenen Karriereentwicklung trägt zum Streßerleben bei: Menschen, die sich als zu schnell oder zu langsam befördert einschätzen, die ihren Job als unsicher einschätzen und deren Karrierepläne vereitelt werden, haben häufiger mit Herzkrankheiten zu tun. Eine Rangliste der häufigsten gesundheitlichen Probleme im Zusammenhang mit der Arbeit findet sich in der oben (vgl. Kapitel 1) genannten Metaanalyse (vgl. Redmann & Rehbein, 2000, S. 86). Mit jeweils knapp 80 % liegen Verspannungen und Verkrampfungen sowie Rückenschmerzen und Reizbarkeit auf den ersten drei Plätzen. Auch Arbeitslosigkeit ist ein hoher Streßfaktor, der zu Depressionen, physischen Krankheiten und Alkoholmißbrauch, ja sogar zu einer höheren Sterberate führt.

Bei den Stressoren auf der Gruppenebene wird insbesondere das eben genannte Mobbing zu nennen sein. Es liegen allerdings auch Forschungsergebnisse vor, nach denen soziale Unterstützung durch Kollegen und Vorgesetzte gesundheitliche Risiken wie etwa Herzkrankheiten verringert.

Bei den extraorganisationellen Stressoren ist insbesondere für Frauen das „dual career"-Phänomen bedeutsam: Die Mehrfachbelastungen der Frauen durch Beruf, Haushalt und Kinder werden insbesondere dann als Stressoren erlebt, wenn die Frauen wenig Kontrolle über ihren Beruf und wenig Flexibilität haben, wenn das Einkommen nur gering ist und wenn ihnen niemand bei der Hausarbeit oder der Kinderbetreuung hilft.

Bei den Reaktionen auf Streß hat sich eine Unterteilung in Typ A und Typ B-Verhaltensmuster eingebürgert, nach der Typ A-Menschen durch intensives Streben, schlecht definierte Ziele zu erreichen, extremen Ehrgeiz, hohe Wettbewerbsorientierung, starke Aufgabenorientierung, dauernden Wunsch nach Anerkennung und beruflichem Vorwärtskommen, ständigem Engagement unter Zeitdruck, Ungeduld und durch außergewöhnliche geistige Wachheit gekennzeichnet sind, während für Typ B-Menschen Entspannung, Ruhe, Geduld, Gelassenheit und Aktivitäten außerhalb des Berufs typisch sind. Früher ging man davon aus, daß die Typ A-Menschen anfälliger für Herzinfarkte sind. Inzwischen hat sich diese Meinung differenziert: Es ist nicht die allgemeine Ungeduld oder Wettbewerbshaltung, sondern Merkmale wie „ständig feindselige Standpunkte einnehmen", „rasch in Wut geraten", „Zynismus" und „Mißtrauen".

Zu diesem Punkt ist neuerdings das sog. „hardiness"-Konzept zu erwähnen (Kobasa, 1988), nach dem sich Menschen durch ihre Reagibilität auf Stressoren unterscheiden lassen. Es besteht aus den drei Komponenten

- Commitment,
- Kontrolle und
- Herausforderung.

Commitment gibt den Grad an, mit dem ein Mensch von dem überzeugt ist, was er tut; Kontrolle ist das bekannte „locus of control"-Konzept mit externalen bzw. internalen Kontrollüberzeugungen und Herausforderung schließlich ist die Einstellung des Menschen zu Veränderungen. In einer empirischen Untersuchung mit Führungskräften stellte sich heraus (vgl. dazu Kobasa, 1988), daß diejenigen, die bei objektiv gleichen Arbeitsbedingungen mehr unter Streß litten, auf allen drei Komponenten niedrigere Werte als die streßresistenteren Kollegen aufwiesen.

Bei hoher Streßbelastung müssen die Mitarbeiter schließlich entsprechende Coping-Strategien haben oder entwickeln. Für den Einzelnen können dies Entspannungsübungen, Seminare zum Arbeits- und Zeitmanagement u. dgl. sein. Die Organisation kann ebenfalls, bspw. durch Anpassung der Arbeitsumwelt an die Fähigkeiten des Mitarbeiters, reagieren (= „person-environment-fit"-Ansatz und „job-redesign"-Konzept). Dies kann konkret in einer besseren Bezahlung, einer Erhöhung der Arbeitsplatzsicherheit oder in größerer Anerkennung der Leistungen des Mitarbeiters bestehen.

Die entgegengesetzte und für den Mitarbeiter wie die Organisation kritische Reaktion auf zuviel Streß besteht in der inneren Verweigerung, der inneren Emigration oder – wie es seit Anfang der achtziger Jahre heißt – in der inneren oder unausgesprochenen Kündigung. Im Rahmen des Streß-Modells von Lazarus (1966; vgl. dazu auch Zimbardo & Gerrig, 1999) läßt sie sich wie folgt interpretieren:

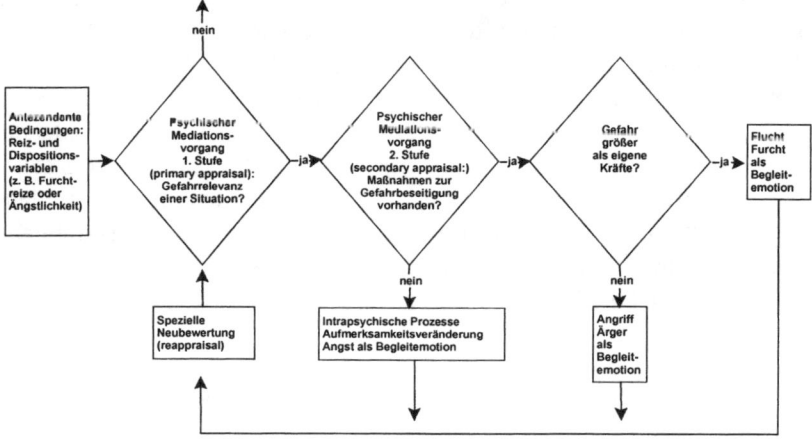

Abb. 16: Modell der Angstauslösung und -verarbeitung von Lazarus (1966)

Alle arbeits- und berufsbezogenen Ereignisse werden danach einer kontinuierlichen inneren Bewertung unterzogen. Wird der erste Bewertungs-
schritt – die Gefahrenrelevanz der Situation – mit „Ja" beantwortet, der
zweite Schritt – Maßnahmen zur Gefahrenbeseitigung – aber mit „Nein",
kommt es zu intrapsychischen Prozessen mit Angst als Begleitemotion.
Dies kann auf Dauer zur Inneren Kündigung führen, die als Zustand der
Distanzierung, der Verweigerung von Eigeninitiative und Einsatzbereitschaft sowie mit bewußtem Verzicht auf Engagement definiert wird (vgl.
zum folgenden Faller, 1991). Im Gegensatz zur äußeren Kündigung ist sie
kein einmaliger Verhaltensakt, sondern eher ein zeitlich stabiles Verhaltensmuster, das von leichter, aber reversibler Distanzierung bis zu einer
ablehnenden, depressiv-resignativen Grundhaltung reichen kann. Konkret
kann sie sich zeigen in

- sinkender Leistungsbereitschaft,
- mangelndem Engagement,
- Dienst nach Vorschrift,
- hohen Fehlzeiten,
- organisationsschädigendem Verhalten,
- zunehmender Freizeitorientierung,
- Unzufriedenheit mit der Arbeit und/oder
- Distanzierung von den Vorgesetzten.

Hinsichtlich des Verlaufs stehen am Anfang zunächst erste Enttäuschungen, Ärger und einzelne Frustrationserlebnisse, auf die der Mitarbeiter mit Versuchen reagiert, die Situation zu verändern oder Widerstand
zu leisten. Schlagen diese Versuche fehl, so erlebt der Arbeitnehmer Ohnmacht und Hilflosigkeit gegenüber der Situation, die zum Auslöser des
Prozesses der Inneren Kündigung werden können. Der offene Widerstand
schlägt mit wiederholter Erfahrung der Unkontrollierbarkeit der Situation
in die bewußte schrittweise Reduzierung des Engagements um. Bedauer-
licherweise bleibt dieser Prozeß, der ja eigentlich als Coping-Maßnahme
gegen eine unbefriedigende Situation eingeleitet wurde, nun aber auch für
den Arbeitnehmer nicht ohne Folgen. Es ergibt sich folgender Symptom-
verlauf:

- Erste Enttäuschungen: Unlust, Ärger, Unzufriedenheit, Widerstand,
  Demotivation,
- Frustration: Gereiztheit, permanente Arbeitsunzufriedenheit, Müdigkeit,
  Angespanntheit, Gleichgültigkeit, Disengagement, Fehlen, Anstreben
  eines Arbeitsplatzwechsels,

- Resignation: Rückzug, Passivität, Absentismusbereitschaft, Reduzierung der Arbeitsleistung,
- Depression: Verflachung aller Lebensbereiche, psychosomatische Beschwerden, Verzweiflung, Apathie, Sinnverlust.

Zeigt sich dieses Phänomen bei mehreren Betriebsangehörigen, so finden sich bald Wirkungen in steigenden Fehlzeiten, einer steigenden Zahl von Reklamationen, zunehmender Ausschußquote, der Abnahme von Verbesserungsvorschlägen, der abnehmenden Bereitschaft zum Ableisten von Überstunden, einer Zunahme an Beschwerden, eine nachlassende Beteiligung an der innerbetrieblichen Diskussion sowie eine verminderte Nutzung von betrieblichen Angeboten im sozialen Bereich.

Theoretisch wird die Innere Kündigung häufig mit Hilfe der Equity-Theorie nach Adams (1963) begründet. Nach dieser (vgl. Kapitel 8) Theorie erlebt ein Arbeitnehmer eine Situation dann als gerecht, wenn sein eigener betrieblicher „input" (= v.a. seine Arbeitsleistung) und sein „output" (= Entlohnung, Anerkennung etc.) in gleicher Relation wie diejenigen von anderen stehen. Das Gefühl von Ungerechtigkeit tritt auf, wenn diese Relation nach unten wie nach oben abweicht. Der Mitarbeiter hat nun folgende Möglichkeiten zur Wiederherstellung von Gerechtigkeit: Er kann seine Leistung erhöhen oder verringern oder er kann versuchen, den eigenen Ertrag zu erhöhen oder zu verringern (z. B. durch die Forderung nach Gehaltserhöhung oder durch einen (wenig wahrscheinlichen) Gehaltsverzicht. Er kann ferner die Wahrnehmung der eigenen Leistungen oder der eigenen Erträge verändern oder die Wahrnehmung der Leistungen und Erträge der Vergleichspersonen verändern. Er kann die Bezugsgruppe wechseln oder ganz aus dem Feld gehen (z. B. durch Versetzung oder Kündigung). Nach dem Prinzip der Nutzenmaximierung wird das Individuum diejenige Strategie wählen, die mit dem geringsten Aufwand verbunden ist, insofern kommt die Kündigung – wenn überhaupt – auch erst am Schluß. Im Falle der Inneren Kündigung erlebt der Arbeitnehmer nun eine Situation, in der seine Leistungs-Ertragsrelation unter der von Vergleichspersonen liegt. Er versucht zunächst, die eigenen Erträge zu verbessern. Gelingt dies nach längerem Bemühen nicht, erlebt er sich als hilflos, die Situation erscheint ihm unkontrollierbar. Nach der Theorie der Erlernten Hilflosigkeit von Seligman (1979) führt dies zu Frustration und Depression. Um dem zu entgehen und um wenigstens der Tendenz nach Gerechtigkeit herzustellen, reduziert er nun seine Leistung und löst sich zusätzlich von den Vergleichspersonen – er vollzieht die Innere Kündigung.

Das Hauptproblem bei dieser Lösung ist jedoch, daß der Mitarbeiter die unbefriedigende bis unerträgliche Situation nicht verläßt, sondern die subjektiv erlebte Ungleichheit immer wieder erfährt und sie immer wieder uminterpretieren muß. Dies kann auf die Dauer auch zur inneren Erschöpfung, zum sog. „Burnout" führen, womit wir beim nächsten Thema sind.

9.3   Chronische Überforderung – Burnout

Das Stichwort „Burnout" ist in den achtziger Jahren aus der öffentlichen in die wissenschaftliche Diskussion gekommen, gemeint ist damit folgendes: „Burnout is a prolonged response to chronic emotional and interpersonal stressors on the job", definieren es Maslach, Schaufeli und Leiter (2001, S. 397) und weisen auf die Wurzeln des Konzepts in der Streßforschung, der wir uns nachfolgend zuerst zuwenden wollen.
Der Begriff wurde erstmals von dem Psychiater Freudenberger (1974) und später von dem Sozialpsychologen Maslach (1976) verwendet und bezeichnet „eine Persönlichkeitsveränderung, als deren Symptome zu nennen sind: Physische Erschöpfung, Antriebslosigkeit, Desinteresse an der Umwelt, Emotionsarmut, Gefühle der Hilflosigkeit, Verlust des Selbstvertrauens, Enttäuschung über Privatleben und Arbeit, Feindseligkeit und Zynismus gegenüber Partnern" (Schönpflug, 1987, S. 141).

Das Konzept wurde vor allem für die helfenden Berufe entwickelt, in denen es offenbar auch besonders häufig anzutreffen ist. Dazu zählen beispielsweise medizinisches Personal, religiös orientierte, soziale Hilfsdienste, Rechtsbeistände, Sozialarbeiter u.a.m. (vgl. Golembiewski und Munzenrieder, 1988). Für diese Berufe ist eine bestimmte Konfiguration typisch: Sie werden ständig mit psychischen, physischen und sozialen Problemen ihrer Klienten konfrontiert, zugleich wird von ihnen erwartet, daß sie darauf einfühlsam und mitleidig reagieren. Besonders Menschen mit dem sog. „Helfer-Syndrom" sind für Burnout offenbar besonders gefährdet: „Gerade die besonders engagierten, die glühenden Idealisten, denen kein Einsatz zu groß war, sind es, die ihrem Wunsch, zu geben und geliebt zu werden – später dann ihren enttäuschten Erwartungen – zum Opfer fallen" (Faller, 1991, S. 181).

Unter einer prozessualen Perspektive wird Burnout u.a. durch folgende Handlungsschritte beschleunigt (vgl. Burisch,1989):

- Motivprofil: Bestimmte Motivkonstellationen (Helfer-Syndrom) oder Persönlichkeitsmerkmale (geringe „hardiness", externe Kontrollüberzeugungen, geringes Selbstwertgefühl, Neurotizismus; vgl. Maslach, Schaufeli & Leiter, 2001, S. 410 f.) führen eher zu Frustrationen, Aufkommen von Meidungstendenzen, Generalisierung von Meidungsmotiven.
- Motivanregung: Meidungsmotive führen zur Isolation und Stabilisierung der Meidungstendenzen.
- Handlungsplanung: Neigung zu hochgesteckten Zielen, Unterschätzung von Zeit und Aufwand, Überschätzen der Erfolgsaussichten, rigide Festlegung des Anspruchsniveaus, sinkende Erfolgserwartung, verringerter Einsatz und Zielverfehlung.
- Handlungsausführung: Mangelhafte Planung und Zeitdruck blockieren die Zielerreichung.
- Rückblickende Bewertung der Handlungsergebnisse: Tendenz zu negativer Bewertung.
- Erneute Handlungsplanung: Erneute Handlungsplanung führt zur Reaktanz oder zum Aufgeben (Selbstanklagen), Gefühle der Gleichgültigkeit und Leere.
- Ausbleibende Belohnung durch Vorgesetzte.
- Negative Nebenwirkungen des eigenen Handelns.
- Zweites Coping: Gründliche Situationsanalyse und Erhöhung der eigenen Bewältigungskompetenz sind bei Ausbrennen eher seltener, statt dessen Reaktionsbildung, Verleugnung oder Verdrängung.
- Folgewirkungen mißglückten Copings: Dauervigilanz führt zu nervöser körperlicher Erschöpfung und Depression, Nicht-Abschalten-Können, Selbstwertverlust, Abbau der Leistungsfähigkeit, auch zu Alkohol- und Medikamentenmißbrauch.

Freudenberger und North (1992, S. 123) haben dazu folgendes Phasenmodell entwickelt:

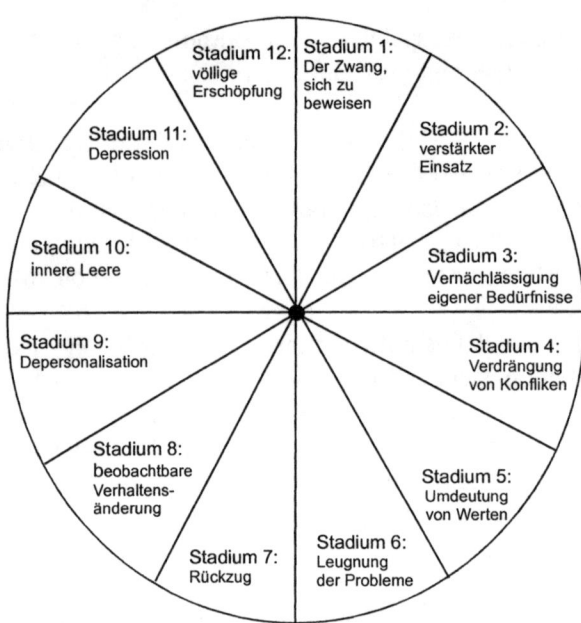

Abb. 17: Burnout-Zyklus nach Freudenberger und North (1992)

Der Einstieg beginnt mit hohem Ehrgeiz, der Einsatz im Unternehmen wird ständig gesteigert. Aus diesem Grund kommt die Befriedigung eigener Bedürfnisse immer zu kurz. Der Betroffene spürt die damit verbundenen Konflikte, verdrängt sie jedoch. Die nicht-beruflichen Bedürfnisse verlieren an Bedeutung, durch berufliche Belastung wird das Denken und Handeln zunehmend intolerant und inflexibel. Die beginnende Orientierungslosigkeit kann durch eine zynische Haltung kaschiert werden. Langsam beginnen die verhaltensbezogenen Veränderungen wie Abwehr gegenüber Kritik, mangelnde Flexibilität oder emotionaler Rückzug von der Arbeit. Es kommt zu Depersonalisationsgefühlen, innerer Leere, Depression und einer völligen Erschöpfung.

Gemessen werden kann die chronische Erschöpfung mit Fragebögen, wie etwa dem „Maslach Burnout Inventory" (vgl. Maslach, Jackson & Leiter, 1996) mit den drei Dimensionen „depersonalisation" (= Tendenz, andere Menschen als Objekte und sich selbst in Distanz zu anderen zu sehen), „personal accomplishment" (= Tendenz, die eigene Arbeitsleistung gegenüber unwichtigen Arbeiten als unbefriedigend einzuschätzen) und „emotional exhaustion" (= emotionale Erschöpfung). Nach diesen oder anderen Kriterien sollen in Deutschland 5 % der Fünfundzwanzig bis vierzigjährigen Angestellten an chronischer Erschöpfung leiden, in leichterer Form sollen mehr als 30 % daran leiden (Spieß & Winterstein, 1999).

Diese Aussichten haben unsere beiden Berufsanfänger Julia M. und Sven H. natürlich erschreckt. Sie denken daran, daß der Mitarbeiter in der globalen Organisation zukünftig noch stärker Selbstmanagement betreiben muß als schon heute, also auch mehr Streß erleben und aushalten muß als je zuvor. Bei vielen geht das offenbar schief, es gibt aber anscheinend auch Menschen, die die neuen Gegebenheiten aktiv für ihre persönlichen Ziele zu nutzen wissen: Bei ihnen wird der Streß zum Eustreß, der sie zu zusätzlichen Aktivitäten anstachelt. Mobbing werden sie nicht oft erleben, weil sie sich an keine Organisation längerfristig binden, mithin sich auch nicht in die emotionale Abhängigkeit von Kollegen oder Vorgesetzten begeben. Gleiches gilt für die Innere Kündigung: Bei den schon mehrfach genannten elf verschiedenen Jobs im Laufe des Berufslebens und bei insgesamt unsicheren Beschäftigungsverhältnissen ist der Schritt von der Unzufriedenheit in die äußere Kündigung schnell getan, die Innere Kündigung vermutlich nicht mehr so notwendig. Hinzu kommt, daß die modernen globalen Organisationen von morgen über eine Fülle von Sozialtechnologien verfügen – von entsprechenden Präventivmaßnahmen über die Krisenintervention zum kontinuierlichen Coachen – die das Entstehen dieser Situationen vermutlich seltener werden lassen.

Allerdings wird das alles auch seinen Preis haben: Die Dominanz kurzfristiger, aufgabenbezogener Kontakte in wechselnden Arbeitsteams wird zwar vermutlich einerseits die Mobbinggefahr und die Copingreaktion der Inneren Kündigung verringern und zudem auf Menschen mit hoher „hardiness" eher anregend wirken. Dafür droht ihnen aber andererseits bei andauernder Überbetonung des Berufs in höherem Maße die Burnout-Gefahr. Zudem besteht für die weniger streßresistenten Arbeitnehmer oder diejenigen in den sozialen Berufen eher die Gefahr, daß sie nicht mehr mit den neuen beruflichen Anforderungen fertig werden: Die beschriebenen psychopathologischen Reaktionsweisen wie Innere Kündigung, Reaktionen auf Mobbing und Burnout werden bei ihnen zumindest nicht weniger häufig auftreten.

Nach allem verläßt Julia M. den Betriebsausflug nachdenklich, an diese dunklen Seiten des Erlebens und Verhaltens in Organisationen hatte sie bisher wenig gedacht. Sie prägt sich ein:

(1) Von „mobbing", „bullying" oder „employee abuse" spricht man, wenn eine Person am Arbeitsplatz durch Angriffe auf die Möglichkeit sich mitzuteilen, auf die sozialen Beziehungen, auf das soziale Ansehen, auf die Qualität der Berufs- und Lebenssituation und auf die Gesundheit belästigt wird und zwar mindestens einmal in der Woche während mindestens eines zusammenhängenden halben Jahres. Dies trifft nach entsprechenden Umfragen für 1 % bis 17 % der Befragten zu. Ausgelöst wird Mobbing durch nicht ausgetragene Konflikte oder durch bestimmte Persönlichkeitsmerkmale der Opfer (z. B. Ältere). Als Reaktion darauf werden systematische und andauernde Angriffe gegen das Opfer vorgetragen, es bildet sich – von den Kollegen toleriert – eine Täter-Opfer-Struktur. Der Gemobbte gerät in eine Außenseiterposition, wird stigmatisiert, es treten erste Symptome auf. In der dritten Phase werden die Vorgesetzten einbezogen, die oft aber das Opfer für den Verursacher der gestörten Situation halten und ihm eine Kündigung nahelegen. Die letzte Phase führt bei etwa 5 % bis 10 % der Betroffenen zum Ausschluß aus den bisherigen sozialen Zusammenhängen.

(2) Die Innere Kündigung ist eine durch übermäßigen Streß bedingte Distanzierung von der Organisation, die sich als Verweigerung von Eigeninitiative und Einsatzbereitschaft und Verzicht auf Engagement zeigt. Am Anfang stehen Enttäuschungen, Ärger und einzelne Frustrationserlebnisse, auf die der Mitarbeiter mit Versuchen reagiert, die Situation zu verändern oder Widerstand zu leisten. Schlagen diese Versuche fehl, so erlebt der Arbeitnehmer Ohnmacht und Hilflosigkeit gegenüber der Situation, die zum Auslöser der Inneren Kündigung werden können. Mit wiederholter Erfahrung der Unkontrollierbarkeit der Situation schlägt der äußere Widerstand in die bewußte schrittweise Reduzierung des Engagements um. Zeigt sich dieses Phänomen bei mehreren Betriebsangehörigen, so finden sich steigende Fehlzeiten, steigende Reklamationen, zunehmende Ausschußquoten, weniger Verbesserungsvorschläge, sinkende Bereitschaft zum Ableisten von Überstunden, nachlassende Beteiligung an der innerbetrieblichen Diskussion sowie eine verminderte Nutzung von betrieblichen Angeboten im sozialen Bereich.

(3) Unter „burnout" wird die „prolonged response to chronic emotional and interpersonal stressors on the job" verstanden (Maslach, Schaufeli & Leiter, 2001, S. 397); es bezeichnet eine Persönlichkeitsveränderung, die durch physische Erschöpfung, Antriebslosigkeit, Desinteresse an der Umwelt, Emotionsarmut, Gefühle der Hilflosigkeit, Verlust des Selbst-

vertrauens, Enttäuschung über Privatleben und Arbeit, Feindseligkeit und Zynismus gegenüber Partnern gekennzeichnet ist. Gemessen wird es v.a. mit dem „Maslach Burnout Inventory" (vgl. Maslach, Jackson & Leiter, 1996) mit den drei Dimensionen „depersonalisation", „personal accomplishment" und „emotional exhaustion". In Deutschland sollen 5 % der 25- bis 40-jährigen Angestellten, in leichterer Form sogar mehr als 30 % daran leiden.

10. Klassische Führungstheorien

10.1 Carl Ferdinand Freiherr von Stumm-Halberg – Traittheorien der Führung

„Das Saarland", schreibt Hellwig (1995, S. 214) in dem Band „Saarländische Geschichte", „hat auf verhältnismäßig kleinem Raum ein eigenwilliges Unternehmertum hervorgebracht, dessen führende Köpfe vor dem Ersten Weltkrieg einen weit über die Grenzen des Bezirks hinausgehenden Einfluß auf das deutsche Unternehmertum und darüber hinaus auf die deutsche Wirtschafts- und Sozialpolitik hatten. Unter diesen nimmt Carl Ferdinand Stumm, der nachmalige Freiherr von Stumm-Halberg, einen herausragenden Rang ein, nicht nur durch seine vierunddreißig Jahre anhaltende parlamentarische Tätigkeit, nicht nur durch die scharfe Ausprägung seiner politischen und sozialen Anschauungen, sondern ebensosehr auch durch seine Leistungen als Unternehmer, als Eisenhüttenmann und Begründer eines seinerzeit führenden Montankonzerns."

Carl Ferdinand Stumm übernahm 1858 als Erbe die von vier Generationen erworbene industrielle Vormachtstellung in der südwestdeutschen Eisenindustrie, die 1715 mit der Einrichtung einer kleinen Fabrik im Hunsrück begonnen hatte. 1806 erwarb die Familie das Eisenwerk in Neunkirchen, 1809 zusammen mit anderen die Halberger Hütte und die Fischbacher Eisenschmelze. Bis 1827 gehörten der Familie Stumm auch noch 60 % der Dillinger Hütte. Allerdings war der Betrieb durch zahlreiche technologische Veränderungen in eine schwierige Situation geraten: Im Hochofen war die Holzkohle durch Steinkohle zu ersetzen, die Dampfmaschine eroberte die Betriebe, aber vor allem mußte das Eisenerz wegen der Erschöpfung der örtlichen Vorkommen über weite Wege zum Betrieb herangeführt werden. Stumm reagierte auf die Verteuerung der Rohstoffkosten durch eine Senkung der Betriebskosten: „Die Einführung einer strammen Disziplin und fester Verwaltungsgrundsätze waren die ersten Bestrebungen, welchen ich mich zunächst mit Erfolg hingab", schreibt er in seinen Memoiren (vgl. Hellwig, 1995, S. 216).

Grundvoraussetzung dieser Disziplin war das sog. „persönliche Arbeitsverhältnis" zwischen dem Unternehmer und seinem Arbeiter, das „System
Stumm", welches keinen Mittler zwischen ihm und dem einzelnen Arbeiter
duldete. Er betrachtete sich als quasi-militärischen Vorgesetzten seiner
Mitarbeiter, von denen er eiserne Disziplin verlangte. Beispielsweise
durften seine Jungarbeiter nicht vor dem 24. Lebensjahr und nur mit seiner
Genehmigung heiraten. Die Genehmigung zur Hochzeit wurde nur dann
erteilt, wenn der zukünftige Ehemann sich als arbeitsam gezeigt hatte, über
ein ausreichendes Sparguthaben verfügte, seinen Militärdienst zur Zufriedenheit seiner militärischen Vorgesetzten absolviert hatte und eine
Braut vorzuweisen hatte, die nach einem pfarramtlichen Leumundszeugnis
als unbescholten galt und schließlich noch dem kritischen Blick der
Freifrau von Stumm standhielt (vgl. Horch, 1987, S. 57). Auch die
Stummsche Betriebsordnung war berüchtigt (vgl. dazu Kapitel 7). Er hatte
zudem ein umfangreiches Spitzelsystem aufgebaut, das ihm Informationen
über die Lebensführung und insbesondere über die politischen Aktivitäten
seiner Arbeiter vermittelte. Wer beispielsweise wegen sozialdemo-
kratischer Umtriebe aufgefallen war, erhielt die Kündigung – und im Saar-
revier auch keine andere Arbeit mehr.

Die andere Seite der Medaille war, daß er sich als Kamerad seiner Arbeiter
sah, als „Hammerschmied unter Hammerschmieden", für die er persönliche
Verantwortung empfand. So zählten die Stummschen Arbeiter zu den
bestbezahlten Industriearbeitern des Saargebiets, er richtete ihnen zahlreiche Wohlfahrtseinrichtungen wie Knappschaftsvereine, Krankenhäuser
und Fortbildungsschulen ein, nahm in Krisenjahren keine Entlassungen vor
und förderte den Besitz von Häusern nach dem Vorbild der saarländischen
Grubenverwaltungen. Im Betrieb richtete er persönliche Sprechstunden für
die Arbeiter ein.

Mit diesem System ist er nicht schlecht gefahren: Er konnte sein Vermögen
in vierzig Jahren Tätigkeit verzwanzigfachen und hatte gegen Ende seines
Lebens ein jährliches Einkommen von zwei bis drei Millionen Reichsmark.
Davon konnte er sich den Saarbrücker Halberg kaufen und dort ein Schloß
(heute Sitz des Saarländischen Rundfunks) mitsamt eigener Kirche und
eigenem Friedhof errichten lassen, ferner besaß er ausgedehnte Ländereien
und Jagdreviere sowie eine private Rheininsel (vgl. Horch, 1987, S. 57).

Der Sozialwissenschaftler Leopold von Wiese (zit. nach Hellwig, 1995, S.
228) hat ihn so charakterisiert: „Menschlich betrachtet, ein ganzer Mann,
sicherlich kein fehlerfreier; vieles kann man ihm auch, rein ethisch ge-

wertet, vorwerfen; aber er stand immer im Vordertreffen, war furchtlos und voll kraftvoller Instinkte, auch nicht ohne Geist und innere Selbständigkeit. Hartnäckig und eigensinnig beharrte er bei Überzeugungen; aber sie flossen aus einer Weltanschauung und waren nicht bloß Ergebnisse des brutalsten Kapitalistenegoismus. Man lese heute seine Reden ..., sie haben ... einen großen Zug, jene stürmische Gewalt der starken Persönlichkeit ... ."

Mit Carl Ferdinand Freiherr von Stumm-Halberg haben wir offenbar einen typischen Unternehmer des ausgehenden 19. Jahrhundert vor uns, der sich vor allem durch besondere Persönlichkeitsmerkmale ausgezeichnet: furchtlos, männlich, kraftvoll, intelligent, selbständig, hartnäckig, eigensinnig, kurz: eine starke Persönlichkeit.

Dies führt unmittelbar zu den sog. Traittheorien, bei denen erfolgreiche Führung aus spezifischen Persönlichkeitsmerkmalen von Führungspersonen vorhergesagt werden soll. Genannt werden in diesem Zusammenhang u.a. Energie, Ausdauer, Willensstärke, Charakterfestigkeit, Selbstbeherrschung, Durchsetzungsfähigkeit, Dynamik, Sicherheit, Verantwortungsgefühl, Entscheidungsfähigkeit, Risikobereitschaft, Intelligenz, Initiative, Kontaktfähigkeit, Zuverlässigkeit, Urteilsvermögen, Gespür, Mut, Fairneß, Aufrichtigkeit usf. (vgl. Neuberger, 1984, S. 186). Diese werden häufig zu den vier großen Merkmalsgruppen

- Einflußbefähigung (Dominanz, Durchsetzungsfähigkeit, Selbstvertrauen, Machiavellismus, Machtmotiv etc.),
- soziale und interpersonale Fähigkeiten (Kooperationsbereitschaft, Interaktionskompetenz etc.),
- Aufgaben- und Zielorientiertheit (Initiative, Ehrgeiz, Zielbezogenheit etc.) sowic
- Fähigkeiten der Informationsverarbeitung (Intelligenz, Entscheidungs- und Urteilsvermögen)

zusammengefaßt (vgl. dazu auch Northouse, 1997).

„Entscheidend ist: Die erfolgreiche Führungsperson hat den Willen zu führen und besitzt Vertrauen in sich selbst, der Führungsaufgabe gewachsen zu sein" faßt Delhees (1995, S. 902) im renommierten „Handwörterbuch der Führung" die Befundlage noch reduzierter zusammen.

Empirisch sind die Zusammenhänge dieser Persönlichkeitsmerkmale mit dem Führungserfolg allerdings nur relativ gering, sie gehen nur selten über

10 % Varianzaufklärung hinaus. Die Streuung bei den entsprechenden Studien ist jedoch sehr groß, im Einzelfall kann auch ein Wert von bis zu 80 % erreicht werden.

Ein weiterer Schritt besteht darin, auf der Basis solcher Eigenschaftslisten – etwa mittels Faktor- oder Clusteranalysen, häufig aber auch rein intuitiv – Typologien zu entwickeln. Ein Beispiel dafür stammt von dem amerikanischen Psychoanalytiker und ehemaligen Mitarbeiter von Erich Fromm, Michael Maccoby (1984). Er hat auf der Grundlage von Interviews und Testverfahren mit 250 Managern aus zwölf amerikanischen Unternehmen folgende vier Idealtypen entwickelt (vgl. auch Mertens & Lang, 1991):

- Der Handwerker („craftsmen"): Dieser Manager vertritt traditionelle Werte, bemüht sich um seine Mitarbeiter sowie um die Qualität der Produkte und die Wirtschaftlichkeit seines Unternehmens. Er baut gerne etwas auf und beurteilt seine Mitarbeiter und Kollegen danach, ob sie ihn bei dieser Aufgabe unterstützen.
- Der Dschungelkämpfer („jungle fighter"): Hauptmotiv dieses Managers ist das Machtstreben, das sich sehr ungeschützt (= Löwen) oder eher indirekt und trickreich (= Füchse) vollziehen kann.
- Der Firmenmensch („companymen"): Dieser Managertyp bezieht seine Stärke aus der meist jahrelangen Zugehörigkeit zu einer ihm Schutz und Status gewährenden Firma. Sicherheit ist ihm wichtiger als Erfolg, ferner ist er besonders um das Wohlergehen der Mitarbeiter bemüht. Kreativen Firmenmenschen gelingt es oft, eine besonders stimulierende und kooperative Arbeitsatmosphäre zu schaffen, in wettbewerbsintensiven und innovativen Unternehmen hingegen sind sie weniger erfolgreich.
- Der Spielmacher („gamesman"): Der „gamesman" betrachtet seine Arbeit wie seine Karriere insgesamt unter den Gesichtspunkten von Chancen und Risiken. Er will Ruhm und Anerkennung und fürchtet vor allem den Mißerfolg und das Image des Verlierers. Entsprechend geht er gern kalkulierte Risiken ein und ist von Hochtechnologien und neuen Produktionsmethoden fasziniert.

Insbesondere solche psychoanalytischen Konzepte weisen auf die dunkle und deutlich weniger empirisch untersuchte Seite von Führungspersönlichkeiten hin: Der Psychoanalytiker Manfred Kets de Vries, seinerzeit Professor für Organisationslehre und Personalführung am renommierten Europäischen Institut für Unternehmensführung (INSEAD) in Fontainebleau, will in seiner Beratungstätigkeit entdeckt haben, daß gegenwärtig unter den

Führungspersönlichkeiten ein anderer Typus besonders hervorsticht: die narzißtische Persönlichkeit. „Während des Studiums von Führungspersönlichkeiten erkannten wir bald, daß eine entscheidende Komponente ihrer Orientierung die Qualität und Intensität ihrer narzißtischen Entwicklung ist. Falls es eine bestimmte Persönlichkeitskonstellation gibt, zu der Führer neigen, so ist es die narzißtische" (Kets de Vries & Miller, 1995, S. 1609). Und weiter: „Oft ist Narzißmus die treibende Kraft, die hinter dem Wunsch steht, eine Führungsposition zu erreichen. ... Narzißten meinen, daß sie sich eher auf sich selbst, als auf andere verlassen müssen, um die Lebensbedürfnisse zu befriedigen. Sie geben vor, sich zu genügen, aber in der Tiefe ihres Wesens verspüren sie ein Gefühl von Verlust und Leere. Um mit diesen Gefühlen fertig zu werden, vielleicht als Deckmantel für ihre Unsicherheit, sind Narzißten damit beschäftigt, ihre Adäquanz, Macht, Schönheit, ihren Status, ihr Prestige und ihre Überlegenheit nachzuweisen" (a.a.O., 1995, S. 1610).

Nach gängigen psychoanalytischen Beschreibungen (vgl. Kernberg, 1975a; Übersicht bei Mertens & Lang, 1991, S. 120) zeigen Menschen mit ausgeprägten narzißtischen Persönlichkeitszügen Anzeichen von Größenphantasien, Minderwertigkeitsgefühlen und übermäßigem Angewiesensein auf Bewunderung und Bestätigung durch Andere. Sie haben wenig Einfühlungsvermögen für ihre Mitmenschen, gehen ausbeuterische, gelegentlich parasitäre Beziehungen zu diesen ein und leiden stark unter Neid. Sie neigen ferner dazu, Ereignisse und Personen entweder als nur gut oder als nur schlecht wahrzunehmen. Eine mögliche Ursache wird im Einfluß dominierender, kalter und zugleich überfürsorglicher Elternfiguren – und insbesondere der Mütter – gesehen, die eigene narzißtische Phantasien an ihrem Kind auslassen. Häufig sind narzißtische Persönlichkeiten das einzige Kind in der Elternfamilie, oder sie waren das einzige begabte oder besonders hübsche Kind, von dem die Eltern erwarteten, daß es die ehrgeizigen Ambitionen der gesamten Familie erfüllen werde. Die psychoanalytische Literatur zum Thema ist allerdings außerordentlich vielfältig und von einem einheitlichen Verständnis des Konzepts noch weit entfernt.

Einer der führenden Theoretiker – der schon genannte Kernberg (1975a) – weist im übrigen darauf hin, daß narzißtische Persönlichkeiten häufig sozial außerordentlich gut angepaßt sind: „Sie haben eine Befähigung zu sehr aktiver und beharrlicher Arbeit in bestimmten Bereichen, die ihnen eine teilweise Erfüllung ihrer Größenambitionen ermöglicht und Bewunderung von anderen verschafft. Hochintelligente Menschen mit dieser Persönlichkeitsstruktur können sogar auf ihrem Gebiet als recht kreativ erscheinen, man findet zum Beispiel oft narzißtische Persönlichkeiten in führenden Industrieunternehmen oder akademischen Institutionen; auch in bestimmten künstlerischen Bereichen können sie gelegentlich Hervorragendes leisten" (Kernberg, 1978, S. 261 f.). Diese Anmerkung verdeutlicht, daß es vielfältige Ausdrucksmöglichkeiten der narzißtischen Persönlichkeit gibt, die von einer durchschnittlichen, unauffälligen Ausprägung bis zu schwer psychopathologischen Formen reichen. Kernberg (1978) schlägt dementsprechend vor, von einer narzißtischen Persönlichkeit auch nur dann zu sprechen, wenn Größenideen, eine extrem egoistische Einstellung anderen gegenüber sowie ein auffälliger Mangel an Empathie und extreme Abhängigkeit von der Bewunderung durch andere vorliegen.

Auch Kets de Vries (1996) unterscheidet drei idealtypische Varianten von Narzißmus, die von unauffällig bis pathologisch reichen:

- Der konstruktive Narzißt: Er wird – zumindest im Führungsverhalten – als vergleichsweise gesunde Führungskraft angesehen. Er hat zwar gelegentlich auch Züge der beiden nachfolgenden Typen, kann jedoch im allgemeinen mit Mitarbeitern recht gut umgehen, weil er ein hohes Maß an Vertrauen in ihre Fähigkeiten besitzt und außerordentlich aufgaben- und zielorientiert vorgeht. Dadurch wirkt er gelegentlich kalt und arrogant. Zwar genießen es auch die konstruktiven Narzißten, von anderen bewundert zu werden, aber zugleich können sie ihre Fähigkeiten und Grenzen realistisch einschätzen. Ihren Entscheidungen gehen umfangreiche Analysen und Beratungen voran. „Für Menschen in Führungspositionen ist eine gesunde Portion Narzißmus wichtig. Narzißmus ist ein Motor, der zur Teilnahme am öffentlichen und politischen Leben motiviert. Diese konstruktive Form von Narzißmus, die auf einem gesunden Selbstwertgefühl, einer sicheren Identität und einem klaren Selbstverständnis basiert, macht einen großen Teil einer Führungsperson aus", beschreibt Kets de Vries (1996) diesen Typus zusammenfassend.

- Der selbsttäuschende Narzißt: Menschen aus dieser Gruppe zeigen viele Züge der reaktiven Narzißten, jedoch weniger ausgeprägt. Insbesondere hinsichtlich ihrer sozialen Beziehungen sind sie zugänglicher als die reaktiven Narzißten, dies geschieht jedoch mehr aus dem Motiv heraus, einfühlsam zu scheinen als aus echter Anteilnahme. Der selbsttäuschende Narzißt ist zudem bei seinen Entscheidungen unsicherer und sucht aus Angst vor Fehlern und Mißerfolgen eher den Rat von Mitarbeitern und Kollegen. Er möchte zudem von den Menschen, mit denen er verkehrt, geliebt und bewundert werden.

- Der reaktive Narzißt: Nur in diesem Fall liegt eine schwere Form der narzißtischen Störung vor. Reaktive Narzißten als Führungspersönlichkeiten sind häufig extrem fordernde Aufseher, die sich vor allem mit Schmeichlern umgeben. Das Schicksal der Mitarbeiter interessiert sie nicht; sie ignorieren die Bedürfnisse ihrer Untergebenen ebenso wie die der Gleichgestellten. Bei Entscheidungen neigen sie dazu, auch extrem riskante Projekte ohne hinreichende Prüfung zu übernehmen. Sie geben keine eigenen Fehler zu, sind empfindlich bei Kritik und suchen die Ursache für Fehler vorzugsweise bei Anderen.

Ein psychopathologisches Ausmaß an Narzißmus ist mindestens bedrohlich, wenn nicht gar schädlich für Organisationen: „Eine gesunde Organisation unterscheidet sich von einer pathologischen durch ihre Fähigkeit, narzißtische Charaktere von Schlüsselpositionen fernzuhalten", schreibt dazu der Psychoanalytiker Symington (1999, S. 24; vgl. auch Gabriel, 1999): Damit wird zu Recht angesprochen, daß Führungsverhalten auch entgleisen kann. Dieses Thema wird in der modernen Führungsforschung unter dem Stichwort „derailment" diskutiert. Gesucht werden – ganz in traittheoretischer Tradition – diejenigen Persönlichkeitsmerkmale, die zum Mißerfolg von Vorgesetzten führen; Arroganz, mangelnde Sensibilität, Verschleiß, Verschlossenheit, Überlastung, Unzuverlässigkeit, Suche nach Aufmerksamkeit, Rechthaberei, fehlende soziale Intelligenz, mangelnde Teamfähigkeit, übergroßer Ehrgeiz, Unfähigkeit zum strategischen Denken u. dgl. werden hier genannt (vgl. dazu McKenna, 2000, S. 387f.; Weinert, 1998, S. 501). Es spricht viel dafür, zukünftig auch die dunklen Seiten von Führungspersönlichkeiten stärker zu beachten.

Organisationspsychologische Forschungen zum Führungsverhalten zeigen also unter dem Stichwort der Trait- oder Eigenschaftstheorie eine große Anzahl von Persönlichkeitseigenschaften, die oft zu Typologien zusammengefaßt werden. Psychoanalytisch orientierte biographische Analysen oder Beobachtungen einzelner Führungspersönlichkeiten weisen darüber hinaus auf die besondere Bedeutung von Persönlichkeitsmerkmalen hin, die zum sog. „derailment" von Vorgesetzten führen können.

Zurück zu Julia M.: Sie hat bei ihrer Firma inzwischen an einem „Career counseling workshop" (vgl. dazu Kapitel 4) teilgenommen, also einem Assessment-Center zur frühzeitigen Entdeckung von geeigneten Nachwuchs-Führungspersönlichkeiten. Dabei stellte sich erfreulicherweise heraus, daß sie über genügend Einflußbefähigung, soziale und interpersonale Fähigkeiten, Aufgaben- und Zielorientiertheit sowie Fähigkeiten zur Informationsverarbeitung verfügt, mithin also zumindest aus traittheoretischer Sicht hoffen darf, eine gute Führungskraft zu werden. Sven H. suchte an der Universität vergebens nach einer solchen Möglichkeit, er hat statt dessen an einem Seminar in der Klinischen Psychologie teilgenommen und einen Fragebogen zum Narzißmus ausgefüllt (vgl. Gunderson, Ronningstam & Bodkin, 1990). Dabei stellte sich heraus, daß er durch ein für einen zukünftigen Hochschullehrer durchaus angemessenes, aber keinesfalls übertriebenes Maß an Narzißmus gekennzeichnet ist.

10.2 Mitarbeiter- vs. Aufgabenorientierung – Verhaltensorientierte Ansätze

Nach dem Zweiten Weltkrieg verlagerte sich unter dem Einfluß des Behaviorismus der Schwerpunkt der Führungsforschung von der Suche nach speziellen Persönlichkeitsmerkmalen zur Beobachtung des konkreten Führungsverhaltens. Dessen Beobachtung und Klassifizierung wurden die Aufgaben der Führungsforschung dieser Zeit (vgl. dazu zusammenfassend Northouse, 1997). Eine der ersten Studien in diesem Kontext waren die Untersuchungen von Lewin, Lippitt und White (1939) mit den bekannten drei Typen

- demokratischer,
- autoritärer und
- laissez-faire-Führungsstil.

Von herausragender Bedeutung für diese Forschung aber wurden zwei andere Arbeiten: Die Michigan-Leadership-Studien von Likert (1961) und die Ohio-Studien von Fleishman et al. (1953), auf deren Befunde später das sog. Grid-System von Blake und Mouton (1964) sowie das Vier-Faktoren-Führungsmodell von Bowers und Seashore zurückgriff (1966; vgl. zum folgenden Weinert, 1998). Diese sollen im folgenden vorgestellt werden:

- Die Michigan-Leadership-Studien: Etwa seit 1947 wurden an der Universität Michigan von Likert, Katz, Maccoby, Kahn und Seashore

Studien zum Führungsverhalten durchgeführt, die zu den beiden Führungsstilen „production-centered" (= produktionszentriert) und „employee-centered" (= mitarbeiterzentriert) führten. Ein produktionsorientierter Führer betont den technischen Aspekt der Arbeit, sieht die Mitarbeiter als Werkzeuge zur Zielerreichung, definiert die Aufgaben und Rollen innerhalb der Arbeitsgruppe sehr genau, trifft die meisten Entscheidungen selbst, setzt sie notfalls mit Macht durch und berücksichtigt die Interessen und Ziele seiner Mitarbeiter nur am Rande. Ein mitarbeiterzentrierter Führer hingegen betont stark die persönlichen Beziehungen bei der Arbeit, hat ein persönliches Interesse an den Bedürfnissen und Zielen seiner Mitarbeiter und delegiert häufiger Entscheidungen an die Gruppe. Wichtig für das weitere Verständnis der Führungstheorien ist hier die Idee *einer* Dimension mit den Endpunkten „aufgabenzentriert" und „personenzentriert". Untersuchungen zur Effizienz der beiden Führungsstile zeigten, daß hinsichtlich der kurzfristigen Effekte der aufgabenzentrierte, hinsichtlich der langfristigen Produktivität der personenzentrierte Stil überlegen ist.

- Das Ohio-Modell: Parallel dazu, aber unabhängig davon haben Hemphill, Fleishman, Stogdill und Shartle (vgl. etwa Fleishman, 1953) an der Ohio-State-University Anfang der fünfziger Jahre Untersuchungen durchgeführt, die zu den beiden Dimensionen des Führungsverhaltens „initiation of structure" oder I-S-Führungsstil und „consideration" oder C-Führungsstil geführt haben. I-S-Stil meint dabei einen Vorgesetzten, der die Arbeitsrollen und -aufträge klar definiert und vorgibt, C-Stil meint ein Vorgesetztenverhalten, das durch Aufmerksamkeit und Rücksichtnahme des Führers gegenüber seinen Untergebenen gekennzeichnet ist. Die beiden Dimensionen werden als unabhängig voneinander gedacht und mit zwei Fragebögen gemessen: Dem LOQ (= „Leadership Opinion Questionnaire" von Fleishman, 1960), mit dem die Führungsperson sich selbst beschreibt, und dem LBDQ (= „Leadership Behavior Description Questionnaire" von Stogdill, 1963), das von Mitarbeitern und Kollegen ausgefüllt wird. In weiteren Studien zur Effektivität dieser beiden Verhaltensoptionen zeigte sich, daß I-S-Führer hoch von ihren Mitarbeitern bewertet werden und daß diese Gruppen eine hohe Produktivität aufweisen. Zugleich findet sich hier aber eine höhere Fluktuationsrate, häufigeres Fernbleiben von der Arbeit und eine geringere Arbeitszufriedenheit als bei den C-Führern. Am besten schnitten diejenigen Führer ab, die auf beiden Dimensionen als überdurchschnittlich eingestuft wurden.

- Das Grid-System: Das von Blake und Mouton (1964) vorgestellte Grid-System („Grid" = Gitter) entwickelt den Ohio-Ansatz dahingehend weiter, daß die beiden Dimensionen IS und C quantitativ in neun Stufen differenziert werden. Danach ist der sog. 9/9-Führer der beste Vorgesetzte, weil er sich sowohl personen- wie produktionszentriert verhält. Die zweite Weiterentwicklung dieses Modells besteht darin, daß die Erfinder zugleich ein „Zwei-Stufen-Entwicklungs- und Trainingsprogramm" vorschlagen, das aus dem Training der Führungskräfte in Richtung auf den 9/9-Führungsstil und dem Setzen spezifischer Arbeitsziele für die Arbeitsgruppen besteht.

- Das „Vier-Faktoren-Führungsmodell": Schließlich ist noch das Modell von Bowers und Seashore (1966) zu erwähnen, das die bisherigen zwei-faktoriellen Führungsmodelle auf die vier Faktoren „support" (= Unterstützung und Hilfe), „interaction facilitation" (= Förderung der Interaktion zwischen den Gruppenmitgliedern), „goal-emphasis" (= Betonung der Arbeitsziele) und „work facilitation" (= Förderung des Erreichens der Arbeitsziele) erweitert, die man allerdings ohne große Mühe auch wieder zu den beiden schon mehrfach genannten Dimensionen C- vs. IS-Führungsstil zusammenfassen könnte.

Insgesamt finden sich nach allem theoretisch wie empirisch recht stabile Hinweise auf mindestens zwei unabhängige Dimensionen C- vs. IS-Führungsstil oder Mitarbeiter- vs. Aufgabenorientierung, die allenfalls weiter ausdifferenziert werden können. Obwohl Julia M. und Sven H. dies alles schon im Verlaufe des Studiums einmal gelernt hatten, nehmen sich beide vor – sie angeregt durch ein Führungsseminar, er durch den Besuch einer organisationspsychologischen Fachtagung – als Vorgesetzte zukünftig gleichermaßen auf die Arbeit wie auf die Mitarbeiter zu achten.

10.3 Vom Kontingenzmodell zum Reifegrad – Situationsbezogene Konzepte

Die nächste Weiterentwicklung im Bereich der Führungstheorien bezieht sich auf die Berücksichtigung der Situation bzw. spezifischer Situationsvariablen. Hier sind

- das Kontingenzmodell von Fiedler (1967),
- der sog. „situative Ansatz" von Hersey und Blanchard (1996) und
- die Methode der Situationsdiagnostik von Vroom und Yetton (1973)

zu nennen.

Grundannahme des Kontingenzmodells ist der Gedanke, daß der Führungs-stil eines Vorgesetzten und die Günstigkeit einer Situation zusammen-passen müssen. Die Günstigkeit oder Ungünstigkeit der Situation setzt sich aus drei Variablen zusammen: Persönliche Beziehungen zwischen Führungsperson und Gruppe (gut-schlecht), Grad der Strukturiertheit der Aufgabe (hoch-niedrig) und Macht und Autorität der Führungsperson (stark-schwach). Daraus ergibt sich eine Anordnung der Situationen von „sehr günstig" (= gute Beziehungen zwischen Vorgesetztem und Mitar-beitern, hohe Aufgabenstruktur und starke Positionsmacht des Vorge-setzten) und „sehr ungünstig" (= schlechte Beziehungen zwischen Vorge-setztem und Mitarbeitern, niedrige Aufgabenstruktur und schwache Positionsmacht des Vorgesetzten).

Den Führungsstil ermittelt Fiedler (1967) mit einem Fragebogen, in dem er nach dem „least preferred coworker", also dem am wenigsten gemochten Mitarbeiter fragt. Vorgelegt werden achtstufige semantische Differentiale wie „freundlich-unfreundlich", „kooperativ-unkooperativ" etc. Ein hoher LPC-Wert bedeutet, daß die Führungskraft den am wenigsten gemochten Mitarbeiter immer noch relativ positiv beschreibt, diese Führungskraft ver-hält sich also eher personenzentriert. Demgegenüber trennt die Führungs-kraft mit einem niedrigen LPC-Wert nicht zwischen der Arbeitsleistung und der Persönlichkeit des LPC, sie wird als aufgabenzentriert einge-schätzt.

Zwischen den beiden Dimensionen finden sich nun folgende Zusammen-hänge: Extrem günstige und extrem ungünstige Situationen sind für auf-gabenzentrierte (= niedriger LPC-Wert) besser, Situationen mittlerer Günstigkeit sind für personenzentrierte Führer (= hoher LPC-Wert) günstiger.

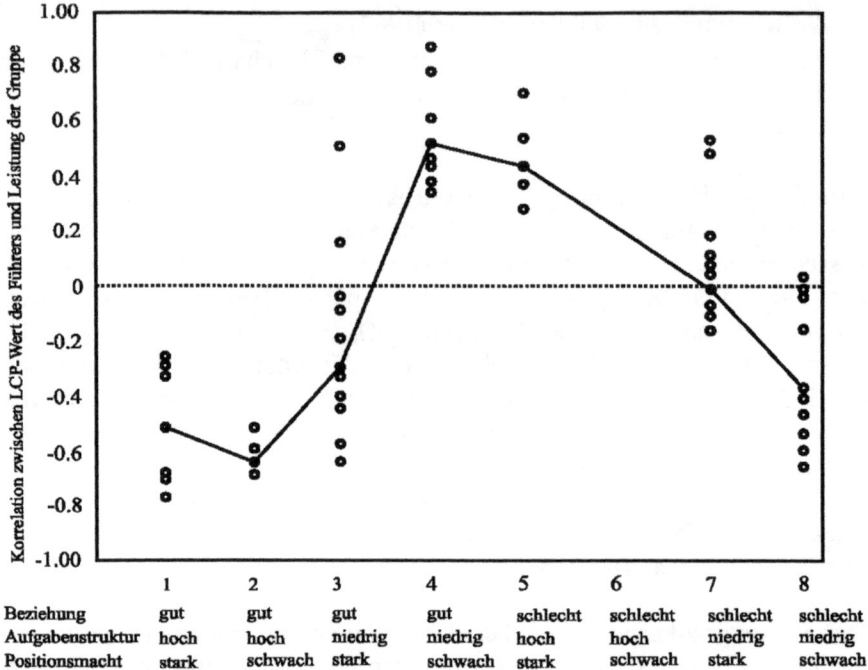

Abb. 18: Korrelation zwischen LPC-Werten und Leistungen unter
verschiedenen situativen Bedingungen nach Fiedler (1967)

Ausgehend von diesem induktiven Modell und entsprechenden empirischen
Befunden sagt Fiedler nun, daß es zur Erzielung optimaler Arbeitsergebnisse leichter ist, die Situation zu verändern als die Führungskraft.
Von daher empfiehlt er das sog. „organizational engineering", d.h. die Veränderung der Situation nach dem Führungsstil der Führungskraft.

Die Ergebnisse von entsprechenden Metaanalysen (Peters, Hartke &
Pohlmann, 1985; Strube & Garcia, 1981) stützen die Theorie in vielen
Aspekten. Abweichungen gab es allerdings bei Feldstudien, die nicht zur
Entwicklung, sondern zur Überprüfung der Theorie durchgeführt wurden.
Kritisiert wird ferner, daß die LPC-Skala keine stabile motivationale
Grunddimension der Vorgesetzten erfasse und sie zudem nicht – wie von
den Michigan-Studien übernommen – eindimensional sei (vgl. zur Kritik
Gebert & Rosenstiel, 1996).

Der situative Ansatz von Hersey und Blanchard (1996) erweitert die verhaltensbezogenen Konzepte – insbesondere das Ohio- und das Blake &

Mouton-Konzept – durch den Gedanken, daß der optimale Führungsstil auch vom Reifegrad der Geführten abhängt. Mit Reifegrad ist die Bereitschaft der Mitarbeiter gemeint, Verantwortung für die von ihnen durchgeführte Arbeit zu übernehmen.

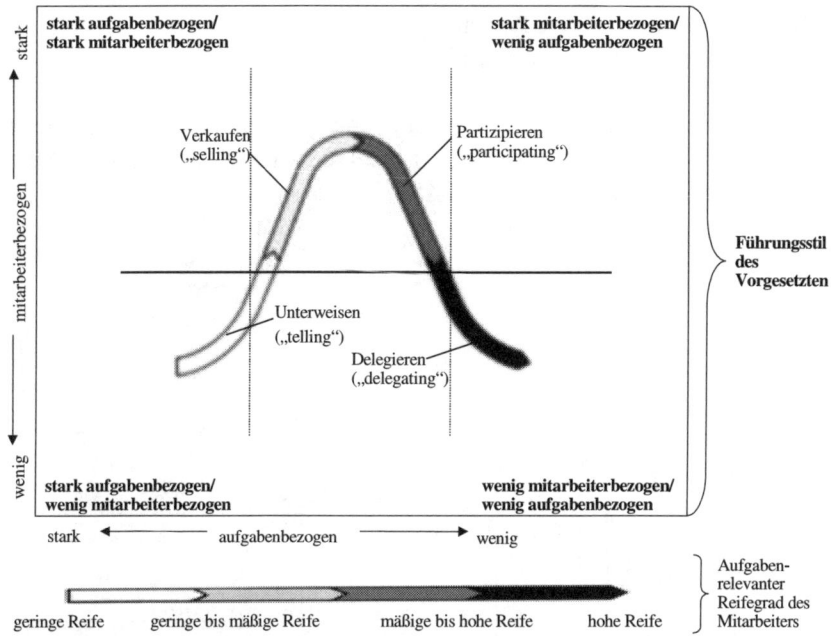

Abb. 19: Der situative Ansatz von Hersey und Blanchart (1996) nach Weinert (1998)

Die Autoren unterscheiden die vier Reifegrade:

- gering: Die Geführten sind unfähig und nicht bereit, Verantwortung zu übernehmen.
- gering bis mäßig: Die Geführten sind zwar willens, aber noch unfähig, eine Aufgabe zu übernehmen.
- mäßig bis hoch: Die Geführten sind fähig, aber nicht immer bereit, eine Aufgabe eigenverantwortlich durchzuführen.
- hoch: Die Geführten sind fähig und willens, eigenverantwortlich zu arbeiten.

Je nach dem Reifegrad der Mitarbeiter werden der Führungskraft folgende Verhaltensweisen empfohlen:

- „telling": Viele mitarbeiterbezogene Weisungen, genaue Angaben.
- „selling": Verkaufen und Überreden.
- „participating": Stark unterstützender, mitarbeiterbezogener Stil.
- „delegating": Starke Delegation von Aufgaben.

Die Autoren verwenden eine sog. „Leader Behavior Analysis"-Skala zur Situations- und Verhaltensanalyse und wenden das Modell in entsprechenden Führungskräftetrainings an.

Die Situationsdiagnostik von Vroom und Yetton (1973) konzentriert sich besonders auf den Aspekt der Entscheidung, indem es den Führungspersonen folgende Fragen vorlegt:

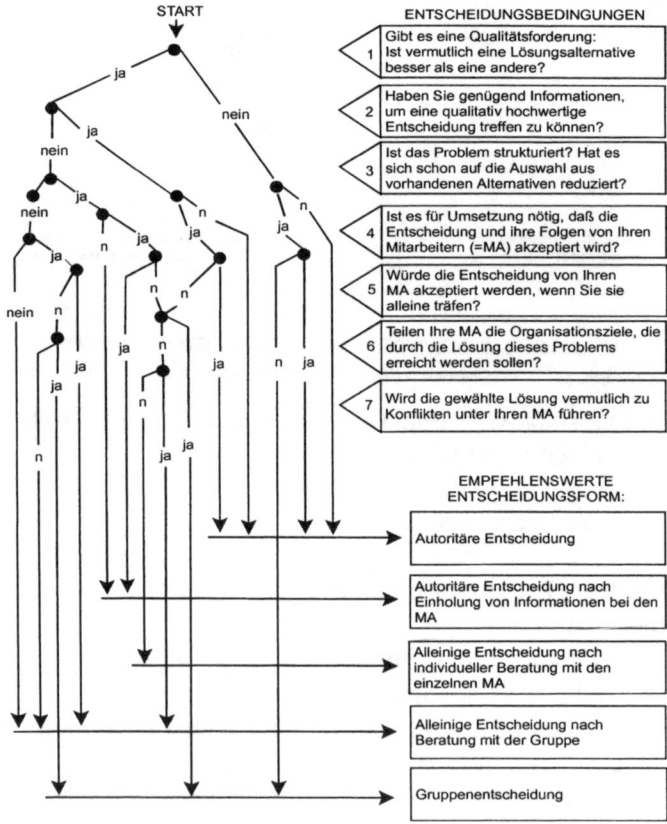

Abb. 20:   Entscheidungsbaum nach Vroom und Yetton (1973) nach Rosenstiel (2000)

Je nach Beantwortung der entsprechenden Frage soll der Vorgesetzte dann entscheiden. Empirische Überprüfungen (vgl. Zusammenstellung bei Rosenstiel 2000, S. 309) stützen das Modell.

Diese Erkenntnisse beunruhigen Julia M. und Sven H. vorerst nicht; die Zeit, bis sie selbst in entsprechende Führungssituationen gelangen werden, erscheint ihnen momentan noch als ziemlich lang. Aber sie merken sich, zusammen mit den anderen Abschnitten, folgende Punkte:

(1) Bei den Traittheorien findet sich als Ergebnistrend, daß effizientes Führungsverhalten systematisch mit Einflußbefähigung (Dominanz, Durchsetzungsfähigkeit, Selbstvertrauen, Machiavellismus, Machtmotiv etc.), sozialen und interpersonalen Fähigkeiten (Kooperationsbereitschaft, Interaktionskompetenz etc.), Aufgaben- und Zielorientiertheit (Initiative, Ehrgeiz, Zielbezogenheit etc.) und Fähigkeiten der Informationsverarbeitung (Intelligenz, Entscheidungs- und Urteilsvermögen) kovariiert.

(2) Erste verhaltensorientierte Ansätze waren die Michigan-Schule mit ihrer eindimensionalen Lösung aufgaben- vs. mitarbeiterzentriert und die Ohio-Schule mit den beiden unabhänigen Dimensionen C und IS. Daraus haben sich u.a. das GRID-System von Blake und Mouton (1964) sowie das Vier-Faktoren-Führungsmodell von Bowers und Seashore (1966) ergeben. In diesen Arbeiten finden sich theoretisch wie empirisch stabile Hinweise auf zwei unabhängige Dimensionen C- vs. IS-Führungsstil oder Mitarbeiter- vs. Aufgabenorientierung, die allerdings auch weiter ausdifferenziert werden können.

(3) Bei den situativen Konzepten sind das Kontingenzmodell von Fiedler (1967), der sog. „situative Ansatz" von Hersey und Blanchard (1996) und die Methode der Situationsdiagnostik von Vroom und Yetton (1973) zu nennen. Danach zeigt sich, daß die Effizienz des Führungsverhaltens nicht ausschließlich von bestimmten Persönlichkeitsmerkmalen oder spezifischen Verhaltensweisen abhängt, sondern stark mit Merkmalen der Situation kovariiert.

11. Moderne Führungstheorien

11.1 Kognitionen – Kognitive Ressourcen, „path-goal"-Konzept, Attributionstheorie

„Die Manager der Zukunft haben Format. Sie sind aufrichtige und kompetente Persönlichkeiten, keine machtversessenen Unternehmensstatthalter, für die Status und Abgrenzung wichtiger sind als die Zukunft der Firma. ... Sie sind ohne Unterlaß erfolgreich um Effizienz und Verbesserungen bemüht, statt sich auf ihren Lorbeeren auszuruhen. Sie steigen nicht hochnäsig aus ihren Nobelkarossen und flüchten allmorgendlich in ihre gut abgeschotteten Bürofestungen, sondern zeigen sich regelmäßig selbstverständlich in allen Abteilungen des Unternehmens als Ansprechpartner für jedermann. ... Die Chefs von morgen besitzen die Kühnheit, Bekanntes zu bezweifeln, und den Mut, Neues umzusetzen. Sie nehmen die ‚Heraus'-Forderung der Gegenwart an, indem sie aus dem herrschenden Weltbild von Mißtrauen, Vorurteilen und überholten Denkgewohnheiten ‚heraus'-treten. Die neuen Chefs können gut und pfleglich mit Menschen umgehen. Sie wahren Verbindlichkeit und lassen Menschlichkeit zu. ... Für sie haben Partizipation, Kooperation und Zusammenarbeit einen ungleich höheren Stellenwert als Konkurrenz und Wettbewerb", so und noch viel länger lesen es Julia M. und Sven H. auf der Suche nach persönlicher Orientierung im Berufsaufstieg in dem Buch „Der neue Führungsstil" (Seiling, 1994, S. 24ff.), bis ihnen zum Schluß ziemlich kleine Brötchen präsentiert werden: „Ein Riesenproblem wird allerdings die Beschaffung solcher Führungspersönlichkeiten sein ..."(a.a.O., S. 26). Sicher ist jedenfalls mal, daß die klassischen Führungstheorien solche Persönlichkeiten weder erfordern noch hervorbringen. Vielleicht aber finden sich ja Ansätze dazu in den modernen Ansätzen? Wenden wir uns nun also diesen zu.

Eines der Persönlichkeitsmerkmale erfolgreicher Vorgesetzter hatten wir oben als Fähigkeit der Informationsverarbeitung (Intelligenz, Entscheidungs- und Urteilsvermögen) bezeichnet. Dieser Aspekt wird in den modernen Führungstheorien unter Berücksichtigung der lange Zeit in der Allgemeinen Psychologie dominierenden kognitionspsychologischen Aspekte wie folgt weiter ausgebaut.

Unter dieser Perspektive sind

- die *Theorie der kognitiven Ressourcen*,
- das *„path-goal"-Konzept* sowie
- die *Attributionstheorie der Führung*

zu nennen.

Fiedler stellt 1986 mit der *Theorie der kognitiven Ressourcen* einen Entwurf vor, mit dem er erklären will, durch welche kognitiven Prozesse eine Führungskraft eine Gruppe von Mitarbeitern erfolgreich anleiten kann. Danach korrelieren Führungspersönlichkeit und Gruppenmerkmale dann positiv, wenn der Vorgesetzte direktiv ist, die Umwelt unterstützend und streßfrei ist. Nur dann können die hier relevanten kognitiven Fähigkeiten der Führungsperson – seine Intelligenz und seine Erfahrung – auch wirksam werden.

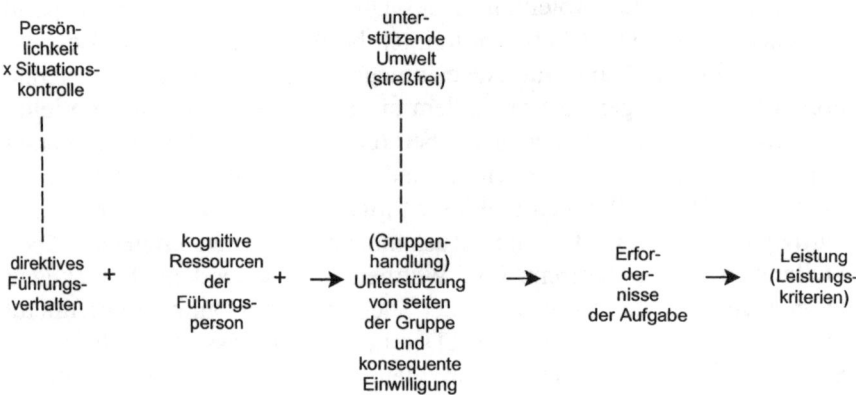

Abb. 21: Theorie der kognitiven Ressourcen von Fiedler (1986) nach Weinert (1998)

Insgesamt ist dieses Modell wohl eher als eine Art programmatische Äußerung zu verstehen, nach der hinsichtlich der intellektuellen Erfordernisse von Führungskräften auch die entsprechende Aufgabe und die Unterstützung der Gruppe und der Umwelt insgesamt vorliegen müssen. Entsprechend sind die empirischen Belege für den Ansatz nicht eben zahlreich und von den Ergebnissen her uneindeutig (vgl. Veccio, 1990). Zudem steht eine Integration dieses Ansatzes in die Kontingenztheorie noch aus.

Das *„path-goal"*- oder *Weg-Ziel-Konzept* (Evans, 1970; House & Mitchell, 1974) konzentriert sich auf die Frage, wie der Vorgesetzte die Wahrnehmung von Arbeitszielen durch seine Untergebenen beeinflußt und sie mit deren eigenen Zielen in Übereinstimmung bringt. Der Ansatz baut insofern auf den Instrumentalitätstheorien der Arbeitsmotivation, den Ohio-Studien zur Führung und dem Fiedlerschen Kontingenzmodell auf, als er Personen- und Arbeitsorientierung zusammenführt und ebenfalls nach den damit verbundenen kognitiven Vorgängen fragt. Das allgemeine Postulat des Ansatzes ist, daß ein Gruppenmitglied nur dann eine Handlung als Teil des Gruppenerfolgs aufnimmt, wenn für ihn ersichtlich ist, daß diese Handlung auch mit seinen eigenen Teilzielen übereinstimmt. Die Funktion des Führers besteht also darin, durch Be- und Entlohnung, durch seinen Führungsstil und durch die Planung und Strukturierung der Aufgabe den Gruppenmitgliedern das Erreichen der Gruppenziele wie der jeweiligen Einzelziele zu erleichtern. Einfach gesagt, muß der Vorgesetzte klarstellen, verdeutlichen und Hindernisse beseitigen.

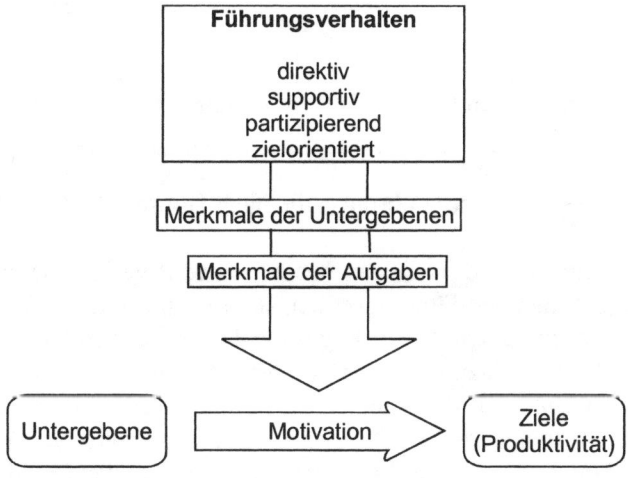

Abb. 22: Das „Weg-Ziel-Konzept" der Führung

Die o.a. Vorgesetztenfunktionen konkretisieren sich bei House (1973) in vier kombinierbaren Führungsstilen: *unterstützende Führung* (= C-Stil), *direktive Führung* (= I/S-Stil), *partizipative Führung* und *leistungsorientierte Führung*. Unter Berücksichtigung von Situationsvariablen wie Persönlichkeitseigenschaften der Geführten und Charakteristika der Aufgabe entsteht daraus im positiven Fall ein leistungsförderndes Führungsverhalten.

Beispiele für	Führungsstile			
Situationsmerkmale	Direktiv	Supportiv	Zielbezogen	Teilnehmend
Aufgabe				
strukturiert	Nein	Ja	Ja	Ja
unstrukturiert	Ja	Nein	Ja	Nein
klare Ziele	Nein	Ja	Nein	Ja
unklare Ziele	Ja	Nein	Ja	Nein
Untergebene				
sachkundig	Nein	Ja	Ja	Ja
nicht sachkundig	Ja	Nein	Ja	Nein
hohe Zielerwartungen	Nein	Nein	Ja	Nein
hohe soziale Bedürfnisse	Nein	Ja	Nein	Ja
Formale Autorität				
umfassend	Nein	Ja	Ja	Ja
eingeschränkt	Ja	Ja	Ja	Ja
Arbeitsgruppe				
starkes soziales Netzwerk	Ja	Nein	Ja	Ja
Erfahren in der Zusammenarbeit	Nein	Nein	Nein	Ja
Organisationskultur				
unterstützt Partizipation	Nein	Nein	Nein	Ja
am Ziel orientiert	Nein	Nein	Ja	Nein

Abb. 23: Effektivität der Führungsstile nach House (1973)

Ersichtlich finden sich in diesem Modell sowohl verhaltensorientierte Ansätze in den genannten Führungsstilen, situationsbezogene Überlegungen in den Situationsvariablen sowie kognitive Überlegungen im Sinne der Erwartungs-Wert-Ansätze und deren Wahrnehmung durch den Vorgesetzten. In der Praxis hat sich die Theorie im Rahmen des sog. *„management by objectives"*-Prinzips (= MbO) bewährt, bei dem zwischen Vorgesetztem und Mitarbeiter spezifische Zielvorgaben vereinbart werden, die der Mitarbeiter nach eigenem Ermessen erreichen kann. Metaanalysen zur Effizienz dieser Managementtechnik zeigen (vgl. Gebert & Rosenstiel, 1996), daß die MbO-Betriebe hinsichtlich der Qualität der Kooperation, des Organisationsklimas, des leistungsbezogenen Engagements, der Leistungskennziffern und der Zielerreichung den nicht nach MbO geführten Betrieben überlegen sind.

Die *Attributionstheorie der Führung* (vgl. Übersicht bei Mitchell, 1995) überträgt sozial- und kognitionspsychologische Ansätze auf organisationspsychologische Fragestellungen. Hier interessiert, wie Vorgesetzte insbesondere schwache Leistungen ihrer Mitarbeiter beurteilen und wie sie darauf reagieren. Die erste Attribution im Modell bezieht sich auf die Erklärung des Fehlverhaltens oder der Leistungsschwäche des Mitarbeiters, die entsprechende Attribution folgt den Prinzipien der Unterschiedlichkeit, der Übereinstimmung und der Konsistenz des Fehlverhaltens. Der Vorgesetzte fragt sich, ob der Mitarbeiter überall leistungsschwach ist oder nur in der momentan vorliegenden Situation (= Unterschiedlichkeit), ob alle Mitarbeiter in der konkreten Situation ähnliches Verhalten zeigen oder nur der momentan beachtete Mitarbeiter (= Übereinstimmung) und ob er in einer ähnlichen Situation schon einmal versagt oder aber sie erfolgreich gelöst hat (= Konsistenz). Entsprechend zieht er seine Schlußfolgerungen hinsichtlich der Ursache des Problems.

Ein Beispiel (vgl. Mitchell & Wood, 1980): Eine Krankenschwester dosiert die einem Patienten verschriebenen Medikamente falsch. Wenn der vorgesetzte Stationsarzt nun denkt, daß die betreffende Schwester auch schon bei anderer Gelegenheit falsch dosiert hat (= geringe Unterschiedlichkeit des Verhaltens), daß sie auch bei anderen Aufgaben auf der Station Schwächen gezeigt hat (= hohe Übereinstimmung des Fehlverhaltens mit anderen Verhaltensweisen) und daß keine der anderen Schwestern erinnerlich je einen vergleichbaren Fehler gemacht hat (= geringe Übereinstimmung mit dem Verhalten Dritter), dann sagt er sich, daß das Fehlverhalten seine Ursache in der Person jener armen Krankenschwester haben muß. Die dann folgende, zweite Attribution bezieht sich auf die Verantwortung für die Leistungsschwäche: Sie hat sich nicht genügend angestrengt oder sie ist unfähig. In diesem Falle ist die Attribution also intern (d.h. das Fehlverhalten wird als vom Individuum verursacht angesehen), andernfalls wäre sie extern, d.h. das Verhalten würde als durch die Umstände verursacht interpretiert werden. Entsprechend wird er unterschiedlich reagieren, wobei hier seine eigenen Vorurteile – wie z. B. die Sympathie für die Mitarbeiterin oder eigene Erfahrungen mit dieser Aufgabe – eine Rolle spielen. Danach erfolgt eine Reaktion, die von Tadel bis zur Entlassung reichen kann.

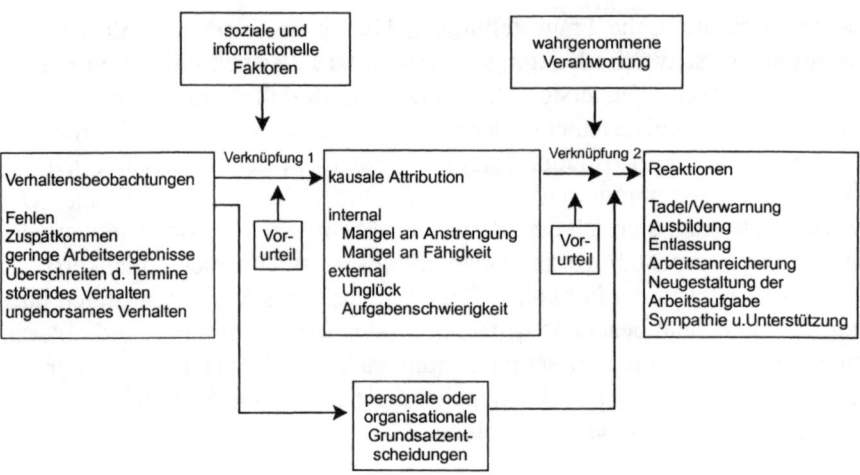

Abb. 24: Das attributionstheoretische Modell der Führung nach Mitchell
(1995)

Insgesamt liegen zu diesem Ansatz mehrere Untersuchungen mit vielver-
sprechenden Ergebnissen vor (vgl. Übersicht bei Mitchell, 1995).
Resümiert man alle drei Ansätze in aller Kürze, so weisen die kognitionspsychologischen Konzepte in der Führungsforschung gegenüber den klassischen Theorien weiterführende Perspektiven auf, wenngleich sie nur
spezifische Facetten des Führungsverhaltens behandeln – hier: Informationsverarbeitung unter Streß, „management by objectives" und Interpretation von Fehlverhalten von Mitarbeitern – und insofern hinsichtlich
ihres Erklärungsbereichs durchaus bescheidener sind. Zudem erscheint in
diesen Ansätzen die Führungspersönlichkeit weitgehend als ein Prototyp
des „rational man", des Menschen als eines rational-ökonomischen Wesens
und optimalen Entscheidungsfällers (Weinert, 1987), der Emotionen nicht
kennt.

11.2 Emotionen – Charismatische Führungspersönlichkeiten und symbolische Führung

Hohes Selbstvertrauen, Dominanz, Entschlossenheit, starke Überzeugung von den eigenen Ideen und ein intensives Machtbedürfnis, eine Vision, die Fähigkeit zur überzeugenden Artikulation dieser Vision, ein außergewöhnlicher Verhaltensstil, ein Image als Anwalt von Veränderung und eine hohe Sensibilität gegenüber den Möglichkeiten der sozialen Umwelt – das alles ist nicht etwa eine weitere Beschreibung des oben bereits ausführlich beschriebenen Freiherrn von Stumm-Halberg, sondern die Zusammenfassung eines in jüngster Zeit in Mode gekommenen Konzepts: Die charismatische Führungspersönlichkeit (vgl. Conger & Kanungo, 1998).

Charismatische Führungspersönlichkeiten – genannt werden im politischen Bereich Churchill, De Gaulle, Ghandi, John F. Kennedy, Martin Luther King, in der Wirtschaft Iaccoca, Herrhausen, Nixdorf, Lopez usf. – erhöhen die Motivation der Mitarbeiter, besonders in schwierigen Zeiten. „Im Gegensatz zu der Weg-Ziel-Theorie und anderer verwandter Theorien gehen die charismatischen Theorien davon aus, daß Führer ihren stärksten Effekt auf die Emotionen und Valenzen der Geführten ausüben ..." (House, 1987, S. 736). Sie bieten Identifikationsmöglichkeiten und erhöhen so das Selbstwertgefühl und die Motivation. Und damit sind wir erneut bei den narzißtischen Persönlichkeiten: Der Narzißt teilt nach Kernberg (1975b) die Gesellschaft in die Gruppe der Reichen, Großen und Berühmten einerseits und in die Herde der Namenlosen andererseits. Gleichzeitig treibt ihn die Angst, nicht zur ersten Gruppe zu gehören; aus der psychopathologischen Grundstruktur heraus sucht er Halt durch externe, ihm mächtig erscheinende Figuren, die er als Ausdehnung seiner selbst sieht. Aus seiner immerwährenden Angst heraus, selbst zu den „Verlierern" zu zählen, identifiziert er sich mit den „Gewinnern" und will z. B. auch Führungspersönlichkeiten in dieser Position sehen. Diese pathologische Über-Reaktion sieht Lasch (1976) in milderer Form als Grundmuster des alltäglichen, gewissermaßen normalen Verhaltens in einer narzißtischen Kultur. Narzißtisch getönte Idealisierung verlangt nach Heldenfiguren, besonders in Krisenzeiten. „Ihre Schwäche veranlaßte die Vielen, sich auf die Suche zu machen und bestimmte Menschen ... zu Persönlichkeiten zu erheben" faßt Sennett (1983, S. 272) diesen Gedankengang knapp zusammen (vgl. dazu Winterhoff-Spurk, 1999a). Das Vertrackte dabei ist: Charismatische Führer spornen auch nach empirischen Untersuchungen

(House, 1987) ihre Untergebenen zu höheren Leistungen an als nicht charismatische Führer.

Diese Idee wirkt auf den ersten Blick eher wie eine nicht sehr aufregende Neuauflage der frühen Traittheorie, tatsächlich aber verbirgt sich dahinter eine ganz gravierende Veränderung der Führungstheorien: Hier werden erstmals emotionale Prozesse der Identifikation von Mitarbeitern mit ihren Vorgesetzten untersucht und die ausschließlich kognitive Orientierung der früheren Theorien überwunden.

Dies gilt auch für die neuerdings stärker diskutierte Theorie der symbolischen Führung: Führung wird hier stark unter der Perspektive der Bedeutung gesehen, die Verhaltensweisen von Vorgesetzten für die Mitarbeiter haben. Dadurch entstehen Unternehmensmythen und Legenden, die dem Mitarbeiter Orientierung in der Organisation geben (Morgan, 1997; Westerlund & Sjöstrand,1981). Dazu zählen beispielsweise der Mythos von der rationalen Organisation, vom „Mensch im Mittelpunkt" oder eben vom charismatischen Führer der Organisation. Spezifische Sprachregelungen und Interpretationsschemata, Symbolhandlungen, Zeremonien und Rituale tragen zum Glauben an die Führung und die Organisation sowie zur Orientierung der Mitarbeiter bei, was besonders in Zeiten des schnellen ökonomischen Wandels und des Wertewandels eine wesentliche Führungsaufgabe darstellt.

In diesem Zusammenhang steht auch eine seit Mitte der achtziger Jahre (vgl. Bass, 1985) häufiger gebrauchte Unterscheidung von sog. „transactional" – vs. sog. „transformational" Führungspersönlichkeiten. Erstere ist eine eher sachorientierte Führungspersönlichkeit, die im Rahmen der „path-goal"-Ansätze Mitarbeitern die Einbindung ihrer Ziele in die Unternehmensziele schmackhaft macht. Letztere wird als visionär-charismatische Führung bezeichnet, die die Mitarbeiter dazu gewinnt, über sich und ihre Partikularinteressen hinauszuwachsen und sich unter dem Einfluß des charismatischen Führers für die weitgesteckten Unternehmensziele gewinnen zu lassen. „Transformational leadership" soll (wieder einmal) durch folgende Persönlichkeitsmerkmale gekennzeichnet sein (McKenna, 2000, S. 384f.)

- Charisma,
- intellektuelle Anregung,
- Berücksichtigung der emotionalen Bedürfnisse der Mitarbeiter,
- Vision von der Zukunft des Unternehmens,

- Kreativität und
- die Auswahl und Förderung talentierter Mitarbeiter.

Die kurze Skizze dieser beiden Ansätze ist zwar wissenschaftlich interessant, weil sich hier eine Ausweitung der Führungstheorien um die emotionale Seite der Vorgesetzten-Mitarbeiter-Beziehung zeigt. Andererseits sind sie immer auch ein wenig beunruhigend: Mit sog. charismatischen Führungspersönlichkeiten hat insbesondere Deutschland im Verlaufe seiner jüngeren Geschichte nicht eben gute Erfahrungen gemacht. Auch in der Wirtschaft neigen solche Führungspersönlichkeiten zu Fehlverhalten, das in der Politikwissenschaft wie folgt beschrieben wird (vgl. Winterhoff-Spurk, 1999a):

- professionelle Mißbildungen wie Cäsarenwahn,
- quantitative und qualitative Überlastung mit den Folgen der emotionalen und kognitiven Überforderung,
- Hofpolitik, die ausgesuchte Personengruppen bevorzugt und ggf. zu „gate-keepern" der Macht werden läßt,
- Vermeidung von negativem Feedback, das sich aus dem Wunsch nach emotionaler Unterstützung und nach Teamgeist ergibt und das andererseits dazu führt, wichtige Veränderungen nicht mehr rechtzeitig zu erkennen,
- Realitätsferne, die sich durch abgehobene Rituale und die Einschmeichelstrategien von Hofschranzen ergibt (vgl. dazu Dror, 1987).

Die ungezügelte Selbstbezogenheit, die extremen Größenphantasien, die Unfähigkeit zur Selbstreflexion derartiger Führungskräfte – so diagnostiziert der amerikanische Psychoanalytiker Otto F. Kernberg (1988, S. 298) für narzißtische Führungspersonen – stellen das größte Risiko für Unternehmen und Institutionen dar. Kets de Vries (1990) rät angesichts dieser Risiken sogar dazu, reaktive und selbsttäuschende Narzißten auf Dauer aus dem Unternehmen zu entfernen.

11.3 Vorgesetzte, Situationen, Mitarbeiter – Führung in der globalisierten Wirtschaft

Über die skizzierten Ansätze hinaus, werden gegenwärtig u.a. die folgenden Themen in der Führungsliteratur diskutiert (vgl. etwa Furnham, 1997; McKenna, 2000; Northouse, 1997; Weinert, 1998):

- kulturspezifische Prioritäten in der Führung,
- Frauen in Führungspositionen,
- „empowerment",
- Gefolgschaft durch Geführte und
- entgleistes Führungsverhalten.

In dieser Themenliste zeigt sich, wie die Globalisierung die Führung und entsprechend die Führungstheorien zukünftig verändern werden. Erinnerlich war eine globale Organisation eine dynamische Gemeinschaft mit normativen Ordnungen, flachen Hierarchien, modernen technischen und sozialen Kommunikationssystemen und vernetzten koordinativen Mitgliedssystemen. Sie agiert innerhalb unterschiedlicher kultureller und ökologischer Umwelten und beschäftigt sich mit Handlungen und Aktivitäten, die sich auf ein Endziel oder Objektiv oder auf eine Menge von Endzielen oder Objektiven beziehen. Entsprechend erwartet die flexible Organisation von ihren Mitarbeitern die Fähigkeit zur guten Zusammenarbeit mit einem ständig wechselnden Ensemble von Personen ebenso wie die Fähigkeit zur notwendigen Distanz, zum Abrücken von Beziehungen und zur Veränderung.

Ersichtlich werden die vorgestellten Theorien dieser Situation bzw. diesem Organisationstyp nicht mehr in allen Punkten gerecht. Kulturspezifische Überlegungen (siehe dazu Kapitel 12) spielen zukünftig eine größere Rolle, von ihnen ist in den vorgestellten Führungstheorien nicht die Rede. Im Thema „Frauen in Führungspositionen" wird deutlich, daß Vorgesetzte zukünftig über Persönlichkeitsmerkmale und Verhaltensweisen verfügen müssen, die gegenwärtig hauptsächlich Frauen zugeschrieben werden: Sensibilität, Teamwork, Flexibilität und ein partizipativer und kommunikationsorientierter Führungsstil sind offenbar für die globale Organisation besser geeignet als der autoritäre und direktive, eher Männern zugeschriebene Führungsstil (vgl. dazu auch Kapitel 10). In diesem Zusammenhang ist aber auch der sog. „glass ceiling"-Effekt zu erwähnen, der die Tatsache beschreibt, daß Frauen in Organisationen oft nur bis zu einer unsichtbaren, aber vorhandenen Barriere aufsteigen können – und nicht weiter. Die überraschende Übereinstimmung sog. weiblicher Führungseigenschaften mit dem Anforderungsprofil globaler Führungskräfte läßt allerdings vermuten, daß diese Barriere zukünftig brüchig wird. In eine ähnliche Richtung gehen die Arbeiten zum Stichwort „empowerment", also die Delegation von Macht von oben nach unten, das im Konzept der situativen Führung von Hersey und Blanchard (1996) unter dem Stichwort „delegation" für Mitarbeiter mit einem hohen Reifegrad eingeführt wurde. Auch das Stichwort „Gefolgschaft durch Geführte" weist in diese Richtung: Gut geführte Mitarbeiter müssen zu den skizzierten Veränderungen passende Persönlichkeitsmerkmale aufweisen: Selbstmanagement und Lernbereitschaft, Ehrlichkeit, Glaubwürdigkeit, Mut, Loyalität gegenüber der Organisation, dem Arbeitsteam, dem Produkt oder der Dienstleistung und Teamfähigkeit werden hier angeführt (vgl. Furnham, 1997, S. 539; Weinert, 1998, S. 494). Zum letzten Stichwort „derailment" lesen sich diejenigen Persönlichkeitsmerkmale, die zum Mißerfolg von Vorgesetzten führen sollen – Arroganz, mangelnde Sensibilität, Verschleiß, Verschlossenheit, Überlastung, Unzuverlässigkeit, Suche nach Aufmerksamkeit, Rechthaberei, fehlende soziale Intelligenz, mangelnde Teamfähigkeit, übergroßer Ehrgeiz, Unfähigkeit zum strategischen Denken – wie eine Beschreibung der sozialen Antipoden der hier skizzierten modernen Führungskräfte im globalen Zeitalter.

Zusammenfassend finden sich bei den genannten Stichworten zum Führungsverhalten folgende Tendenzen: Zum einen zeigt sich die schon mehrfach erwähnte Veränderung der Führungssituation hin zu einer Delegation von mehr Verantwortung an die Mitarbeiter bzw. an die Gruppe. Das führt zweitens zu entsprechenden Veränderungen der Aufgaben, der Eigenschaften und des Verhaltens von Führungskräften – einschließlich der Analyse des entgleisten Führungsverhaltens. Drittens ist damit eine Veränderung der Auswahlkriterien der dazu passenden Mitarbeiter verbunden.

Alles dies muß aber durch einen Blick auf die soziologische Elitenforschung ergänzt werden (vgl. dazu Hartmann, 2001; Krais, 2001), damit die diesbezüglich gelegentlich ein wenig blauäugigen Organisationspsychologen auch die Grenzen der Objektivität und Validität ihrer Testverfahren sehen. Danach stammen über 80 % der Vorstandsvorsitzenden der 100 größten deutschen Unternehmen aus den gehobenen Sozialschichten, Kinder aus dem sog. Großbürgertum haben eine um bis zu 180 % höhere Erfolgsquote bei der Besetzung von Spitzenpositionen in der Wirtschaft. Da man nicht davon ausgehen kann, daß diese nach allen oben vorge tragenen Auswahlkriterien per se erfolgreicher sind und da es hierzulande keine Bildungsinstitutionen gibt, die in diesem Feld soziale Auslese betreiben, müssen andere Merkmale als Filter wirken. Aufgrund von Interviews mit Personalberatern und Spitzenmanagern vermutet Hartmann (2001), daß vor allem spezifische Persönlichkeitsmerkmale über den Zugang zur „classe dominante" entscheiden: „Der Kandidat muss die in solchen Situationen üblichen Umgangsformen beherrschen und die dort geltenden ungeschriebenen Regeln kennen; er muß ein hohes Maß an Souveränität im Auftreten und eine relativ große Allgemeinbildung besitzen; schließlich muss er eine optimistische Lebenseinstellung aufweisen und über ein hohes Maß an unternehmerischem Denken verfügen" (Hartmann, 2001, S. 184). Der Einfluß dieses „klassenspezifischen Habitus" ist um so bedeutsamer, je höher die zu besetzende Position in der Organisation angesiedelt ist; er spielt offenbar auch schon bei der Auswahl des Führungskräftenachwuchses im scheinbar so objektiven Assessment-Center eine Rolle.

Nach den fast melodramatisch formulierten Forderungen an eine zukünftige Führungskraft im Eingangszitat dieses Kapitels, lesen Julia M. und Sven H. nunmehr, nach intensiver Lektüre der organisations-psychologischen Literatur einerseits etwas beruhigt, nach Kenntnisnahme der soziologischen Literatur hinsichtlich ihrer eigenen Aufstiegschancen jedoch andererseits ziemlich skeptisch, folgende Beschreibung der Lage: „Grundsätzlich läßt sich sagen, daß neben der Fach- und Management-kompetenz immer mehr die Forderung nach sozialen Fähigkeiten (Kommunikations- und Teamfähigkeit etc.) und nach Selbstkontroll-Kompetenz ... als Basisqualifikation für Fach- und Führungskräfte tritt. Natürlich werden die ... in Zukunft wohl verstärkt geforderten Fähigkeiten nicht alle gleichzeitig und immer benötigt – der situative Aspekt ist zu berück-sichtigen ... . Es gibt wohl nur wenige Super-Männer und -Frauen, die dieses Profil für sich verbuchen dürfen. Doch die Zukunft wird sicherlich hohe Anforderungen an die Persönlichkeit und Menschenführung stellen" (Regnet, 1995, S. 51). Sie beurteilen sich selbstkritisch unter folgenden Gesichtspunkten:

(1) Nach der *Theorie der kognitiven Ressourcen*, dem *„path-goal"-Konzept* sowie der *Attributionstheorie der Führung* müssen zukünftige Führungskräfte über spezifische kognitive Fertigkeiten – angemessene Informationsverarbeitung unter Streß, *„management by objectives"* und richtige Interpretation von Fehlverhalten von Mitarbeitern – verfügen. In diesen Ansätzen allein ist die Führungspersönlichkeit weitgehend ein

Prototyp des „rational man", des Menschen als eines rational-ökonomischen Wesens und optimalen Entscheidungsfällers (Weinert, 1987), der Emotionen nicht kennt.

(2) Forschungen zum *charismatischen Führer*, zur *symbolischen Führung* und zum Konzept des *„transformational leadership"* verweisen dem-gegenüber auch auf die emotionale Komponente des Führungs-verhaltens: Charisma, intellektuelle Anregung, Berücksichtigung der emotionalen Bedürfnisse der Mitarbeiter, Vision von der Zukunft des Unternehmens, Kreativität und die Auswahl und Förderung talentierter Mitarbeiter sind die aus diesen Konzepten sich ergebenden Anforde-rungen an eine zukünftige Führungskraft.

(3) Darüber hinaus zeigen sich in den Stichworten zur aktuellen Führungs-forschung – *kulturspezifische Prioritäten, Frauen in Führungs-positionen, „empowerment", Gefolgschaft durch Geführte* und *entgleistes Führungsverhalten* – weitere Veränderungen der Führungssituation hin zur Delegation von mehr Verantwortung an die Mitarbeiter bzw. an die Gruppe, zu entsprechenden Veränderungen der Aufgaben, der Eigenschaften und des Verhaltens von Führungskräften und zur Veränderung der Auswahlkriterien der zur neuen Führungssituation passenden Mitarbeiter. Allerdings zeigen Ergebnisse der soziologischen *Elitenforschung* auch, daß bei der Besetzung von Spitzenpositionen der sog. *klassenspezifische Habitus* von gravierender Bedeutung ist.

12. Interkulturelles Management

12.1 „Do's and taboos around the world." – Dimensionen von Kulturen

In einem Handbuch der Parker Pen Company mit dem Titel „Do's and Taboos Around the World" finden sich u.a. folgende Hinweise über kulturelle Unterschiede in der nonverbalen Kommunikation (vgl. Axtell, 1985):

- Zwinkern ist in den USA völlig akzeptiert, in Australien und anderen Ländern sehr unangemessen;
- das Ohrläppchen anfassen bedeutet Reue und Unernsthaftigkeit in Indien und ist Ausdruck von Wertschätzung in Brasilien;
- an die Nase klopfen bedeutet eine freundliche Warnung in Italien und Heimlichkeit in England;
- den Kopf neigen bedeutet „habe ich vergessen" in Paraguay;
- das Ohr mit dem Zeigefinger umkreisen heißt „verrückt" in den meisten europäischen Ländern, aber „Anruf für Dich" in den Niederlanden;
- Kopfnicken bedeutet in den USA und den meisten anderen Ländern „Ja", in Griechenland und Bulgarien „Nein".

Darüber hinaus werden für einzelne Länder spezifische Verhaltensmaßregeln gegeben:

- Spanien: Ein Hauptpunkt der spanischen Kultur ist die mittägliche Siesta (die meisten Geschäfte haben zwischen 13.30 und 16.30 Uhr geschlossen), während der sich die Familien zum gemeinsamen Essen treffen. Das Abendessen wird spät eingenommen, die meisten Restaurants öffnen gegen 21.00 Uhr und sind vor 23.00 Uhr selten richtig voll. Pünktlichkeit ist unwichtig in Spanien, außer bei Stierkämpfen.

- Saudi Arabien: Pünktlichkeit wird erwartet, es ist ferner nicht unüblich, daß Geschäftsleute Dinge aus ihrem Besitz verschenken, die der Gast bewundert (Uhren, Manschettenknöpfe), eine Zurückweisung des Geschenks wird als Brüskierung empfunden. Gelegentlich nehmen

Geschäftsleute ihre Gäste auch als Zeichen der Freundschaft an die Hand, wenn sie gemeinsam durch die Straßen gehen.

- Indien: Der Verzehr von Rindfleisch ist strikt verboten, da dort die Kuh als ein heiliges Tier betrachtet wird. Pünktlichkeit wird beachtet. Männer sprechen nicht mit Frauen in der Öffentlichkeit und geben ihnen nicht die Hand. Am Tisch wird die rechte Hand nur benutzt, um Speisen anzunehmen oder weiterzugeben.

- Italien: Der Austausch von Werbegeschenken ist ebenso häufig wie das Gestikulieren oder das häufige Händeschütteln. Alle Universitätsabsolventen haben Titel, die auch benutzt werden sollten. Die größte Mahlzeit des Tages ist das Mittagessen, das zwei bis drei Stunden dauern kann. Alle Einladungen zum Abendessen sollten akzeptiert werden, eine Ablehnung wird als brüsk interpretiert.

- Island: Trinkgeldgeben ist eine schwere Beleidigung. Die Menschen werden mit dem Vornamen angesprochen, der Gebrauch des Nachnamens gilt als unhöflich. Pünktlichkeit ist eine absolute Verpflichtung.

- Belgien: Die Bürger verteidigen und respektieren den eigenen Privatbereich. Männer umarmen sich häufig als Zeichen der Freundschaft. Pünktlichkeit ist zwingend, aber Chrysanthemen als Mitbringsel wären ein Fehler, da sie als Symbol für den Tod stehen (zit. nach Stewart, 1997).

Diese Liste von Beispielen ist sicherlich nicht untypisch für den Umgang von Organisationen mit interkulturellen Fragen. Man beschränkt sich allzu gern auf die Behandlung von Verhaltensunterschieden, die noch dazu meist aus einer ethnozentrischen Sicht dargestellt werden. Die zum Thema vorliegende Theoriearbeit ist jedoch deutlich weiter, beginnen wir mit der Definition von Kultur: „A national culture is a set of values, attitudes, beliefs, and norms shared by a majority of the inhabitants of a country", definieren beispielsweise Gibson, Ivancevich & Donnely (1997, S. 58). Der zentrale Gedanke dieser Definition ist, Kultur als ein von Menschen geteiltes Wertesystem aufzufassen, dessen Dimensionen ermittelt und genauer beschrieben werden müssen. Ein dazu häufig zitiertes Konzept stammt von Kluckhohn und Strodtbeck (1961), nach dem Kulturen durch folgende Dimensionen zu beschreiben sind:

- Die Beziehung des Menschen zu seiner Umwelt,
- die dominierende Zeitorientierung,
- das geltende Menschenbild,
- die Handlungsorientierung,
- die Fokussierung der Verantwortlichkeit und
- die Konzeption von Raum.

Kulturräume lassen sich hinsichtlich der Beziehung des Menschen zu seiner Umwelt danach unterscheiden, ob die darin lebenden Menschen glauben, der Natur unterworfen zu sein (= Vorherbestimmtheitsmodell), mit ihr in Harmonie zu leben (= Harmoniemodell) oder sie zu dominieren bzw. zu kontrollieren (= Dominanzmodell). Je nach dominierender Perspektive wird beispielsweise auf schlechte Leistungen der Organisation unterschiedlich reagiert. Im Vorherbestimmtheitsmodell werden schlechte Leistungen als Teil des Lebens hingenommen oder gar erwartet. In Harmoniekulturen wird darüber nachgedacht, wie das System, in dem die schlechte Leistung auftritt, verbessert werden kann. Im Dominanzmodell werden schlechte Leistungen bestraft.

Kulturräume lassen sich ferner danach unterscheiden, ob sie in ihrer Zeitorientierung mehr auf die Vergangenheit, die Gegenwart oder die Zukunft orientiert sind. Italien wird beispielsweise als ein Land angesehen, das stark in die Vergangenheit, auf die eigene Geschichte hin orientiert ist. Die meisten westlichen Länder agieren stark in der Gegenwart oder der unmittelbaren Zukunft, während die fernöstlichen Länder, insbesondere Japan, stark zukunftsorientiert sind. Entsprechend variiert auch der alltägliche Umgang mit Zeit in den Organisationen: Kurz- und Langzeitplanungen, Termineinhaltungen, Pünktlichkeit unterscheiden sich nach den kulturellen Vorgaben. Amerikaner halten Zeit für eine knappe Ressource, mit der sie sparsam und nützlich umgehen müssen. Östliche Kulturen hingegen halten Zeit für unendlich, nicht verbrauchbar und gehen entsprechend großzügiger mit ihr um.

Menschliches Verhalten in Organisationen unterscheidet sich auch nach dem kulturell dominierenden Menschenbild: Wird der Mensch seinem Wesen nach als schlecht, unfähig und faul eingeschätzt, führt dies zu anderen Eigenschaften der Organisationen als etwa bei einer Grundeinschätzung als gut, kompetent und fleißig. Eine andere Unterscheidung wäre die nach „individualistisch" vs. „kollektivistisch". Nach dieser Unterscheidung können die USA als Land mit einem hoch entwickelten individualistischen Menschenbild, Japan dagegen als Kultur mit einem stark gruppenbezogenen Menschenbild beschrieben werden.

Eine weitere Dimension unterscheidet die „Handlungsorientierung" und die „Daseinsorientierung". Kulturen mit Handlungsorientierung – Beispiele sind die USA und Deutschland – betonen das Leistungsverhalten, Kulturen mit Daseinsorientierung wollen eher das Leben und den Moment genießen. Die südeuropäischen Länder werden hier oft als Beispiele genannt. In handlungsorientierten Kulturen arbeiten die Menschen, um spezifische Ziele zu erreichen. In den daseinsorientierten Ländern hingegen arbeiten sie, um sich das Leben leichter und angenehmer zu machen.

Bei der Dimension „Fokussierung von Verantwortung" ist die eine Kultur dominierende Attribution gemeint, wo sie jeweils die Verantwortung für das Wohlergehen von Menschen sieht. Dies kann beim Individuum („Jeder ist seines Glückes Schmied"), bei der Gruppe oder bei den Eliten einer Gesellschaft angesiedelt sein. Je nach Orientierung werden Organisationen etwa bei der Personalauswahl unterschiedlich gewichten: Persönliche Leistungsfähigkeit, Teamfähigkeit oder gesellschaftliche Position.

Die Dimension „Konzeption von Raum" bezieht sich auf die Grenze zwischen Öffentlichkeit und Privatheit: In den USA ist die persönliche Verfügbarkeit über Raum ein Ausdruck von Macht und Status, in Japan gibt es wenig private Büros. Daraus ergeben sich z. B. Unterschiede im Kommunikationsstil.

Als weitere Dimensionen werden genannt:

- Formalität vs. Informalität: US-Amerikaner lieben einen informellen Umgang untereinander, Südamerikaner hingegen bevorzugen Pomp und Zeremonien. Entsprechend unterscheiden sich beispielsweise die Verhandlungsstrategien: US-Amerikaner kommen schnell zur Sache, Südeuropäer, Lateinamerikaner und Araber wollen zuvor Konversation betreiben, um dann über Geschäfte zu verhandeln.

- Religion: Der Islam verbietet beispielsweise exzessive Profite und erwartet, daß Reichtum mit den Armen geteilt werde, was für einen Calvinisten so kaum vorstellbar ist.

- Sprache: Nahezu alle genannten Dimensionen drücken sich auch in der Sprache aus. Der Gebrauch von Titeln, von Höflichkeitspartikeln, von

Direktheit oder Indirektheit, Definition von Fremdwörtern – oft auch bei gleicher oder ähnlicher Sprache (z. B. England und die USA) – einen Kulturraum.

Die bis heute umfangreichste empirische Analyse zu diesem Thema wurde von dem niederländischen Forscher Geert Hofstede in den siebziger Jahren durchgeführt (vgl. dazu etwa Hofstede, 1984, 1993). Er befragte 116.000 Mitarbeiter der Firma IBM in mittlerweile 53 Ländern nach ihren Werten und Einstellungen. Da die Erhebung innerhalb derselben Organisation durchgeführt wurde, konnte er die gewonnenen Unterschiede im wesentlichen auf den kulturellen Kontext zurückführen. Er fand heraus, daß Führungskräfte und Mitarbeiter innerhalb der folgenden vier Dimensionen variieren:

- Vermeidung von Unsicherheit: Damit ist gemeint, wie gut Menschen unsichere und widersprüchliche Situationen ertragen können. Menschen, die Unsicherheiten gut ertragen können, stimmen Aussagen zu wie: „Es sollte so wenig wie möglich Regeln geben und unhaltbare Regeln sollten geändert oder abgeschafft werden." „Uncertainty avoidance people" hingegen meinen eher: „Ein sicheres und stabiles Leben ist mir äußerst wichtig." Sie etablieren Regeln, Strukturen und rituelle Prozeduren. Japan wird dafür oft als Beispiel genannt.

- Maskulinität-Feminität: Damit ist gemeint, ob die Menschen traditionell männliche Eigenschaften (Durchsetzungsfähigkeit, Dominanz, Unabhängigkeit) oder traditionell weibliche Eigenschaften (Solidarität, persönliche Beziehungen, Einfühlungsvermögen) bevorzugen. Menschen in maskulinen Kulturen stimmen Aussagen zu, wie: „Die Geschlechterrollen in einer Gesellschaft sollten klar verteilt sein: Männer sollen führen, Frauen folgen". Weibliche Kulturen bevorzugen Statements wie: „Geschlechterrollen innerhalb einer Gesellschaft sollten offen und flexibel sein, Gleichheit der Geschlechter ist wünschenswert". In männlichen Kulturen bevorzugen Männer Beschäftigungen, die Macht, Autorität und Verantwortung mit sich bringen, in weiblichen Kulturen stehen lehrende und helfende Berufe im Vordergrund.

- Individualität vs. Kollektivität: Dies bezieht sich auf die Tendenz, Normen und Werte eher auf das Wohl des Einzelnen oder der Gruppe auszurichten. „I is more important than WE" wäre ein Item für die individualistische Orientierung, „WE is more important than I" die kollektivistische. Menschen in individualistischen Kulturen streben eher nach

ihrer persönlichen Entwicklung und Lebensqualität, in den kollekti-
vistischen Kulturen steht die Entwicklung und der Zusammenhang der
Gruppe im Vordergrund.

• Machtdistanzen: Damit ist die Frage gemeint, welche Unterschiede
Menschen hinsichtlich der Machtverteilung in den Institutionen einer
Gesellschaft akzeptieren. Kulturen mit geringen Machtdifferenzen
bevorzugen beispielsweise ein partizipatives Management und Mitbestimmung von Arbeitnehmern. Kulturen mit hohen Machtdifferenzen
akzeptieren Macht und Autorität bei Entscheidungsprozessen. „Vorgesetzte sollten für Untergebene leicht zu erreichen sein" drückt die erste,
„Vorgesetzte haben zu recht bestimmte Rechte und Privilegien" die
zweite Haltung aus.

Hofstede und andere Forscher haben diese Art von Untersuchungen fortge-
führt und ergänzt. So finden Hofstede & Bond (1988) beispielsweise bei
einer Fragebogenstudie mit Studenten aus 22 Ländern eine fünfte Dimension, die sie „confucian dynamism", übersetzt vielleicht: konfizianischer
Dynamismus, nennen. Damit ist das Ausmaß gemeint, mit dem Menschen
Beharrlichkeit, Status, Sparsamkeit und Schamgefühl für wichtig, persönliche Stabilität, Wahrung des „Gesichts", Respekt vor der Tradition und
Reziprozität von Gefälligkeiten und Geschenken hingegen für unwichtig
halten.

An den Untersuchungen von Hofstede ist auch Kritik geübt worden: So
sind sie nur in einer Organisation (IBM) durchgeführt worden, was ihre
Generalisierbarkeit stark einschränkt. Hinzu kommen Fragen nach der Anzahl der Dimensionen, der Reliabilität und Validität der Instrumente und
die grundsätzliche Frage, ob sich kulturelle Dimensionen überhaupt durch
Fragebogenstudien ermitteln lassen. Trotz der sicherlich in vielen Punkten
gerechtfertigten Kritik haben die Untersuchungen Hofstedes die Aufmerksamkeit für die kulturelle Dimension in den Organisationswissenschaften
geschärft. So meint Hofstede selbst, daß der Manager eine amerikanische
Erfindung und zugleich ein Held der amerikanischen Gesellschaft sei. In
Deutschland hingegen habe der Ingenieur diese Funktion inne: Er
entwickle technisch und organisatorisch umsetzbare Programme und weise
entsprechende Aufgaben zu.

Wie interkulturelle Unterschiede die Geschäftspraktiken beeinflussen,
macht ein Beispiel von Galting (1981) deutlich: Er teilt die internationalen

Geschäftswelten in vier Unterkulturen ein – die anglosächsische, die teutonische, die gallische und die japanische Kultur.

- Der anglosächsische Stil fordert und erfordert die Bereitschaft zur Debatte und zum Gespräch. Pluralismus und Kompromiß sind ebenso zentrale Werte wie der Glaube an die individuelle Souveränität. Briten und Amerikaner lieben datengestützte Entscheidungen: „Data unite, theories divide".

- In der teutonischen und der gallischen Kultur kommen zunächst schon deswegen weniger Konflikte vor, weil die Gruppen im allgemeinen homogener zusammengesetzt sind. Debatten zwischen Vertretern antagonistischer Interessen werden eher vermieden, der Ton ist insgesamt weniger humorvoll und eher steif. Deutsche lieben deduktive Theorien, vor deren Hintergrund sie empirische Daten interpretieren. Franzosen sind vor allem von der Eleganz von Theorien und Vorträgen beeindruckt: Für die Teutonen steht Klarheit vor Eleganz, bei den Franzosen ist es umgekehrt: „the sound of words can be more important than their meaning"(Furnham, 1997, S. 662).

- Die japanische Tradition kennt kaum kontroverse Debatten, da diese die vorgegebenen sozialen Strukturen tangieren bzw. sogar gefährden. Sie respektieren die Autorität und die kollektive Solidarität. Debatten haben eher sozialen als intellektuellen Charakter. Theorien dürfen und müssen vorläufig sein.

Zusammengefaßt (Furnham, 1997, S.662f.): „Given a proposition, the Saxons ask: ‚How can you document or measure this?'; the Teutons want to know: ‚How can this be deduced from first principles?'; the Gauls, of course, wonder: ‚Can this be expressed in French?'; while the Nipponese approach is to ask: ‚Who is the proposer's boss?'".

12.2 Zwischen Honeymoon und Anpassung – Der Expatriate-Manager

Bis heute haben die Überlegungen Hofstedes und anderer in der organisationspsychologischen Theoriebildung und Praxis vergleichsweise wenig

Resonanz erfahren (vgl. dazu etwa Gibson, Invancevich & Donnelly, 1997; Furnham, 1997; Spieß & Winterstein,1999; Weinert, 1998). Eines der wenigen diesbezüglich einschlägigen Themen ist die Frage der Versetzung von Führungskräften in fremde Länder und Kulturen. Ein Manager, der aus derselben Nation wie seine Firma stammt, ins Ausland versetzt wird, heißt in der Literatur „expatriate manager" (vgl. Gibson et al., 1997). Diesen Führungskräften in persönlicher und beruflicher Hinsicht den Übergang zu erleichtern, wird als eine zentrale Aufgabe der globalen Organisation – und entsprechend der Organisationspsychologie – gesehen.

Erfolgreich im Ausland und damit in einem fremden kulturellen Kontext arbeiten können vor allem Menschen mit guten technischen und sprach-lichen Fertigkeiten, speziellem Wissen über die fremde Kultur, die ferner selbst den starken Wunsch nach einem Auslandsaufenthalt haben und darin vom Lebenspartner unterstützt werden, die in einer intakten Familie leben und sich durch hohe soziale, intellektuelle und verhaltensbezogene Flexi-bilität ebenso wie durch hohe Streßresistenz auszeichnen. Solche Manager muß die Organisation suchen oder sich heranziehen. Aber auch wenn dies gelingt, muß der „expatriate manager" bestimmte Entwicklungsprozesse durchlaufen, die als „culture shock"-Hypothese in der Literatur geführt werden (vgl. Furnham, 1997, Gibson et al., 1997). Im einzelnen soll dieser Kulturschock nach Auffasssung des Anthropologen Oberg (1960) aus folgenden Elementen bestehen:

- Belastung als Folge der psychischen Anpassungsvorgänge,
- Verlust- und Einsamkeitsgefühle wegen des Verlusts des Freundes-kreises, des Status, des gewohnten Berufs und des Besitzes,
- Ablehnungserfahrungen durch die Angehörigen der neuen Kultur,
- Konfusion durch die neuen Anforderungen hinsichtlich der Rolle, Iden-tität, Gefühle und Werte,
- Überraschung und Angst durch die Wahrnehmung der Kulturunter-schiede,
- Ohnmachtsgefühle durch das subjektive Empfinden mangelhafter Copingmechanismen.

Der Kulturschock soll nach Oberg (1960) aus vier Phasen bestehen und einen U-förmigen Verlauf haben:

- Honeymoon: Die erste Reaktion besteht aus Begeisterung, Faszination, Enthusiasmus, Bewunderung und herzlichen, freundlichen, aber ober-flächlichen Reaktionen der Gastgeber.

- Krise: Die langsam einsetzende Wahrnehmung von Unterschieden in der Sprache, den Werten und Symbolen führt zu Gefühlen der Unangemessenheit, Frustration, Angst und Ärger.
- Erholung: Die Krise wird durch verschiedene Anpassungsmechanismen, wie etwa den Erwerb der Sprache der neuen Kultur, überwunden.
- Anpassung: Der Kulturwechsler beginnt, sich in der neuen Kultur einzuleben, obwohl auch weiterhin Phasen von Angst und Belastung auftreten.

Allerdings wird an dieser Auffassung beispielsweise kritisiert (vgl. Church, 1982), daß nicht alle Kulturwechsler mit positiven Gefühlen beginnen, manche erleben bereits den Anfang bzw. die Phase vorher als belastend und deprimierend. Andere wiederum erleben die fremde Kultur von Anfang bis Ende als anregend und passen sich schnell und erfolgreich an. Schließlich sind nicht alle Verläufe gleich, manche Kurven sind flach, andere steil. Unabhängig von der Kritik führt die Kenntnis solcher Anpassungsprobleme bei den zukünftigen Expatriates die Organisationen dazu, ihren Führungskräften den Wechsel durch Trainingsmaßnahmen zu erleichtern. In der Praxis beschränkt sich dies jedoch meistens auf das Sprachtraining und die Vermittlung von ökonomischem und technischem Wissen über die neue Aufgabe (vgl. dazu Harvey, 1989; Tung, 1981).

12.3 „Think global?" – Führungsverhalten in der globalen Wirtschaft

„Global managers have exceptionally open minds. They respect how different countries do things, and they have the imagination to appreciate why ... . But they are also incisive, they push the limits of the culture. Global managers are made, not born. ... You rotate people around the world ... you encourage people to work in mixed-nationality teams. You force them to create personal alliances across borders (because) mixing nationalities doesn't just happen", so beantwortet ein ehemaliger Manager der Firma ABB die Frage nach den Eigenschaften globaler Manager (Taylor, 1991, zit. nach Parker, 1998, S. 150).

Wieder also wird auf eine neue Herausforderung – Führung und Globalisierung – eine alte Antwort gegeben: Wieder sind es spezielle Persönlichkeitsmerkmale und Verhaltensweisen, die den globalen Manager aus-

machen sollen. Und wieder stehen die Organisationspsychologen vor der
Aufgabe, auf die Bedeutung der situativen Merkmale und ihre Interaktionen mit Eigenschaften und Verhaltensweisen hinzuweisen. Einige hier
relevante Merkmale sollen abschließend wenigstens genannt werden, es
sind dies (vgl. Rousseau,1997):

- neue Beschäftigungsverhältnisse,
- Leistungsmessung und -management,
- Zielsetzung und Selbstmanagement,
- Informationsverarbeitung,
- die lernende Organisation und
- Organisationswandel und Personalentwicklung.

Im Jahr 1995 waren zweieinhalb Billionen Menschen zwischen 15 und 64
Jahren weltweit als Arbeitnehmer beschäftigt, das sind doppelt so viele wie
vor dreißig Jahren (vgl. Parker, 1998, S. 312). Andererseits lagen im
gleichen Jahr allein in der Europäischen Union die Arbeitslosenraten
zwischen ca. 8 % in Schweden und über 24 % in Spanien: Arbeit ist also
genügend vorhanden, aber sie ist ungleich verteilt in der Welt. Solche Unterschiede werden von globalen Organisationen leichter genutzt als von
nationalen oder gar regionalen, sie bauen Produktionen auch nach der Verfügbarkeit und dem Preis der Arbeitskräfte auf oder ab: „Control over
hiring, firing, and pay levels appears to be increasingly decentralized to
permit responsiveness to local market conditions", beschreibt dies
Rousseau (1997, S. 519). Natürlich bleiben solche Entwicklungen nicht
folgenlos für das Verhalten der Betroffenen. Beispielsweise spielt es bei
der Bezahlung auf Dauer keine große Rolle mehr, wie lange ein Mitarbeiter
bereits in einer Organisation tätig war. Mit den genannten Veränderungen
in der Produktion – Verlagerung der Verantwortlichkeiten auf die Arbeitsgruppen – wird etwa die konkrete Leistung des Arbeitnehmers für die
Gruppenleistung wichtig, besonders dann, wenn die Gruppe auch über die
Verteilung von Gehältern oder Gehaltsanteilen verfügt. In Regionen mit
hoher Arbeitslosigkeit tritt zu der potentiellen Konkurrenz der Arbeitslosen
die interne Konkurrenz durch Zeit- und Leiharbeiter (vgl. dazu auch
Luttwak, 1999). In derart gleichermaßen instabilen wie leistungsintensiven
Zeiten fühlen sich die Arbeitnehmer „ihrer" Organisation nicht mehr sonderlich verbunden, wechseln doch auch ständig die Vorgesetzten der
oberen Führungsebenen. Vielfältige Formen des abweichenden Verhaltens
gegenüber der Organisation – Robinson & Bennett (1995) unterteilen sie in
„production deviance" und „property deviance" – nehmen ebenso zu wie

aggressives Verhalten in vielerlei Form gegenüber den Kollegen (Rousseau, 1997, S. 524f.).

Verbunden mit diesem Problem ist die Frage nach der Leistung und dem Leistungsmanagement. Erhöhter Leistungsdruck einerseits und Dezentralisierung andererseits führen gelegentlich dazu, daß einzelne Arbeitsgruppen ihre Leistung erheblich verbessern, diese sich aber nicht im Ergebnis der Gesamtorganisation niederschlägt (= „performance paradox"). Führungskräfte müssen also einerseits das Entstehen von Hochleistungsteams fördern, andererseits auch den so entstehenden Gruppenegoismus mit den Zielen der Gesamtorganisation koordinieren.

Einen Schritt über die Gruppenebene hinaus geht das individuelle *Zielsetzungsverhalten,* wenn es zum sog. „self-management" mutiert: „Self-management teaches people to assess their problems, set specific hard goals to address these problems, self-monitor the effects of the environment on goal attainment, and appropriately adminster rewards or penalties while working toward the goal", beschreibt erneut Rousseau (1997, S. 527) diesen Vorgang. Es stellt sich die Frage, welche Funktion gegenüber einem solchen Mitarbeiter eigentlich ein Vorgesetzter noch hat. Untersuchungsergebnisse von Howell und Avolio (1993) weisen darauf hin, daß in diesen Fällen ein „transformational leader" erfolgreicher ist als ein traditioneller, „transactional" Vorgesetzter.

Kontinuierliche Veränderungsprozesse innerhalb und außerhalb von Organisationen haben das Interesse der organisationspsychologischen Forschung (auch) auf die kognitiven Vorgänge der Informationsverarbeitung bei Vorgesetzten und Mitarbeitern gelenkt. Dabei ist das Phänomen des „shifting the gears" (Louis & Sutton, 1991) entdeckt worden, nämlich die Fähigkeit des Menschen, seine kognitiven Fertigkeiten in Routinesituationen und oder in neuen Situationen jeweils angemessen einzusetzen.

Die „lernende Organisation" bemüht sich darum, ihr angesammeltes Wissen personenunabhängig zu speichern und neue Erfahrungen organisationsweit zur Verfügung zu stellen. Probleme dabei sind, daß Kündigungen einzelner Mitarbeiter gleichzeitig zum Verlust von deren Wissen für die Organisation führen und daß miteinander konkurrierende Teile der Organisation ihr Wissen nicht austauschen. McGill und Slocum (1993) unterscheiden hier die vier Phasen der wissenden Organisation, der verstehenden Organisation, der denkenden Organisation und schließlich der (erwünschten) lernenden Organisation. Manche organisatorische Veränderungen wie etwa Outsourcing führen nun aber dazu, daß große Teile des Wissens der Organisation möglicherweise verlorengehen. Hier kann das sog. „networking" Abhilfe schaffen, also der Aufbau von organisationsübergreifenden Netzwerken: „Knowing who is becoming as important as knowing how" (Rousseau, 1997, S. 532f.).

Damit ist noch einmal der organisatorische Wandel angesprochen: Er ist für den einzelnen Mitarbeiter nahezu immer mit persönlichem Aufwand, oft mit einem hohen persönlichen Risiko verbunden. Er muß sich mindestens auf eine Veränderung der Arbeitsabläufe, meist in Form einer Verdichtung, einstellen, oft droht auch der Verlust des Arbeitsplatzes. Mit dem ebenso simplen wie zynischen Hinweis darauf, daß schlechte Nachrichten den Mitarbeitern mit Höflichkeit, Respekt und glaubwürdigen Erklärungen beizubringen sind (Rousseau, 1997, S. 533) kommt allerdings der in „impression management" geschulte, moderne Vorgesetzte nicht sonderlich weit.

Mag ja sein, daß der globale Manager sich angesichts dieser Einflußfaktoren tatsächlich am besten so verhält, wie es in dem Eingangszitat angedeutet wurde. Bezogen auf sein eigenes Leben muß er aber auch angemessene Reaktionen finden, die Parker (1997, S. 369) „intelligent careers" nennt und die von folgenden Prämissen ausgehen:

• Gehälter werden für spezifische Arbeitsleistungen gezahlt, die Kontrakte können unter geänderten Bedingungen neu verhandelt werden.
• Führungskräfte arbeiten nicht mehr ihr Leben lang nur bei einer Firma, folglich übernehmen sie weitgehend selbst die Verantwortung für ihre Fortbildung und Entwicklung.
• Strategisches Denken breitet sich auf allen Ebenen aus, entsprechend formulieren auch die Führungskräfte stärker denn je auch eigene Handlungsziele.
• Einzelorganisationen entwickeln zunehmende Verflechtungen mit regionalen oder internationalen Firmengruppen.
• An die Stelle der Loyalität zur Organisation tritt die Verbindlichkeit gegenüber den jeweils betreuten Projekten, deren Resultate für die Beurteilung des Führungserfolgs an Wichtigkeit zunehmen.

Julia M. und Sven H., die beide durchaus einmal von einem längeren beruflichen Auslandsaufenthalt geträumt haben (sie wollte nach Dänemark, er nach England), sehen die Dinge nun wie folgt realistischer:

(1) Andere Kulturen unterscheiden sich von der gewohnten durch die Beziehung des Menschen zu seiner Umwelt, die dominierende Zeitorientierung, das geltende Menschenbild, die Handlungsorientierung, die Fokussierung der Verantwortlichkeit, die Konzeption von Raum, das Maß an Formalität vs. Informalität, die Religion und die Sprache. Empirische Untersuchungen in einer globalen Organisation haben gezeigt, daß Führungskräfte und Mitarbeiter Kulturen nach den Dimensionen Vermeidung von Unsicherheit, Maskulinität-Feminität, Individualität vs. Kollektivität und Machtdistanzen gliedern.

(2) Werden Führungskräfte aus ihrer nationalen Kultur ins Ausland entsandt, so erleben sie in der Regel einen sog. Kulturschock, der aus den Phasen Honeymoon (Begeisterung für die neue Kultur), Krise (Wahrnehmung von Unterschieden, Frustration), Erholung (Überwindung der Krise z. B. durch intensiven Spracherwerb) und Anpassung (Gewöhnung an die neue Kultur) bestehen und einen U-förmigen Verlauf haben soll.

(3) Darüber hinaus muß besonders die Führungskraft im globalen Unternehmen sich mit Problemen neuer Beschäftigungsverhältnisse, der Leistungsmessung und -management, der Zielsetzung und des Selbstmanagements, der Informationsverarbeitung, mit der lernenden Organisation und mit Organisationswandel und Personalentwicklung auseinandersetzen. Sie reagiert darauf hinsichtlich der eigenen Berufslaufbahn mit dem Konzept der „intelligent career".

13. Verlassen der Organisation

13.1 Der sanfte Abgang – Outplacement und Kündigung

Jahre später: Julia M. hat es vor allem aufgrund ihrer kommunikations- und mitarbeiterbezogenen Persönlichkeitsmerkmale und Verhaltensweisen geschafft, die „glass ceiling" in einem global tätigen Unternehmen zu durchbrechen und – nach mehreren Auslandsaufenthalten – in dessen Führungsetage aufzusteigen. Auch Sven H. ist inzwischen ordentlicher Universitätsprofessor und Ordinarius für Sozial- und Organisationspsychologie an einer mitteldeutschen Universität geworden. Beide sind nun in den späten Dreißigern, einem Alter, in dem fünf von sechs Managern gern ihre sog. „mid-life crisis" bekommen (Kets de Vries, 1980, S. 140ff.). Bei ihr ausgelöst durch ein mißlungenes internationales Projekt, bei ihm durch die Ablehnung eines Antrags auf Förderung eines interdisziplinären Forschungsprojekts fragen sich beide, ob das schon alles war. In diesen dunklen Momenten denken sie auch über mögliche Veränderungen nach und lesen noch einmal in dem schon zerfledderten Buch „Organisationspsychologie. Eine Einführung" den Abschnitt über das Verlassen der Organisation.

Da findet sich zunächst unter dem beschönigenden Stichwort *„Freisetzung"* (tatsächlich handelt es sich um eine Kündigung) von Führungskräften der Fall, daß die Organisation eine Führungskraft loswerden will (vgl. zum folgenden Schulz, 1987; Spieß & Winterstein,1999; Zander, 1987): Dabei meint die interne Freisetzung die Versetzung der Führungskraft in einen anderen Bereich derselben Organisation, externe Freisetzung bedeutet die Auflösung des Arbeitsvertrages. Beides kann sowohl durch betriebsbedingte wie durch verhaltens- oder personenbedingte Ursachen ausgelöst werden. Betriebsbedingte Ursachen können etwa Stillegungen und Fusionen, technische Neuerungen, Änderungen der Unternehmenskultur u. dgl. sein; personenbezogene Ursachen können im Nachlassen der Leistungsfähigkeit und -bereitschaft, in Störungen der Vertrauensverhältnisse zu Vorgesetzten und Mitarbeitern, in Intrigen und ähnlichem liegen.

Psychologisch gesehen ist die externe Freisetzung aus den beiden zuletzt-
genannten Ursachen den Betroffenen besonders schwer zu vermitteln, sie
kann zu nachhaltigen sozialen, psychischen und körperlichen Störungen bis
hin zum Suizid (Freimuth, 1999) führen. Mayrhofer (1989) hat für die
dabei ablaufenden psychologischen Prozesse ein Phasenmodell entworfen,
das aus den drei Stufen *Schock, Versuche der Wiedergewinnung der
Eigeniniative* und *innere Neuordnung* besteht. Schon von daher sollten die
Gründe in einem entsprechenden *Kündigungsgespräch* vom direkten
Vorgesetzten mitgeteilt und erläutert werden, wobei sich einmal mehr ein
mitarbeiterorientierter Kommunikationsstil als besonders hilfreich erweist.
Um die Gefahr von langdauernden Rechtsstreitigkeiten und hohem
finanziellem Aufwand einerseits, aber auch von Belastungen des
Betriebsklimas und der Persönlichkeit der Betroffenen andererseits zu
minimieren, sind ferner der Abschluß eines Aufhebungsvertrags sowie eine
Vereinbarung über die Unterstützung bei der Suche nach einer neuen Stelle
durch die bisherige Organisation anzustreben.

Letzteres wurde in den USA in der Rezessionsphase Anfang der siebziger
Jahre unter der Bezeichnung *„outplacement"* als Instrument der Personal-
freisetzung für Führungskräfte eingeführt. Der Kern des Konzepts besteht
darin, daß ein (meistens externer) Berater (= „coach") in längeren Beratungsgesprächen versucht, bei dem Betroffenen die psychische Akzeptanz der Situation und die Wiedergewinnung der Eigeninitiative zu fördern.
Dazu zählen die folgenden Einzelschritte (vgl. Schulz, 1987, S. 347):

- die Überwindung von psychischen Störungen wie Depression oder
  Resignation,
- die Stabilisierung der persönlichen Lebensbereiche,
- die Wiederherstellung von Selbstwertgefühl und Selbstvertrauen,
- die Erarbeitung einer sozial akzeptablen „Trennungsstory",
- die Analyse der Schwächen und Stärken des Betroffenen,
- die Konkretisierung denkbarer beruflicher Alternativen,
- die Erstellung überzeugender Bewerbungsunterlagen für die neu ange-
  strebte Position und
- die Mitwirkung beim Aufbau von neuen Kontakten.

Glücklicherweise ist diese Art des Organisationswechsels nicht die einzige
Möglichkeit für Führungskräfte, einen neuen Tätigkeitsbereich zu finden.
Häufiger ist doch der vom Mitarbeiter selbst initiierte Wechsel zu einer
anderen Organisation; unter dem Stichwort *„Fluktuation"* ist dies die am

intensivsten untersuchte Mobilitätsform von Mitarbeitern und Führungskräften (vgl. etwa Domsch & Krüger, 1987).

Die Gründe dafür sind auch hier vielfältig und von Gruppe zu Gruppe verschieden: So wollen jüngere Hochschulabsolventen durch einen Organisationswechsel neue persönliche Entwicklungsperspektiven finden, sie sind
unzufrieden mit der Organisation, der Tätigkeit und den Arbeitsbedingungen (Lang von Wins & Kaschube, 1998). Etablierte Führungskräfte hingegen wechseln vor allem auf der Suche nach besserer Bezahlung
(Jochmann, 1990). Allgemein hängt die im Betrieb erlebte Frustration nach
einer amerikanischen Metaanalyse über fünf Felduntersuchungen mit 1.066
Befragten mit r = .45 mit der Kündigungsabsicht zusammen (vgl. Spector,
1997, S. 8). In einer deutschen Studie (vgl. Witte, Kallman & Sachs, 1981)
finden sich folgende Motive: höheres Einkommen (= 42 %), mehr Kompetenz und Einfluß (= 38 %), größere Selbständigkeit (= 31 %), die Tätigkeit selbst (= 26 %), bessere Entwicklungsmöglichkeiten (= 23 %) und
größere Arbeitsplatzsicherheit (= 11 %).

In allen Fällen hängt die Entscheidung sicherlich auch von der jeweils
erreichten *Karrierephase* ab. In der frühen Karrierephase entsteht zumeist
ein *Realitätsschock,* weil die an die Organisation herangetragenen Erwartungen und die dort erlebte Realität oft nicht übereinstimmen. Da in dieser
Phase die allgemeinen sozialen Bindungen und Verpflichtungen oft noch
nicht sonderlich eng sind, führt dieser Eindruck besonders häufig zu einem
Organisationswechsel. Oft ist auch die individuelle Verortung auf dem
subjektiven Karrierefahrplan ein Kündigungsgrund: Jüngere Führungskräfte, die sich für „behind time" halten, versuchen diese Verspätung durch
Organisationswechsel zu kompensieren (Berthel, 1987, S. 1190f.). Tatsächlich sind die hier durchgeführten Positionswechsel für den weiteren
Karriereverlauf auch besonders wichtig (Rosenbaum, 1979). In der mittleren Karrierephase ereignet sich nicht selten die oben erwähnte *„mid-life
crisis",* eine Phase der allgemeinen Selbstprüfung und (ggf.) Neuorientierung, die – allerdings seltener – auch zu einem Organisationswechsel
führen kann. In der späten Karrierephase – etwa ab Mitte vierzig – droht
angesichts nachlassender Flexibilität zunehmendes *Disengagement* bis hin
zur sog. *Ruhestandskrise*, allerdings werden hier die vom Mitarbeiter selbst
angestrebten Organisationswechsel seltener.

Da alle voranstehend erörterten Formen der Mitarbeitermobilität für die
Organisation mit Kosten, etwa für die Abfindung des alten Mitarbeiters und
für die Auswahl und Einarbeitung neuer Mitarbeiter, verbunden sind,

wurden entsprechende Steuerungselemente entwickelt: Soll beispielsweise
die Fluktuation erhöht werden, bieten die Organisationen Outplacement-
beratungen, Abfindungen und Vorruhestandslösungen an. Soll die Fluktuation verringert werden, werden die Bindungen an die Organisation u.a.
durch bessere Bezahlung und Sozialleistungen, durch das Angebot von
Aufstiegsmöglichkeiten und Laufbahnplanungen, durch Betriebsrenten und
Darlehen intensiviert (Domsch & Krüger, 1987).

13.2 Im Schongang? – Älterwerden im Betrieb

Im April 1999 waren in der Bundesrepublik Deutschland 33.534.000
Menschen erwerbstätig (Statistisches Bundesamt, 1999); 8.212.000 oder ca.
23 % davon waren älter als 50 Jahre. 1.479.000 oder etwa 4 % aller
Erwerbstätigen waren sogar älter als 60 Jahre; die meisten von ihnen
arbeiteten im Dienstleistungsbereich, es folgen Handel, Gastgewerbe und
Verkehr sowie immerhin noch 267.000 im produzierenden Gewerbe. Jeden
Tag in diesem April gingen so beispielsweise noch 26.000 64jährige
Arbeiterinnen und Arbeiter und 32.000 Angestellte an ihren Arbeitsplatz,
sofern sie nicht krank oder in Urlaub waren. Allerdings gingen sie nicht
alle in dieselbe Betriebsart: So finden sich in Großbetrieben deutlich
weniger über 50jährige als in Klein- und Mittelbetrieben, fast 70 % aller
über 50jährigen arbeiten in Betrieben mit bis zu 500 Mitarbeitern (Frerichs,
1998, S. 18). Offenbar haben die Großbetriebe die Älteren in den letzten
Jahren in stärkerem Maße „freigesetzt" als die Klein- und Mittelbetriebe.
Ist das – wirtschaftlich gesehen – eigentlich eine kluge Maßnahme?

Vor einer Antwort darauf muß auf ein definitorisches Problem hingewiesen
werden, das sich versteckt auch in den o.a. Zahlenbeispielen findet: Es ist
nirgendwo eindeutig definiert, was eigentlich als ein „älterer Arbeitnehmer" anzusehen ist. Nach Lehr (1987, S. 1) rechnen beispielsweise
Unternehmensleitungen Angestellte ab dem 52., Arbeiter ab dem 51.
Lebensjahr zu dieser Gruppe, Personal- und Betriebsräte ziehen
davon sogar noch ein Jahr ab. Auf dem Arbeitsmarkt wird die Vermittlung
eines Stellenbewerbers aber schon ab dem 45. Lebensjahr problematisch.
Im Jahr 1998 sinkt beispielsweise die Erwerbsquote, also der erwerbstätige
Anteil einer Altersgruppe, von 73 % bei den 45- bis 55jährigen auf nur
noch 51 % bei den 55- bis 60jährigen (Statistisches Bundesamt, 1999, S.

34) ab. Zum älteren Arbeitnehmer wird man vermutlich irgendwie ab dem 50. Lebensjahr.

Stellt man die o.a. Frage also für diese Gruppe, so lautet die Antwort allein von der Produktivität her gesehen, schlicht: Nein. „Zusammenfassende Analysen von Einzelfallstudien zur Produktivitätsentwicklung im Alter zeigen keine oder nur einen geringen Zusammenhang zwischen dem Indikator Alter als solchem und Produktivität ... . Vielmehr legen die Befunde eher eine differentielle Produktivitätsentwicklung im Alter nahe, und zwar in Abhängigkeit von Anregungsniveau und Belastungsmerkmalen der dominanten Arbeitsstrukturen", schreibt dazu Frerichs (1998, S. 18). Als Belastungsmerkmale werden genannt:

- Physisch-psychische Belastungen (hoher Krafteinsatz, hohe Konzentration, Schicht- und Nachtarbeit etc.),
- Faktoren der Arbeitsumgebung (Hitze, Kälte, Lärm etc.),
- Faktoren der Arbeitsgestaltung (Zeitdruck, Rollenkonflikte etc.).

Tatsächlich zeigt sich in entsprechenden Untersuchungen (vgl. Frerichs, 1998, S.19ff), daß in Tätigkeiten mit hohen physisch-psychischen Anforderungen in einer stark belasteten Arbeitsumgebung, die Arbeitsfähigkeit und -leistung mit steigendem Alter abnimmt. Auch Streß und Mangel an Selbstbestimmung wirken sich negativ auf die Arbeitsleistung aus. Interessant in diesem Zusammenhang ist aber auch, daß sich 59 % der älteren Arbeitnehmer in einer untergeordneten Position selbst als weniger leistungsfähig empfinden, während dies nur 37 % in gehobenen Positionen meinen (Isforth, 1997).

Wenn Organisationen also ältere Arbeitnehmer auf Arbeitsplätzen mit geringen physisch-psychischen Belastungen, in einer optimalen Arbeitsumgebung und mit einer weitgehend selbstbestimmten Tätigkeit beschäftigen, so kann deren Produktivität weitgehend erhalten bleiben. Diese Vermutung wird auch durch Befunde aus der Gerontopsychologie gestützt, nach denen das kalendarische Lebensalter allein für das Nachlassen der physischen und psychischen Leistungsfähigkeit nur eine vergleichsweise geringe Bedeutung hat. Im Gegenteil, erfahrungsgeleitete Informationsverarbeitungsprozesse werden im Alter oft noch besser, Zuverlässigkeit und Kompetenz bleiben weitgehend unverändert erhalten (vgl. etwa Lehr, 1988, 1991). Entgegen landläufiger Vermutungen weisen ältere Arbeitnehmer auch keine höheren Fehlzeiten als jüngere auf: Sie sind insgesamt seltener, dann aber länger krank.

Daraus ergeben sich Folgerungen hinsichtlich der Gestaltung optimaler Arbeitsbedingungen für ältere Mitarbeiter (vgl. Kruse & Lehr,1995):

- Sie sollten auf jeweils altersgemäßen Arbeitsplätzen eingesetzt werden,
- ihnen sollte die Möglichkeit zur Teilnahme an altersgemäßer betrieblicher Fortbildung eingeräumt werden,
- sie sollten den Übergang in den Ruhestand individuell gestalten können sowie
- an Vorbereitungskursen auf den Ruhestand teilnehmen.

Unter diesen Bedingungen können die spezifischen Kompetenzen und Potentiale älterer Arbeitnehmer sehr wohl zum Organisationserfolg beitragen: „Unternehmen, die dieses Passungsverhältnis optimieren, könnten demnach Produktivitätsgewinne verbuchen. Demnach wäre es Aufgabe, Arbeitsplätze und -bereiche zu identifizieren, die in besonderer Weise der Leistungsfähigkeit der älteren Arbeitnehmer entgegenkommen" (Frerichs, 1998, S. 40).

Die jugendzentrierte Personalpolitik von Großbetrieben, die – wie erwähnt – in überdurchschnittlichem Maße ältere Arbeitnehmer „freisetzen", ist also nur dann (betriebs-) wirtschaftlich sinnvoll, wenn es sich hauptsächlich um ältere Mitarbeiter auf stark belasteten Arbeitsplätzen handelt. Die „lernende Organisation" (vgl. Kapitel 12) aber verliert durch diese Entlassungen auf jeden Fall wertvolles Wissen. Daß es auch in Großbetrieben eine Fülle entsprechend gestalteter Arbeitsplätze für Ältere gibt, zeigt eine Statistik zum Durchschnittsalter von Vorständen deutscher Großunternehmen: Führungskräfte werden etwa im Alter von 46 Jahren in den Vorstand berufen, wo sie auf 45 % ältere Arbeitnehmer von durchschnittlich 52,2 Jahren stoßen (Berthel, 1995, S. 1296; Bischoff, 1999).

13.3 Der Pensionierungsschock – Ruhestand

Irgendwann aber ist es dann doch so weit: Der letzte Arbeitstag steht an. Der Chef lädt zu einer kleinen Feier, mittelmäßige Geschenke und launige Dankesworte werden übergeben, anschließend gibt es einen Sektempfang in der eigenen Abteilung. Schließlich fährt der Mitarbeiter das letzte Mal durch das Werkstor und ist (1993 mit einem Durchschnittsalter von 59 Jahren; vgl. Spieß & Winterstein, 1999, S. 202) pensioniert.

Der Verlust der Arbeit führt bei vielen Menschen zu einem Pensionierungs-schock, da das Ende der aktiven Berufstätigkeit – mehr ist es ja letztlich nicht – von den Betroffenen als Eintritt in die letzte Lebensphase, das Alter, interpretiert wird – „the mysterious jump from being young one day to being old the next" (Kets de Vries, 1980, S.181). Die Reaktionen sind vielfältig: 30 % der Betroffenen (Kets de Vries, 1980, S. 181) zeigen ein sog. „retirement syndrome" mit Magen-, Darm-, Herz- oder Atemwegser-krankungen, Schlaflosigkeit, Kopfschmerzen, Lethargie, Angstsymptomen und Depressionen. Gravierende Bedrohungen sind Selbstmorde, die Zahl der männlichen Selbstmörder steigt ab dem 65. Lebensjahr signifikant an (Conradi, 1983, S. 130). „Das zugrundeliegende Problem besteht darin, die eigene Sterblichkeit akzeptieren zu lernen", faßt Kets de Vries (1998, S. 58) dies treffend zusammen.

Das muß nicht so sein. Mit Hilfe von Personalentwicklungsmaßnahmen „out-of-the-job" (Conradi, 1983) kann der Übergang vorbereitet werden. Dazu zählen Ruhestandsvorbereitungskurse (vgl. zum folgenden Reimann, 1995), in denen die finanziellen, sozialen, psychischen und physischen Änderungen des Ruhestands – häufig zusammen mit den Ehepartnern – erörtert werden. Zahlreiche Großbetriebe – genannt werden u.a. Bayer, BMW, Siemens – bieten solche Maßnahmen seit langem an. Auch das Angebot des gleitenden Ruhestands, die Möglichkeit der Teilzeitbe-schäftigung nach dem Ausscheiden aus dem Berufsleben und die syste-matische Kontaktpflege mit den Pensionären sind hier zu nennen. Eine interessante Variante berichtet Rosenstiel (1974, S. 138): Danach schickte eine amerikanische Firma ihre leitenden Mitarbeiter einige Jahre vor der Pensionierung für einige Monate in einen Zwangsurlaub, in dem keine Kontakte zur Firma aufgenommen werden durften. Die Manager sollten so gezwungen werden, sich mit ihrer Lebenssituation nach der Pensionierung auseinanderzusetzen.

Alles dies ist nützlich und hilfreich, aber letzten Endes kann die Organi-sation dem Betroffenen die erfolgreiche Bewältigung dieses „critical life incident", des kritischen Lebensereignisses (vgl. Verres & Bader, 2000), nicht abnehmen. Die Entlassung aus dem Arbeitsverhältnis und der Eintritt in den Ruhestand zählen nun einmal zu den besonders belastenden Lebens-veränderungen: Erstere liegt mit 47 Punkten auf einer 100 Punkte um-fassenden Belastungsskala auf Platz acht, letzterer mit 45 Punkten auf Platz zehn (Zimbardo, 1983, S. 468). Und beruhigenderweise reagieren auch nicht alle Menschen auf den Ruhestand mit psychischen und physischen Störungen. Menschen mit anstrengender und unbefriedigender Tätigkeit beispielsweise sehnen ihn herbei und nutzen ihn aktiv, sofern die finanziellen Voraussetzungen dafür gegeben sind. Allgemein sind Menschen mit einer positiven, optimistischen und zukunftsorientierten Haltung, die auch den letzten Lebensabschnitt als eigenständige Phase mit je spezifischen Erfahrungen auffassen, hier im Vorteil. Für Führungskräfte ist dies aber oft ein Problem, denn je höher die Position und der damit verbundene Status waren, um so schwerer fällt deren Aufgabe. Insbesondere die „Workaholics" unter ihnen setzen sich mit dem Problem der Pensionierung nicht rechtzeitig auseinander und fragt man sie nach den Gründen dafür, so antworten sie, daß sie vermutlich nicht lange genug leben würden, um ihre Pensionierung zu erleben (Kets de Vries, 1980, S. 184).

Für das Gelingen dieser Phase sind individuelle wie soziale Faktoren gleichermaßen wichtig. Beispielsweise sollten insbesondere Führungskräfte schon vor ihrem Ausscheiden alternative, ihren Begabungen und Interessen gemäße Tätigkeiten aufnehmen und einen Freundeskreis außerhalb der Arbeitsbeziehungen aufbauen. Eine interessante Maßnahme schlägt Kets de Vries (1980, S. 186) vor, wenn er meint, daß die ältere Führungskraft beizeiten einen persönlichen Nachfolger als Mentor betreuen sollte. Auch die Unterstützung durch die Familie und den Freundeskreis ist in dieser Phase besonders wichtig.

Im positiven Falle kann die Pensionierung dann auch so verlaufen, wie sie Jerry Taylor (vgl. Kets de Vries, 1998, S. 70f.) beschreibt: „Ich hatte schon mindestens drei oder vier Jahre früher angefangen, mir über die bevorstehende Pensionierung Gedanken zu machen. Ich wußte, daß ich versuchen mußte, mein Leben nach dem Ausscheiden genauso zu strukturieren, wie ich vorher mein Berufsleben strukturiert hatte. Ich wußte, daß es mich einige Disziplin kosten würde ... und soweit dies möglich war, plante ich im voraus. Ich wollte mich aktiv in einem Wohltätigkeitsverein engagieren und hatte sämtliche Einzelheiten schon sechs Monate vor meinem Ausscheiden aus der Firma arrangiert. Ich besuchte auch eine Reihe von Kursen für angehende Rentner. Einer wurde von der Gemeinde organisiert, für den anderen habe ich selbst bezahlt. Die Gesellschaft hatte keinerlei Beratung vorgesehen, auf einer persönlichen Ebene aber empfand ich den Personaldirektor als ausgesprochen hilfreich. Als der Termin näherrückte, blickte ich dem Ruhestand mit sehr positiven Gefühlen entgegen. Ich glaube, daß bestimmte Aspekte mich ein wenig ängstlich machten, grundsätzlich aber nahm ich es gelassen, wenn auch nicht absolut enthusiastisch. Die Haltung der Gesellschaft hat mir geholfen; sie waren froh, daß ich an einigen Tagen in der Woche von zu Hause aus für sie arbeitete, und gaben mir nicht das Gefühl, im Weg oder zu alt zu sein. Die Tatsache, daß ich keine Verantwortung mehr trug und keine Entscheidungen mehr treffen konnte, bereitete mir kein allzu großes Kopfzerbrechen. Das größte Problem bestand für mich darin, nichts mehr zu tun zu haben, und das war der Grund, weshalb ich mich bereits vor dem Ruhestand so intensiv darum kümmerte, mein Leben neu zu strukturieren. ... Mittlerweile sind fünf Jahre vergangen, und ich kann ehrlich sagen, daß ich zufrieden bin und ein sehr aktives Leben führe."

Nachdenklich, aber doch irgendwie beruhigt stellen Julia M. und Sven H. ihr Buch „Organisationspsychologie. Eine Einführung" wieder in das Regal, zu den alten Psychologiebüchern. Sie sehen, daß Krisen im Verlaufe eines Lebens und einer Karriere etwas ebenso unvermeidbares sind wie etwa Konflikte in Organisationen. Sie wissen nun auch, daß das Verlassen einer Organisation immer möglich ist, als Konfliktlösung jedoch wenig taugt. Mit einem ersten Blick auf das Leben nach der Karriere, wenden sie sich mit neuer Tatkraft ihrer alten Arbeit zu. Sie haben gelernt:

(1) Organisation und Mitarbeiter trennen sich entweder durch sog. „Freisetzung" des Mitarbeiters aus externen oder internen Gründen oder durch Kündigung des Mitarbeiters selbst. Bei der Kündigung durch die Organisation sind häufige Reaktionen der Betroffenen *Schock, Versuche der Wiedergewinnung* und *innere Neuordnung*. Diese können durch entsprechende Outplacementverfahren reduziert werden. Der Kern des Konzepts besteht darin, daß ein (meistens externer) Berater (= „coach") in längeren Beratungsgesprächen versucht, bei dem Betroffenen die psychische Akzeptanz der Situation und die Wiedergewinnung der Eigeninitiative zu fördern. Häufiger ist doch die vom Mitarbeiter selbst ausgesprochene Kündigung, unter dem Stichwort *„Fluktuation"* ist dies die am intensivsten untersuchte Mobilitätsform. Sie hängt von der jeweils erreichten *Karrierephase* ab. In der frühen Karrierephase entsteht zumeist ein *Realitätsschock,* weil die an die Organisation herangetragenen Erwartungen und die dort erlebte Realität oft nicht übereinstimmen. In der mittleren Karrierephase setzt häufig eine *„mid-life crisis"* ein, eine Phase der allgemeinen Selbstprüfung und Neuorientierung, die – wenngleich seltener – ebenfalls zum Organisationswechsel führen kann. In der späten Karrierephase droht zunehmendes *Disengagement* bis hin zur sog. *Ruhestandskrise,* die vom Mitarbeiter selbst angestrebten Organisationswechsel werden seltener.

(2) Als ältere Arbeitnehmer gelten Menschen etwa ab dem 50. Lebensjahr. Entgegen landläufiger Annahmen sind sie kaum weniger produktiv als jüngere Arbeitnehmer, vielmehr legen die dazu vorliegenden Forschungsergebnisse eine differentielle Produktivitätsentwicklung in Abhängigkeit von Anregungsniveau und Belastungsmerkmalen der Arbeitssituation nahe. Wenn Organisationen ältere Arbeitnehmer auf Arbeitsplätzen mit geringen physisch-psychischen Belastungen, in einer optimalen Arbeitsumgebung und mit einer weitgehend selbstbestimmten Tätigkeit beschäftigen, so bleibt deren Produktivität weitgehend erhalten. Zudem verfügen sie über Fähigkeiten, wie erfahrungsgeleitete Informationsverarbeitungsprozesse und Zuverlässigkeit, die im Alter oft besser werden.

(3) Auf den sog. „Pensionierungsschock" reagieren insbesondere Führungskräfte häufig mit dem sog. „retirement syndrome", also mit Magen-, Darm-, Herz- oder Atemwegserkrankungen, Schlaflosigkeit, Kopfschmerzen, Lethargie, Angstsymptomen, Depressionen oder gar mit Selbstmord. Organisationen können dies durch Personalentwicklungsmaßnahmen „out-of-the-job" lindern oder verhindern. Dazu zählen Ruhestandsvorbereitungskurse, Teilzeitarbeit, gleitender Ruhestand oder die Aufnahme einer Beratertätigkeit für die Organisation nach dem Ausscheiden. Darüber hinaus sind individuelle Faktoren (Persönlichkeitsmerkmale, Aufbau alternativer Aktivitäten und Freundeskreise) und soziale Faktoren (Unterstützung durch die Familie und den Freundeskreis) gleichermaßen wichtig.

Damit genug, die „tour d'horizont" durch die Organisationspsychologie – von Mark Barton bis zum Pensionierungsschock – ist nun beendet. Vom Schluß aus wird nun hoffentlich auch deutlich, warum eine ökonomische, soziologische und gelegentlich historische Gesichtspunkte erweiterte Perspektive auf das im Kern psychologische, d.h. auf das Erleben und Verhalten von Individuen bezogene Fach Sinn macht. Aktuelle Veränderungen und zukünftige Entwicklungen, aber auch Forschungsdefizite lassen sich bei allen organisationspsychologischen Themen – von der Organisationswahl bis zum Verlassen der Organisation – besser diagnostizieren, wenn man sie in einem so erweiterten Kontext sieht.

Darüber hinaus sollte mit diesem Ansatz aber auch deutlich werden, daß die Organisationspsychologie als nichtforschende Tätigkeit (Herrmann, 1987) in besonderer Weise interessenabhängig ist. Ja, das Fach ist gegenwärtig überwiegend im Bereich der Profitorganisationen aktiv, und wer nicht bereit ist, seine Arbeitskraft (letztlich) zur Vermehrung des „shareholder value" zu verkaufen, sollte diesen Bereich im eigenen Interesse, im Interesse der dort Tätigen und im Interesse des Faches besser vermeiden. Zugleich sollten mit den zahlreichen Verweisen auf die Non-Profit-Organisationen aber auch mögliche Alternativen aufgezeigt werden: Auch hier werden Menschen als Mitarbeiter ausgewählt, arbeiten und kommunizieren sie mehr oder weniger zufrieden in Gruppen, haben sie Konflikte, erleben sie Streß und ggf. „burn-out", führen sie Mitarbeiter und werden sie schließlich entlassen. So sollte der Text auch eine Entscheidungshilfe für Studenten werden, die die Organisationspsychologie zu ihrem Beruf machen wollen.

Zum Schluß können nun auch Julia M. und Sven H. endlich aus ihrer didaktischen Rolle entlassen werden und in ihre tatsächliche Existenz zurückkehren. Es gibt sie wirklich: Sie studiert Psychologie in Münster, er in Jena. Beide haben das Manuskript gelesen und durch ihre kritischen Anmerkungen wesentlich zu seiner Verbesserung beigetragen. Dies gilt gleichermaßen für Dipl. Psych. Kathrin Funk-Müldner, die den Autor selbst lange Zeit als Führungskraft erlebt hat und gegenwärtig in einem organisationspsychologischen Forschungsprojekt an der Ruprecht-Karls-Universität Heidelberg arbeitet. Auch Dr. Dagmar Unz und Dr. Frank Schwab, wissenschaftliche Assistenten an der Arbeitseinheit Medien- und Organisationspsychologie der Universität des Saarlandes, haben sich der Mühe einer kritisch-solidarischen Lektüre des Textes unterzogen. Die Erstellung einer druckfertigen Vorlage hat schließlich Doris Mast, wie immer geduldig und umsichtig, übernommen. Allen sei für Ihre Mitarbeit herzlich gedankt!

Literatur

Adams, J. S. (1963). Toward an understanding of inequity. Journal of Abnormal and Social Psychology 67, 422-436.

Alderfer, C. P. (1969). An empirical test of a new theory of human needs. Organizational Behavior and Human Performance 4, 142-175.

Anders, W. (1986). Die Gestaltung der organisatorischen Kommunikation. München: unveröffentlichte Dissertation.

Antoni, C. (1994). Gruppenarbeit im Unternehmen. Konzepte, Erfahrungen, Perspektiven. Weinheim: PVU.

Antoni, C. (1996). Teilautonome Arbeitsgruppen. Ein Königsweg zu mehr Produktivität und einer menschengerechten Arbeit? Weinheim: PVU.

Antoni, C. & Bungard, W. (1993). Qualitätszirkel. In A. Schorn (Hrsg.), Handwörterbuch der Angewandten Psychologie (S. 575-580). Bonn: Deutscher Psychologen Verlag.

Aronson, E., Wilson, T. D. & Akert, R. M. (1999). Social psychology (2. Auflage). New York: Longman.

Axtell, R. E. (1985). Do's and taboos around the world. Elsmford, N. Y.: The Benjamin Company.

Badelt, C. (Hrsg.) (1997a). Handbuch der Nonprofit Organisation. Strukturen und Management. Stuttgart: Schäffer-Poeschel.

Badelt, C. (1997b). Ehrenamtliche Arbeit im Nonprofit Sektor. In C. Badelt (Hrsg.), Handbuch der Nonprofit Organisation. Strukturen und Management (S. 359-386). Stuttgart: Schäffer-Poeschel.

Badelt, C. (1997c). Ausblick: Entwicklungsperspektiven des Nonprofit Sektors. In C. Badelt (Hrsg.), Handbuch der Nonprofit Organisation. Strukturen und Management (S. 413-442). Stuttgart: Schäffer-Poeschel.

Baird, J. F. & Bradley, W. S. (1979). Style of management and communication: A comparative study of men and women. Communication Monographs 46, 101-111.

Barber, A. E. (1998). Recruiting employees. Individual and organizational perspectives. Thousand Oaks: Sage.

Baskin, O. W. & Aronoff, C. E. (1980). Interpersonal communication in organizations. Santa Monica: Goodyear Publ. .

Bass, B. M. (1985). Leadership and performance beyond expectations. New York: Free Press.

Baumgarten, R. (1977). Führungsstile und Führungstechniken. Berlin: de Gruyter.

Beck, U. (1986). Risikogesellschaft. Auf dem Weg in eine andere Moderne. Frankfurt: Suhrkamp.

Behling, O., Labovitz, G. & Gainer, M. (1968). College recruiting: A theoretical base. Personnel Journal 47, 13-19.

Berkel, K. (1995). Konflikte in und zwischen Gruppen. In L. v. Rosenstiel, E. Regnet & M. Domsch (Hrsg.), Führung von Mitarbeitern (2. Auflage) (S. 359-376). Stuttgart: Poeschel.

Berman, E. M. (1998). Productivity in public and nonprofit organizations. Strategies and techniques. Thousand Oaks: Sage.

Berthel, J. (1987). Führungskräfteentwicklung. In A. Kieser, G. Reber & R. Wunderer (Hrsg.), Handwörterbuch der Führung (S. 591-601). Stuttgart: Poeschel.

Berthel, J. (1995). Karriere und Karrieremuster von Führungskräften. In A. Kieser, G. Reber & R. Wunderer (Hrsg.), Handwörterbuch der Führung (2. Auflage) (S.1285-1298). Stuttgart: Poeschel.

Bischoff, S. (1999). Männer und Frauen in Führungspositionen der deutschen Wirtschaft in Deutschland. Neuer Blick auf alten Streit. Stuttgart: Schäffer.

Blake, R. R. & Mouton, J. S. (1964). The managerial grid. Houston: Gulf.

Bodenmann, G. (2001). Psychologische Risikofaktoren für Scheidung: Ein Überblick. Psychologische Rundschau 52(2), 85-95.

Bohr, K. (1988). Zur politischen Kultur im Saarland. Saarheimat 9/10, S. 207-212.

Bordin, E. S., Nachman, B. & Segal, S. J. (1963). An articulated framework for vocational development. Journal of Counseling Psychology 10, 107-117.

Bouza, F. (Hrsg.) (2000). L'aventure du travail. Forbach: Ausstellungskatalog.

Bowers, D. G. & Seashore, S. E. (1966). Predicting organizational effectiveness with a four-factor theory of leadership. Administrative Science Quarterly 11, 238-263.

Bravermann, H. (1985). Die Arbeit im modernen Produktionsprozeß. Frankfurt: Campus.

Bundesanstalt für Arbeit, Zentralstelle für Arbeitsvermittlung (2001). Arbeitsmarkt-informationen für qualifizierte Fach- und Führungskräfte: Psychologinnen und Psychologen. Bonn: Zentralstelle für Arbeitsvermittlung der Bundesanstalt für Arbeit.

Bungard, W. (Hrsg.) (1992). Qualitätszirkel in der Arbeitswelt. Göttingen: Hogrefe.

Burisch, M. (1989). Das Burnout-Syndrom: Theorie der inneren Erschöpfung. Berlin: Springer.

Caplan, R. (1983). Person-environment fit: past, present, and future. In C. L. Cooper (Hrsg.), Stress- research for the eighties (35-77). Chichester: Wiley.

Chappell, D. & Di Martino, V. (2000). Violence at work. Genf: International Labour Office.

Church, A. (1982). Sojourner adjustment. Psychological Bulletin 91, 540-572.

Clark, H. H. & Brennam, S. E. (1993). Grounding in communication. In L. R. Resnick (Hrsg.). Perspectives in socially shared cognition (127-149). Washington: American Psychological Association.

Conger, J. A. & Kanungo, R. N. (1998). Charismatic leadership. Thousand Oaks: Sage.

Conradi, W. (1983). Personalentwicklung. Stuttgart: Enke.

Deal, T. E. & Kennedy, A. A. (1982). Corporate cultures: The rites and rituals of corporate life. Reading: Addison-Wesley.

Delhees, K. H. (1995). Führungstheorien – Eigenschaftstheorien. In A. Kieser, G. Reber & R. Wunderer (Hrsg.), Handwörterbuch der Führung (2. Auflage) (S. 897-905). Stuttgart: Poeschel.

Dobb, M. (1963). Organisierter Kapitalismus: Fünf Beiträge zur politischen Ökonomie. Frankfurt: Suhrkamp.

Domsch, M. & Krüger, M. (1987). Mobilität und Fluktuation von Führungskräften. In A. Kieser, G. Reber & R. Wunderer (Hrsg.), Handwörterbuch der Führung (S.1484-1495). Stuttgart: Poeschel.

Donohue, W. A. & Kolt, R. (1992). Managing interpersonal conflict. Newbury Park: Sage.

Dorsch, F. (1963). Geschichte und Probleme der Angewandten Psychologie. Bern: Huber.

Dror, Y. (1987). Führung von Staaten. In A. Kieser, G. Reber & R. Wunderer (Hrsg.), Handwörterbuch der Führung (S. 1881-1890). Stuttgart: Poeschel.

Dunnette, M. D. (1966). Personnel selection and placement. Belmont: Wadsworth.

Duran, R.L. & Carveth, R. A. (1990). The effects of gender-role expectations upon perceptions of communicative competence. Communication Research Report 7, 25-33.

Ebers, M. (1995). Organisationskultur und Führung. In A. Kieser, G. Reber & R. Wunderer (Hrsg.), Handwörterbuch der Führung (S.1664-1682). Stuttgart: Poeschel (2. Auflage).

Eckardstein, D. von (1997). Personalmanagement in NPOs. In C. Badelt (Hrsg.), Handbuch der Nonprofit-Organisationen (S. 227-246). Stuttgart: Schäffer-Poeschel.

Ellyson, S. L. & Dovidio, J. F. (1985). Power, dominance, and nonverbal behavior. New York: Springer.

Evans, M. G. (1970). The effects of supervisory behavior on the path-goal relationship. Organizational Behavior and Human Performance 5, 277-298.

Faller, H. (1991). Innere Kündigung. Ursachen und Folgen. München: Hampp.

Fiedler, F. E. (1986). The contribution of cognitive resources and behavior to leadership performance. In C. F. Graumann & S. Moscovici (Hrsg.), Changing directions of leadership. New York: Springer.

Fiedler, F. E. (1995). Cognitive ressources and leadership performance. Applied Psychology: An International Review 44, 5-28.

Fine, G. & Holyfield, L. (1996). Secrecy, trust and dangerous leisure: Generating group cohesion in voluntary organizations. Social Psychological Quarterly 59, 22-38.

Flaake, K. (1991). Weibliches und männliches Denken – Differenzen und Komplementaritäten am Beispiel des Verhältnisses zu Einflußnahme und Machtausübung. In W. Herzog & E. Violi (Hrsg.), Beschreiblich weiblich. Aspekte feministischer Wissenschaft und Wissenschaftskritik. Zürich: Rüegger.

Flanagan, J. (1954). The critical incident technique. Psychological Bulletin 51, 327-358.

Fleishman, E. A. (1953). The description of supervisor behavior. Journal of Applied Psychology 37, 1-6.

Fontane, Th. (1998). Stine. Zürich: Diogenes (Erstausgabe: Berlin, 1890).

Forer, B. R. (1953). Personality factors in occupational choice. Educational and Psychological Measurement 13, 361-366.

Forgas, J. P. (1987). Sozialpsychologie. München: PVU.

Freimuth, J. (1999). Ein Ansatz zur Erfindung neuer Berufs- und Selbstentwürfe für beschäftigungslose Manager – Der Mohr hat seine Schuldigkeit getan, er kann gehen! Aber wohin? In J. Freimuth (Hrsg.), Die Angst der Manager (S.269-310). Göttingen: Verlag für Angewandte Psychologie.

Frerichs, F. (1998). Älterwerden im Betrieb. Opladen: WDV. Freudenberger, H. J. (1974). Staff burn-out. Journal of Social Issues 30, 159-165.

Freudenberger, H. J. (1974). Staff burn-out. Journal of Social Issues 30, 159-165.

Freudenberger, H. & North, G. (1992). Burn-out bei Frauen. Über das Gefühl des Ausgebranntseins. Frankfurt: Krüger.

Frieling, E. & Hoyos, C. Graf (Hrsg.) (1978). Fragebogen zur Arbeitsanalyse (FAA). Bern: Huber.

Fruttero, C. & Lucentini, F. (1991). Charles Dickens – Die Wahrheit über den Fall D. München: Piper.

Fukuyama, F. (1999). Der große Aufbruch. Wie unsere Gesellschaft eine neue Ordnung erfindet. Wien: Zsolnay.

Furnham, A. (1997). The psychology of behaviour at work. The individual in the organization. Hove: Psychology Press Publishers.

Furnham, A. & Bochner, S. (1986). Culture shock. London: Methuen.

Furnham, A. & Schaeffer, R. (1984). Person-environment fit, job satisfaction and mental health. Journal of Occupational Psychology 57, 295-307.

Gabriel, P. & Liimatainen, M. R. (2000). Mental health in the workplace. Introduction, executive summaries. Genf: International Labour Organization.

Gabriel, Y. (1999). Organizations in depth. London: Sage.

Galting, J. (1981). Structure, culture, and intellecutal style. Social Science Information 6, 817-856.

Gebert, D. & Rosenstiel, L. v. (1996). Organisationspsychologie. Stuttgart: Kohlhammer (4. Auflage).

Geilhart, T. & Mühlbradt, T. (1995). Planspiele in Personal- und Organisationsmanagement. Göttingen: Verlag für Angewandte Psychologie.

Gibson, J. L., Ivancevich, J. M. & Donnelly, J. H. (1997). Organizations. Behavior, structure, processes (7. Auflage). Chicago: Irvin.

Giese, F. (1925). Theorie der Psychotechnik. Grundzüge der praktischen Psychologie. Braunschweig: Vieweg.

Gilbreth, F. B. (1908). Field system. New York: Myron C. Clark Publisher.

Gilbreth, F. B. & Gilbreth, L.M. (1916). Fatigue study. New York: Sturgis & Walter.

Gilbreth, F. B. & Gilbreth-Carey, E. (1971). Im Dutzend billiger. Hameln: Niemeyer.

Gitter, G. A., Black, H. & Fishman, J. E. (1977). Effects of race, sex, nonverbal communication, and verbal communication on perception of leadership. Sociology and Social Research 60, 46-57.

Glasl, F. (1990). Konfliktmanagement. Ein Handbuch zur Diagnose und Behandlung von Konflikten für Organisationen und ihre Berater (2. Auflage). Bern: Haupt.

Glasl, F. & Lievegoed, B. (1993). Dynamische Unternehmensentwicklung. Wie Pionierbetriebe und Bürokratien zu schlanken Unternehmen werden. Bern: Haupt.

Glueck, W. F. (1974). Decision making. Organization choice. Personnel Psychology 27, 77-93.

Goffman, E. (1977). Rahmen-Analyse. Frankfurt: Suhrkamp.

Goguen, J. A. & Linde, C. (1983). Linguistic methodology for the analysis of aviation accidents. Palo Alto, CA: Structural Semantics.

Golembiewski, R. T. & Munzenrieder, R. F. (1988). Phases of burnout. New York: Praeger.

Golembiewski, R. T., Munzenrieder, R. F. & Stevenson, J. G. (1986). Stress in organizations. Toward a phase model of burnout. New York: Praeger.

Gray, J. & Starke, F. (1988). Organizational behaviour. Boston: Allyn & Bacon.

Greif, S., Nolling, H. & Nicholson, N. (Hrsg.) (1997). Arbeits- und Organisationspsychologie. Internationales Handbuch in Schlüsselbegriffen. Weinheim: Beltz.

Gunderson, J. G., Ronningstam, E. & Bodkin, A. (1990). The diagnostic interview for narcissistic patients. Archive of General Psychiatry 47, 676-680.

Guzzo, R. A. & Dickson, M. W. (1996). Teams in organizations: Recent research on performance and effectiveness. Annual Review of Psychology 47, 307-338.

Guzzo, R. A., Jette, R. D. & Katzell, R. A. (1985). The effects of psychologically based intervention programs on worker productivity: A meta-analysis. Personnel Psychology, 38, 275-291.

Hackman, J. R. & Oldham, G. R. (1976). Motivation through the design of work: Test of a theory. Organizational Behavior and Human Performance 16, 250-279.

Hall, R. (1994). EuroManagers and martians. Brüssel: Europublication.

Hartmann, M. (2001). Klassenspezifischer Habitus oder exklusive Bildungstitel als soziales Selektionskriterium? Die Besetzung von Spitzenpositionen in der Wirtschaft. In B. Krais (Hrsg.), An der Spitze. Von Eliten und herrschenden Klassen (S.157-210). Konstanz: UVK.

Harvey, M. (1989). Repartication of corporate executives: An empirical study. Journal of International Business Studies 20, 131-144.

Heimerl-Wagner, P. (1997). Organisation und NPOs. In C. Badelt (Hrsg.), Handbuch der Nonprofit-Organisationen (S. 189-209). Stuttgart: Schäffer-Poeschel.

Hellbrück, J. & Fischer, M. (1999). Umweltpsychologie. Ein Lehrbuch. Göttingen: Hogrefe.

Hellwig, F. (1995). Carl Ferdinand Freiherr von Stumm-Halberg. In R. v. Dülmen & R. Klimmt (Hrsg.), Saarländische Geschichte. Eine Anthologie (S. 214-229). St. Ingbert: Röhrig.

Hemphill, J. K. (1959). Job descriptions for executives. Harvard Business Review 37, 55-67.

Henley, N. M. (1977). Body politics. Power, sex and nonverbal communication. Englewood Cliffs: Prentice Hall.

Henry, P. (1989). Relationship between academic achievement and measured career interest. Psychological Reports 64, 35-40.

Herrmann, Th. (1972). Sprache. Frankfurt: Akademische Verlagsanstalt.

Herrmann, Th. (1982). Sprechen und Situation. Eine psychologische Konzeption zur situationsspezifischen Sprachproduktion. Berlin: Springer.

Herrmann, Th. (1987). Methoden als Problemlösungsmittel. In E. Roth (Hrsg.), Sozialwissenschaftliche Methoden (2. Auflage) (S.18-46). München: Oldenbourg.

Hersey, P. & Blanchard, K. H. (1996). Management of organizational behavior (7. Auflage). Englewood Cliffs, N. J.: Prentice-Hall.

Herzberg, F., Mausner, B. & Snyderman, B. (1959). The motivation to work (2. Auflage). New York: Wiley.

Hofstede, G. (1984). Culture's consequences. San Francisco: Sage.

Hofstede, G. (1993). Interkulturelle Zusammenarbeit: Kulturen – Organisationen – Management. Wiesbaden: Gabler.

Hofstede, G. & Bond, M. H. (1988). The confucius connection: From cultural roots to economic growth. Organizational Dynamics, Spring, 4-21.

Holland, J. L. (1976). Vocational preferences. In M. D. Dunnette (Hrsg.), Handbook of industrial and organizational psychology (521-570). Chicago: Rand McNally.

Holland, J. L. (1985). Making vocational choices: A theory of vocational personalities and work environments (2. Auflage). Englewood Cliffs: Prentice Hall.

Holtgraves, T. (1986). Language structure in social interaction: Perceptions of direct and indirect speech acts and interactants who use them. Journal of Personality and Social Psychology. 51,2, 305- 314.

Holtgraves, T. (1991). Interpreting questions and replies: Effects of face-threat, question form, and gender. Social Psychology Quarterly 54, 1, 15- 24.

Horak, C. (1997). Management in NPOs. Eine Einführung. In C. Badelt (Hrsg.), Handbuch der Nonprofit Organisation. Strukturen und Management (S. 123-133). Stuttgart: Schäffer-Poeschel.

Horch, H. (1987). Herr und Knecht im Hause Stumm. In K. M. Mallmann, G. Paul, R. Schock & R. Klimmt (Hrsg.), Richtig daheim waren wir nie (S. 55-83). Bonn: Dietz.

Hough, L. M. & Oswald, F. L. (2000). Personnel selection: Looking toward the future, remembering the past. Annual Review of Psychology 51, 631-664.

House, R. J. (1973). A path-goal theory of leadership-effectiveness. Administrative Science Quarterly, September 1971, 321-339.

House, R. J. (1987). Charismatische Führung. In A. Kieser, G. Reber & R. Wunderer (Hrsg.), Handwörterbuch der Führung (S.735-747). Stuttgart: Poeschel.

House, R. J. & Mitchell, R. R. (1974). Path-goal theory of leadership. Journal of Contemporary Business 3, 81-97.

Howell, J. M. & Avolio, B. J. (1993). Transformational leadership, transactional leadership, locus of control, and support for innovation. Journal of Applied Psychology 78(6), 891-902.

Hoyos, C. Graf & Frey, D. (1999). Arbeits- und Organisationspsychologie. Weinheim: Beltz.

Hugo-Becker, A. & Becker, H. (1997). Motivation. München: Beck.

Hyman, B. (1980). Responsive leadership: The woman manager's asset or liability? Supervisory Management 40-43.

Iaffaldano, M. T. & Muchinsky, P. M. (1985). Job satisfaction and job performance. Psychological Bulletin 97, 251-273.

Isforth, A. (1997). Mit 60 auf das Abstellgleis ...? Ergebnisse einer Umfrage. In Bertelsmann Stiftung (Hrsg.), Mit 60 auf das Abstellgleis ...? (S. 15-76). Gütersloh: Verlag Bertelsmann Stiftung.

Jablin, F. M. (1979). Superior-subordinate communication: The state of the art. Psychological Bulletin 86, 1201-1222.

Jochmann, W. (1990). Berufliche Veränderungen von Führungskräften. Göttingen: Verlag für Angewandte Psychologie.

Johansen, R. & Swigart, R. (Hrsg.) (1994). Upsizing the individual in the downsized company. Reading, Mass.: Addison-Wesley.

Kennedy, A. (2001). Das Ende des Shareholder-Value. Warum Unternehmen zu langfristigen Wachstumsstrategien zurückkehren müssen. Upper Saddle River: Prentice Hall.

Kernberg, O. F. (1975a). Zur Behandlung narzißtischer Persönlichkeitsstörungen. Psyche 28, 890-905.

Kernberg, O. F. (1975b). Borderline conditions and pathological narcicissm. New York: Aronson.

Kernberg, O. F. (1978). Borderline-Störungen und pathologischer Narzißmus. Frankfurt: Suhrkamp.

Kernberg, O. F. (Hrsg.) (1988). Innere Welt und äußere Realität. München: Piper.

Kets de Vries, M. F. R. (1980). Organizational paradoxes. Clinical approaches to management. London: Tavistock.

Kets de Vries, M. F. R. (1998). Führer, Narren und Hochstapler. Stuttgart: Verlag Internationale Psychoanalyse.

Kets de Vries, M. F. R. (1990). Cheftypen. Zwischen Charisma, Chaos, Erfolg und Versagen. München: Mosaik.

Kets de Vries, M. F. R. (1996). Leben und Sterben im Business. Düsseldorf. Econ.

Kets de Vries, M. F. R. & Miller, D. (1995). Narzißmus und Führung. In A. Kieser, G. Reber & R. Wunderer (Hrsg.), Handwörterbuch der Führung (2. Auflage) (S. 1609-1622). Stuttgart: Poeschel.

Kieser, A., Reber, G. & Wunderer, R. (Hrsg.) (1987). Handwörterbuch der Führung. Stuttgart: Poeschel.

Kieser, A., Reber, G. & Wunderer, R. (Hrsg.) (1995). Handwörterbuch der Führung (2. Auflage). Stuttgart: Poeschel.

Kilmann, R. H. & Thomas, K. W. (1975). Interpersonal conflict-handling behavior as reflections of Jungian personality dimensions. Personnel and Guidance Journal, 58, 94-106.

Kluckhohn, F. & Strodtbeck, F. L. (1961). Variations in value orientation. Evanston: Row & Petersen.

Knapp, M. L., Cody, M. J. & Reardon, K. K. (1987). Viewing nonverbal signals from multi-level perspective. In Berger, C. R. & Chaffee, S. H. (Hrsg.), Handbook of communication science (S. 385-418). Newbury Park: Sage.

Kobasa, S. C. (1988). Conceptualization and measurement of personality in job stress research. In J. J. Hurrell, L. R. Murphy, S. L. Sauter, & C. L. Cooper (Hrsg.), Occupational stress: Issues and development in research. New York: Taylor & Francis.

Königswieser, R. (1987). Konflikthandhabung. In A. Kieser, G. Reber & R. Wunderer (Hrsg.), Handwörterbuch der Führung (S. 1240-1246). Stuttgart: Poeschel.

Krais, B. (Hrsg.) (2001). An der Spitze. Von Eliten und herrschenden Klassen. Konstanz: UVK.

Krajewski, B. (1982). ,König' Stumm. In G. Bungert (Hrsg.), Typisch saarländisch (S. 52-54). Frankfurt: Weidlich.

Kramer, R. M. (1999). Trust and distrust in organizations: Emerging perspectives, enduring questions. Annual Review of Psychology 50, 569-598.

Krause, R. (1990). Saarländische Identität. Saarbrücken: Unveröffentlichtes Vortrags-manuskript.

Kreissl, R. (1999). Die Verlierer schlagen zurück. Süddeutsche Zeitung vom 31.07./01.08.1999, S. 14.

Kruse, A. & Lehr, U. (1995). Ältere Mitarbeiter. In L. v. Rosenstiel, E. Regnet & M. Domsch (Hrsg.), Führung von Mitarbeitern. Handbuch für erfolgreiches Personalmanagement (3. Auflage) (S. 539-548). Stuttgart: Schäffer-Poeschel.

Kunczik, M. (1979). Massenkommunikation. Köln: Böhlau.

Lafontaine, O. & Müller, C. (1998). Keine Angst vor der Globalisierung. Wohlstand und Arbeit für alle. Bonn: Dietz.

Lang von Wins, T. & Kaschube, J. (1998). Der Organisationswechsel. In L. v. Rosenstiel, F. W. Nerdinger & E. Spieß (Hrsg.), Von der Hochschule in den Beruf (S. 185-200). Göttingen: Verlag für Angewandte Psychologie.

Lasch, C. (1976). The culture of narcissism. New York: Norton.

Laufer, M. (1987). Eine Region in Bewegung. Bevölkerung und Siedlung im Prozeß der Industrialisierung. In K. M. Mallmann, G. Paul, R. Schock & R. Klimmt (Hrsg.), Richtig daheim waren wir nie (S. 21-26). Berlin: Dietz.

Lazarus, R. (1966). Psychological stress and coping processes. New York: McGraw-Hill.

Lehr, U. (1987). Führung von älteren Mitarbeitern. In A. Kieser, G. Reber & R. Wunderer (Hrsg.), Handwörterbuch der Führung (S. 1-12). Stuttgart: Poeschel.

Lehr, U. (1988). Gerontopsychologie. In R. Asanger & G. Wenninger (Hrsg.), Handwörterbuch Psychologie (S. 232-237). München: PVU.

Lehr, U. (1991). Psychologie des Alterns. Heidelberg: Quelle & Meyer.

Lewin, K., Lippitt, R., Hendry, C., French, J. R. P. & Zander, A. (1945). The practicability of democracy. In G. Murphy (Hrsg.), Human nature and enduring pease (S. 295-347). Boston.

Leymann, H. (1993). Psychoterror am Arbeitsplatz und wie man sich dagegen wehren kann. Reinbek: Rowohlt.

Lifton, R. J. (1995). The protean self. Human resilience in an age of fragmentation. New York: Basic.

Locke, E. A. & Latham, G. P. (1990). A theory of goal setting and task performance. Englewood Cliffs: Prentice-Hall.

Louis, M. R. & Sutton, R. I. (1991). Switching cognitive gears: From habits of mind to active thinking. Human Relations 44, 55-76.

Luthans, F., Hodgetts, R. & Rosenkrantz, S. (1988). Real managers. Cambridge, Mass.: Harper & Row.

Luttwak, E. (1999). Der Turbo-Kapitalismus. Gewinner und Verlierer der Globalisierung. Hamburg: Europaverlag.

Mahoney, T. A., Jerdee, Th. H. & Carrol, S.: The job(s) of management. Industrial Relations, Vol. 2, 1965, S. 97-110.

Margerison, C. & McCann, D. (1991). Team management. Practical new approaches. London: Mercury Books.

Martin, H. P. & Schumann, H. (1998). Die Globalisierungsfalle. Der Angriff auf Demokratie und Wohlstand. Reinbek: Rowohlt.

Maslach, C. (1976). Burned out. Human Behavior 5, 16-22.

Maslach, C., Jackson, S. E. & Leiter, M. P. (1996). Maslach burnout inventory manual. Palo Alto: Consultant Psychological Press.

Maslach, C., Schaufeli, W. B. & Leiter, M. P. (2001). Job burnout. Annual Review of Psychology 52, 397-422.

Maslow, A. H. (1943). A theory of human motivation. Psychological Review 50, 370-396.

Maslow, A. H. (1954). Motivation and personality. New York: Harper.

Mayo, E. (1933). The human problem of an industrial civilization. New York: Viking.

Mayrhofer, W. (1989). Trennung von der Organisation: Vom ‚Outplacement' zur Trennungsberatung. Wiesbaden: DUV.

McClelland, D. C. (1984). Motives, personality, and society. New York: Praeger.

McComrick, E., Jeanneret, P. & Mecham, R. (1972). A study of job characteristics and job dimensions as based on the position analysis questionnaire. Journal of Applied Psychology 56, 347-368.

McGill, M. E. & Sloccum, J. W. (1993). Unlearning the organization. Organizational Dynamics 3, 85.

McKenna, E. (2000). Business psychology and organizational behavior: A student's handbook. Hove: Psychology Press.

McQuail, D. & Windahl, S. (1984). Communication models. London: Longman.

Merril Lynch, Cap Gemini Ernst & Young (2001). World wealth report 2001. Internet-Ausdruck.

Mertens, W. & Lang, H. J. (1991). Die Seele im Unternehmen. Berlin: Springer.

Mitchell, T. R. (1995). Attributionstheorie der Führung. In A. Kieser, G. Reber & R. Wunderer (Hrsg.), Handwörterbuch der Führung (2. Auflage) (S. 847-861). Stuttgart: Poeschel.

Mitchell, T. R. & Wood, R. E. (1980). Supervisor's responses to subordinate poor performance: A test of an attribution model. Organizational Behavior and Human Performance 25, 123-138.

Mitchell, T. R. & Wood, R. E. (1987). Supervisor's responses to subordinate poor performance: A test of an attributional model. Organizational Behavior and Human Performance 25, 123-138.

Mohrmann, S. A., Cohen, S. G. & Mohrmann, A. M. (1995). Designing team-based organizations. San Francisco: Jossey-Bass.

Moore, S. F., Shaffer, L., Goodsell, D. A. & Baringoldz, G. (1983). Gender or situationally determined spoken language differences? The case of the leadership situation. International Journal of Women's Studies 6, 44- 53.

Morgan, G. (1997). Bilder der Organisation. Stuttgart: Klett-Cotta.

Morse, J. (1975). Person-job congruence and individual adjustment and development. Human Relations 28, 841-861.

Münsterberg, H. (1912). Psychologie und Wirtschaftsleben. Leipzig: Barth.

Neuberger, O. (1984). Führung. Stuttgart: Enke.

Neuberger, O. (1990). Führen und Geführt werden. Stuttgart: Enke.

Neuberger, O. (1991). Personalentwicklung. Stuttgart: Enke.

Neuberger, O. (1994). Mobbing. München: Hampp.

Neuman, J. H. & Baron, R. A. (1997). Aggression in the workplace. In R. A. Giacalone & J. Greenberg (Hrsg.), Antisocial behavior in organizations (S. 37-67). Thousand Oaks: Sage.

Niedl, K. (1995). Mobbing/Bullying am Arbeitsplatz. München: Hampp.

Northouse, P. (1997). Leadership. Thousand Oaks: Sage.

O'Reilly, C. (1991). Organizational behavior: Where we've been, where we're going. Annual Review of Psychology 42, 427-458.

Oberg, K. (1960). Culture shock: Adjustment to new cultural environments. Practical Anthropology 7, 177-182.

Osgood, C. E. (1966). Perspective in foreign policy. Palo Alto: Pacific Books.

Parker, B. (1998). Globalization and business practice. Managing across boundaries. London: Sage.

Paul, K. & Moser, K. (2001). Negatives psychisches Befinden als Wirkung und als Ursache von Arbeitslosigkeit: Ergebnisse einer Metaanalyse. In J. Zempel, J. Bacher & K. Moser (Hrsg.), Erwerbslosigkeit. Ursachen, Auswirkungen und Interventionen (S. 84-110). Leverkusen: Leske & Budrich

Peters, L. H., Hartke, D. D. & Pohlmann, J. T. (1985). Fiedler's contingency theory of leadership: An application of the meta-analysis procedure of Schmidt and Hunter. Psychological Bulletin 97, 274-285.

Petty, M. M., McGee, G. W. & Cavender, J. W. (1984). A meta-analysis of the relationships between individual job satisfaction and individual performance. Academy of Management Review, 9, 712-721.

Pfeffer, J. (1994). Creating sustainable advantage through people. Boston: Harvard Business School.

Pfeiffer, C. (1998). Juvenile crime and violence in Europe. In M. Tonry (Hrsg.), Crime and justice. A review of research. Vol. 23 (S. 255-328). Chicago: University of Chicago Press.

Porter, L. W. & Lawler, E. E. (1968). Managerial attitudes and performance. Homewood, Ill.: Irwin-Dorsey.

Porter, L.W. & Roberts, K.H.: Communication in organizations. In M. D. Dunette (Hrsg.), Handbook of industrial and organizational psychology (S. 1953-1971). Chicago: Rand McNally, 1976.

Putnam, R. D. (2001). Bowling alone. The collapse and revival of American community. London: Simon & Schuster.

Rahim, M. A. (1985). Managing conflict in organizations. New York: Praeger.

Rakoff, L. (1986). Rethinking gender research in communication. Journal of Communication 36, 11- 26.

Redding, W. C. (1972). Communication within the organization: An interpretative review of theory and research. New York: Springer.

Redmann, A. & Rehbein, I. (2000). Gesundheit am Arbeitsplatz. Eine Analyse von mehr als 100 Mitarbeiterbefragungen des WidO 1995-1998. Bonn: Wissenschaftliches Institut der AOK (WidO).

Regnet, E. (1995). Der Weg in die Zukunft – Neue Anforderungen an die Führungskraft? In L. v. Rosenstiel, E. Regnet & M. Domsch (Hrsg.), Führung von Mitarbeitern (2. Auflage) (S. 43-53). Stuttgart: Poeschel.

Reimann, H. (1995). Vorbereitung auf Ruhestand und Rente. In L. v. Rosenstiel, E. Regnet & M. Domsch (Hrsg.), Führung von Mitarbeitern (2. Auflage) (S. 549-556). Stuttgart: Poeschel.

Rice, R. (1992). Task analizability, use of new media and effectiveness: A multi-site exploration of media richness. Organization Science 4, 475-500.

Rifkin, J. (2000). Access – Das Verschwinden des Eigentums. Wenn alles im Leben zur bezahlten Ware wird. Frankfurt: Campus.

Robinson, S. L. & Bennett, R. J. (1995). A typology of deviant workplace behaviors: A multidimensional scaling study. Academic Management Journal 38, 555-572.

Rosenbaum, J. E. (1979). Tournament mobility: Career patterns in a corporation. Administrative Science Quarterly 24, 220-241.

Rosenfeld, P., Giacalone, R. A. & Riordan, C. A. (1995). Impression management in organizations. London: Routledge.

Rosenstiel, L. v. (1974). Psychische Probleme des Berufsaustritts. In H. Reimann & H. Reimann (Hrsg.), Das Alter (S. 123-142). München: Goldmann.

Rosenstiel, L. v. (2000). Grundlagen der Organisationspsychologie (4. Auflage). Stuttgart: Poeschel.

Rosenstiel, L. v., Molt, W. & Rüttinger, B. (1995). Organisationspsychologie. Stuttgart: Kohlhammer.

Rosenstiel, L. v. & Nerdinger, F. W. (2000). Die Münchner Wertestudien – Bestandsaufnahme und (vorläufiges) Resümee. Psychologische Rundschau 51(3), 146-157.

Rosenstiel, L. v. & Stengel, M. (1987). Identifikationskrise? Zum Engagement in betrieblichen Führungspositionen. Bern: Huber.

Rosenstiel, L. v., Nerdinger, F. W. & Spieß, E. (1998). Von der Hochschule in den Beruf. Göttingen: Verlag für Angewandte Psychologie.

Rousseau, D. M. (1997). Organizational behavior in the new organizational era. Annual Review of Psychology 48, 515-546.

Rüttinger, B. (1980). Konflikte und Konfliktlösen. Goch: Bratt-Institut für Neues Lernen.

Sarges, W. & Wottawa, H. (2001). Handbuch wirtschaftspsychologischer Testverfahren. Berlin: Pabst Science Publisher.

Scheller, R. (1976). Psychologie der Berufswahl und der beruflichen Entwicklung. Stuttgart: Kohlhammer.

Schlenker, B. R. & Weigold, M. F. (1992). Interpersonal processes involving impression regulation and management. Annual Review of Psychology 43, 133-168.

Schmidt, F. L. & Ones, D. S. (1992). Personnel selection. Annual Review of Psychology 43, 627-670.

Schönpflug, W. (1987). Beanspruchung und Belastung bei der Arbeit – Konzepte und Theorien. In U. Kleinbeck & J. Rutenfranz (Hrsg.), Enzyklopädie der Psychologie. Arbeitspsychologie (S.130-184). Göttingen: Hogrefe.

Schönpflug, W. (2000). Geschichte und Systematik der Psychologie. Weinheim: Beltz.

Schuler, H. (Hrsg.) (1993). Lehrbuch Organisationspsychologie. Bern: Huber.

Schuler, H. (2000). Psychologische Personalauswahl. Einführung in die Berufseignungsdiagnositik. Göttingen: Hogrefe.

Schulz, D. (1987). Freisetzung als Führungsaufgabe. In A. Kieser, G. Reber & R. Wunderer (Hrsg.), Handwörterbuch der Führung (S.339-348). Stuttgart: Poeschel.

Schüssler, R., Lang, O. & Buslei, H. (2000). Wohlstandsverteilung in Deutschland 1978-1993. Düsseldorf: Hans-Böckler-Stiftung.

Schwarz, P. (1985). Nonprofit-Organisationen. Die Unternehmung 2, 90-111.

Schwertfeger, B. & Lewandowski, N. (1990). Die Körpersprache der Bosse. Düsseldorf: Econ.

Seibel, W. (1997). Der Nonprofit Sektor in Deutschland. In C. Badelt (Hrsg.), Handbuch der Nonprofit Organisation. Strukturen und Management (S. 19-34). Stuttgart: Schäffer-Poeschel.

Seibert, M. (1996). Mobbing. Eine faktorenanalytische Überprüfung des LPZ. Universität des Saarlands: unveröffentlichte Diplomarbeit.

Seiling, H. (1997). Der neue Führungsstil. München: Hanser.

Seligman, M. E. P. (1979). Erlernte Hilflosigkeit. München: Urban & Schwarzenberg.

Selye, H. (1956). The stress of life. New York: McGraw-Hill.

Selye, H. (1974). Stress without distress. Philadelphia: Lippincott.

Selye, H. (1978). The stress of life. New York: McGraw-Hill.

Sennett, R. (1983). Verfall und Ende des öffentlichen Lebens. Die Tyrannei der Intimität. Frankfurt: Fischer.

Sennett, R. (1998). Der flexible Mensch. Die Kultur des neuen Kapitalismus. Berlin: Berlin Verlag.

Shannon, C. E. & Weaver, W. (Hrsg.) (1949). The mathematical theory of communication. Urbana: University of Illinois Press.

Sieverding, M. (2000). „Alle wahren Gefühle verbergen und mit fester Stimme und wohlformulierten Sätzen glänzen!" – Die Bedeutung von Selbstdarstellungsregeln im Bewerbungsinterview. Zeitschrift für Arbeits- und Organisationspsychologie 44 (3), 152-156.

Slobin, D. I., Miller, S. H. & Porter, L. W. (1968). Forms of address and social relations in business organization. Journal of Personality and Social Psychology 8, 289-293.

Smith, P. C. & Kendall, L. M. (1963). Retranslation of expectations: An approach to the construction of unambigious anchors for rating scales. Journal of Applied Psychology 47, 149-155.

Soelberg, P. O. (1967). Unprogrammed decicison making. Industrial Management Review 8, 19-29.

Spector, P. E. (1997). The role of frustration in antisocial behavior at work. In R. A. Giacalone & J. Greenberg (Hrsg.), Antisocial behavior in organizations (S. 1-17). Thousand Oaks: Sage.

Spieß, E. & Winterstein, H. (1999). Verhalten in Organisationen. Eine Einführung. Stuttgart: Kohlhammer.

Statistisches Bundesamt (1998). Gesundheitsbericht für Deutschland. Kurzfassung. Wiesbaden: Statistisches Bundesamt.

Statistisches Bundesamt (1999). Bevölkerung und Erwerbstätigkeit. Fachserie 1, Reihe 4.1.1: Stand und Entwicklung der Erwerbstätigkeit. Stuttgart: Metzler-Poeschel.

Stech, E. L. (1983). Leadership communication. Chicago: Nelson-Hall.

Steger, U. & Lochmann, H. D. (2000). Performing under pressure: The new global management, elite facts, observations and evaluations. IMD Perspectives for Managers 75, December 2000.

Stehle, B. (1987). Belastungssituationen und Reaktionstendenzen von Führungskräften der Industrie. Frankfurt: Lang.

Stehle, W. (1986). Personalauswahl mittels biographischer Fragebogen. In H. Schuler & W. Stehle (Hrsg.), Biographische Fragebogen als Methode der Personalauswahl (S.17-57). Stuttgart: Verlag für Angewandte Psychologie.

Stengel, M. (1995). Wertewandel. In L. v. Rosenstiel, E. Regnet & M. Domsch (Hrsg.), Führung von Mitarbeitern (2. Auflage) (S.785-805). Stuttgart: Poeschel.

Stewart, K. A. (1997). Lecture ressource manual. Chicago: Irwin. Sundstrom, E., De Meuse, K. P. & Futrell, D. (1990). Work teams: Applications and effectiveness. American Psychologist 45, 120-133.

Strube, M. J. & Garcia, J. E. (1981). A meta-analytic investigation of Fiedler's contingency model of leadership effectiveness. Psychological Bulletin 90, 307-321.

Super, D. E. (1957). The psychology of careers. An introduction to vocational development. New York: Harper.

Symington, N. (1999). Narzißmus. Gießen: Psychosozial-Verlag.

Taylor, F. W. (1911). The principles of scientific management. New York: Harper & Row.

Taylor, S. E., Repetti, R. L. & Seman, T. (1997). Health psychology: What is an unhealthy environment and how does it get under the skin? Annual Review of Psychology 48, 411-447.

Taylor, W. (1991). The logic of global business. Cambridge: Harvard Business School Press.

Terborg, J. (1977). Women in management. Journal of Applied Psychology 62, 647-664.

Thomas, K. W. & Schmidt, W. H. (1976). A survey of management interests with respect to conflict. Academy of Management Journal 19, 315-318.

Titscher, S. & Königswieser, R. (1985). Entscheidungen in Unternehmen. Zur Theorie und Praxis des Umgangs mit Krisen wechselseitiger Abhängigkeit. Wien: Signum.

Trömmel-Plötz, S. (1982). Frauensprache. Sprache der Veränderung. Frankfurt: Fischer.

Tuckman, B. W. (1965). Developmental sequence in small groups. Psychological Bulletin 63, 384-399.

Tung, R. (1981). Selection and training of personnel for overseas assignments. Columbia Journal of World Business 16, 66-68.

Veccio, R. P. (1990). Theoretical and empirical examination of cognitive resource theory. Journal of Applied Psychology 4, 141-147.

Verres, R. & Bader, U. (2000). Krankheit, Gesundheit und Emotion. In J. H. Otto, H. A. Euler & H. Mandl (Hrsg.). Emotionspsychologie. Ein Handbuch (S. 532-540). Weinheim: Beltz.

Vroom, V. (1964). Work and motivation. New York: Wiley.

Vroom, V. H. & Yetton, P. W. (1973). Leadership and decision making. Pittsburgh: University of Pittsburgh Press.

Wahren, H. K. (1987). Zwischenmenschliche Kommunikation und Interaktion in Unternehmen. Grundlagen, Probleme und Ansätze zur Lösung. Berlin: de Gruyter.

Wahren, H. K. (1994). Gruppen- und Teamarbeit in Unternehmen. Berlin: de Gruyter.

Weinert, A. B. (1987). Lehrbuch der Organisationspsychologie (2. Auflage). München: PVU.

Weinert, A. B. (1989). Führung und soziale Steuerung. In E. Roth (Hrsg.), Organisationspsychologie, Enzyklopädie der Psychologie D/III/3 (S. 552-577). Göttingen: Hogrefe.

Weinert, A. B. (1998). Organisationspsychologie. Ein Lehrbuch (4. Auflage). Weinheim: Beltz-PVU.

Westerlund, G. & Sjöstrand, S.-E. (1987). Organisationsmythen. Stuttgart: Klett-Cotta.

Wiemann, J. M. & Giles, H. (1990). Interpersonale Kommunikation. In W. Stroebe (Hrsg.) Sozialpsychologie. Eine Einführung (S. 209-231). Berlin: Springer.

Wilken, U. J. & Breucker, G. (2000). Mental health in the workplace. Situation analysis: Germany. Genf: International Labour Office.

Winter, D. A. & Green, S. B. (1987). Another look at gender-related differences in leadership behavior. Sex Roles 16, 41- 56.

Winterhoff-Spurk, P. (1996). Ferner Nächster? Fernsehen und soziales Verhalten. In K. Hilpert & P. Winterhoff-Spurk (Hrsg.), Zwischen Nächstenliebe und Betroffenheitsritual. Helfen im Medienzeitalter (S.15-32). St. Ingbert: Röhrig.

Winterhoff-Spurk, P. (1999a). Medienpsychologie. Eine Einführung. Stuttgart: Kohlhammer.

Winterhoff-Spurk, P. (1999b). Politiker in der Mediengesellschaft. Eine Annäherung aus medienpsychologischer Perspektive. In P. Winterhoff-Spurk & M. Jäckel (Hrsg.), Politische Eliten in der Mediengesellschaft (S. 9-30). St. Ingbert: Röhrig.

Winterhoff-Spurk, P. & Herrmann, Th. (1987). Sprache in der Führung. In A. Kieser, G. Reber & R. Wunderer (Hrsg.), Handwörterbuch der Führung (S.1873-1881). Stuttgart: Poeschel.

Winterhoff-Spurk, P., Herrmann, Th. & Funk-Müldner, K. (1995). Sprache in der Führung. In A. Kieser, G. Reber & R. Wunderer (Hrsg.), Handwörterbuch der Führung (2. Auflage) (S. 1978-1986). Stuttgart: Poeschel-.

Wittchen, H. U., Müller, N., Pfister, H., Winter, S. & Schmidtkunz, B. (1999). Affektive, somatoforme und Angststörungen in Deutschland – Erste Ergebnisse des bundesweiten Zusatzsurveys „Psychische Störungen". Gesundheitswesen 61, 216-222.

Witte, E., Kallmann, A. & Sachs, G. (1981). Führungskräfte in der Wirtschaft: Eine empirische Analyse ihrer Situation und ihrer Erwartungen. Stuttgart: Poeschel.

Zander, E. (1987). Freisetzung von Führungskräften. In A. Kieser, G. Reber & R. Wunderer (Hrsg.), Handwörterbuch der Führung (S.348-357). Stuttgart: Poeschel.

Zimbardo, P. G. (1983). Psychologie (4. Auflage). Berlin: Springer.

Zimbardo, P. G. & Gerrig, R. J. (1999). Psychologie. Berlin: Springer.

Zugmann, J. & Lanthaler, W. (2000). Die ICH-Aktie. Frankfurt: Frankfurter Allgemeine Zeitung.

Stichwortverzeichnis

Autorenverzeichnis